KB112925

한비자

덕
치
에
서

법
치
로

e 시대의 절대사상

한비자

덕
치
에
서

법
치
로

| 윤찬원 | 한비 |

살림

*e*시대의 절대사상을 펴내며

고전을 읽고, 고전을 이해한다는 것은 비로소 교양인이 되었다는 뜻일 것입니다. 또한 수십 세기를 거쳐 형성되어 온 인류의 지적유산을 제대로 이해하고, 그 바탕 위에서 새로운 자기만의 일을 개척할 때, 그 사람은 그 방면의 전문가가 될 수 있을 것입니다. 프랑스의 대입제도 바칼로레아에서 고전을 중요하게 취급하는 까닭도 그와 같은 이유 때문이겠지요.

그러나 예전에도, 현재에도 고전은 유령처럼 우리 주위를 떠돌기만 했습니다. 막상 고전이라는 텍스트를 펼치면 방대한 분량과 난해한 용어들로 인해 그 내용을 향유하지 못하고 항상 마음의 부담만 갖게 됩니다. 게다가 지금 우리는 고전을 읽기에 더 악화된 시대를 살고 있습니다. 변하지 않고 있는 교육제도와 새 미디어의 홍수가 우리를 그렇게 만들고 있는 것입니다.

고전을 읽어야 하지만, 읽기 힘든 것이 현실이라면, 고전에 친근하게 다가갈 수 있는 새로운 방법을 응당 고민해야 하지 않을까요? 살림출판사의 *e*시대의 절대사상은 이러한 문제의식을 가지고 기획되었습니다. 고전에 대한 지나친 경외심을 버리고, '아무도 읽지 않는 게 고전' 이라는 자조를 함께 버리면서 지금 이 시대에 맞는 현대적 감각의 고전을 만들고자 했습니다.

고전의 내용이 지나치게 주관적으로 해석되어 전달되는 위험을 피할 수 있도록 그 분야에 대해 가장 정통하면서도 오랜 연구 업적을 쌓은 학자들이 자신의 경험을 응축시켜 새로운 고전에의 길을 열고자 했습니다. 마치 한편의 잘 짜여진 다큐멘터리 프로그램을 보듯 고전이 탄생할 수 있었던 시대적 배경과 작가의 주변 환경, 그리고 고전에 담긴 지혜를 재미있게 습득할 수 있도록 내용을 구성했고 난해한 전문용어나 개념어들은 최대한 알기 쉽게 설명했습니다.

이전에 경험하지 못했던 새로운 감각의 고전 e시대의 절대사상은 지적욕구로 가득 찬 대학생·대학원생들과 교사들, 학창시절 깊이 있고 폭넓은 교양을 착실하게 쌓고자 하는 청소년들, 그리고 이 시대의 리더를 꿈꾸는 모든 사람들에게 생생하게 살아 숨쉬는 인류 최고의 지혜를 전달할 것이라고 확신합니다.

기획위원

서강대학교 철학과교수 강영안

이화여자대학교 중문과교수 정재서

들어가는 글

　필자가 『한비자』(韓非子)에 관하여 관심을 갖게 된 것은 1984~5
년경으로 기억한다. 학부 때부터 중국철학에 관심을 가지고 수학
하다가, 석사과정에서 『노자』를 중심으로 한 도가철학에 관심을
가졌다. 그리고는 3년간의 군생활로 잠시 접었다가, 박사과정을 시
작하면서 『한비자』나 『묵자』 등을 읽을 기회가 있었다. 잘 알겠지
만, 80년대 중반은, 벌써 20여 년이나 지난 시기이지만 그야말로
상처투성이의 시대였다. 1980년 봄 광주에서 임관 훈련을 받으며
보고 들었던 광주의 참상, 이름 하여 '광주민주화 항쟁'은 너무나
충격적이었다. 지금도 그 후유증에서 벗어나지 못한 측면이 있을
정도로 그 사건은 너무나 뼈저린 기억으로 우리에게 다가온다.

　아울러 개인적으로는 그러한 시대에 '왜 하필이면 철학과 같
이 현실과 동떨어진 학문을 하는가'라는 일종의 자괴감에 빠져
있을 때이기도 했다. 『한비자』나 『묵자』 등은 그러한 심정의 돌파
구로 생각되는 면도 있었다. 철학의 현실화라는 면에서 그 시대의
분위기가 이른바 사회철학의 시대였다는 것이 어느 정도 위안이

되는 면도 있었던 것 같다.

어쨌든 필자가 처음으로 썼던 논문이 『노자』에 관한 것이었다면, 본격적으로 쓴 것이 곧 『한비자』였다. 한비 법사상에 대한 관심은 법 자체에 대한 것은 아니었다. 처음에는 한비가 『노자』와 사상적 관련이 있다는 정도만 알게 되었지만, 한비가 법치의 측면에서 매우 중요한 '법의 객관성'의 근거를 바로 『노자』에서 도출하려고 의도하고 있다는 점은 놀라웠다. 이 때 쓴 논문이 「『한비자』에서 법의 객관성의 문제―노자의 도와 관련하여」라는 것이었다.

이 책의 내용도 그렇지만, 내가 원래 한비에게 관심을 가졌던 것은 도가적인 측면과 접합되는 부분이었지, 한비의 법사상 그 자체는 아니었다. 따라서 오늘날 우리가 생각하는, 법학을 전공하는 연구자들이 생각하는, 법치나 법의 정신과는 어느 정도 거리가 있을 수도 있다. 다만 내가 생각하는 법이란, 만들어질 때에도 객관적이어야 하며, 시행될 때도 객관적이어야 할 것이라는 점이다. 그러나 그러한 법이 현실적으로 존재하기는 힘들 것이라는 의구심 또한 강하게 자리 잡고 있기도 하다.

지금으로부터 2,500년 전후로 살았던 한비라는 인물과 그의 법정신이 오늘날 우리가 가진 뜻과는 다를 수도 있고, 또 여러 가지면에서 왜곡되기도 했던 것은 사실이다. 어찌되었건, 우리는 우리가 알 수 있는 '한비'만을 말하고 이해할 수밖에 없다. 그의 정신중에서 오늘날에도 살아남아야 할 부분은 분명히 있으며, 그러한면에 초점을 맞추려고 노력했다.

2005년 8월 도화동 연구실에서

| 차례 | 韓非子

e 시대의 절대사상을 펴내며   04

들어가는 글   06

1부 시대·작가·사상

1장 한비(韓非)에 대한 오해

마키아벨리즘이 아니라 법치주의다   16

2장 법의 역사, 사회·문화·학문적 분위기

종법(宗法) 질서   24

예(禮)에서 법(法)으로   31

법의 정착   39

3장 한비, 법가를 종합하고 체계화하다

한비의 생애   48

한비와 시황제   53

『한비자』라는 책   57

덕치(德治)에서 법치(法治)로

한비자

4장 『한비자』의 사상적 배경

사상은 시대의 변화에 적응해야 한다   62

인간의 본성은 사실상 악하다   68

5장 법(法), 술(術), 세(勢)의 법치주의적 통합

법(法), 술(術), 세(勢)   76

군주의 위상   95

6장 국가주의적 입장에서 도덕주의를 타파하다

유가적 통치관에 대한 한비의 비판   102

7장 법의 객관성은 도(道)에서 나온다

법(法)의 도(道)적 근거   114

韓非子

8장 『한비자』의 『노자』 해석

한비의 『노자』 이해   124

도(道)와 덕(德)   129

무위(無爲)와 허정(虛靜)   135

도(道)와 법(法)의 개념적 결합의 의미   138

9장 의의와 영향

바른 법치의 정립을 위하여   144

2부 본문

1장 한비 이전 법가들에 대한 평가

상앙 · 신불해 · 신도   156

2장 한비의 법치사상

법치의 근거   182

법(法)   192

덕치(德治)에서 법치(法治)로
한비자

술(術)　　　　　　　　　　　　209

세(勢)　　　　　　　　　　　　223

3장 올바른 군신관계
공(公)과 사(私)　　　　　　　　232

군주와 신하　　　　　　　　　240

이상적인 통치　　　　　　　　265

4장 제자백가 비판
유가, 법가 그리고 제가　　　　278

5장 『한비자』 55편의 요약
각 편의 내용　　　　　　　　　304

3부 관련서 및 연보

관련서　　　　　　　　　　　316

연보　　　　　　　　　　　　318

1부

시대 · 작가 · 사상

韓非子

한비는 전국기의 냉엄한 국제정세 하에서 다른 나라에 침략당하지 않으려면 무엇보다도 먼저 부국강병해야만 한다고 주장했다. 그러기 위해서는 군주가 강력한 통치권력을 직접 관장해야 한다고 강조하였다. 이에 따르면, 빈틈없는 권력체계를 정비하는 길만이 통치의 요체다. 한비는 체계적인 통치공학의 방법을 법(法)·술(術)·세(勢)로 설명했다. 그는 법가 이론의 선구 정치사상가인 상앙(商鞅)의 '법'과 신불해(申不害)의 '술'과 신도(愼到)의 '세' 논리를 계승하여 수정을 가하고 새로운 체계로 집대성하였다.

1장

한비(韓非)에 대한 오해

마키아벨리즘이 아니라 법치주의다

．

MBC TV 드라마 '제5공화국', 그 중에서도 '광주민주화운동' 부분은 우리로 하여금 다시금 슬프고도 뼈저린 과거 기억을 되새기게 한다. 지금 우리는 그 사건을 글자 그대로 '광주민주화운동' 이라고 한다. 거기에 붙일 수 있는 이름은 당시 그곳에서 무참하게 살해 또는 희생당하고 스러져 갔던 수많은 학생들과 시민들을 애도하는 것만으로는 너무나 부족할 것이다. 그 피어린 사건을 자신의 권력욕의 발판으로 삼아 바로 그 뒤 그 세력들은 정권을 장악하고 동기생끼리 정권을 연장함으로써 무려 12년 이상을 집권하였다.

80년대 초 그들은 정권을 장악하면서 한편으로는 도덕정치를 한다고 떠들고, 다른 한쪽으로는 숱한 인권유린과 엄청난 이권유착을 통하여 치부하였던 것으로 드러났다. 그러한 과정이 청문회를 통하여 일부나마 밝혀지긴 했지만 많은 부분 진실은 여전히 가려져 있고, 각각의 정권이 끝나면 형식적인 절차를 통하여 얼마간의 돈만을 물어내면 되는 식으로 끝이 나곤 하였다.

우리의 정치사가 그러한 행태들을 거듭하는 데는 연원이 있다. 그것은 곧 그 이전의 박정희 정권이 그랬던 것을 흉내 낸 것에 불과하다는 인상을 많은 사람들은 받았을 것이다. 오늘날 이러한 작태들 중 극히 일부만이 밝혀지고 있지만, 그 시대를 살았던 많은 사람들은 그것에 대해 '군사문화'(military culture)라는 독특한 표현을 사용하기도 하였다. 60년대뿐 아니라 70년대에 그토록 세상을 억압하였던 박 정권 시절에는 수많은 인권유린 행위가 이른바 법의 미명 아래 행해졌다. 대법원은 군사정권 하수인으로 전락하여 민족일보 조용수 사건이니, 민청학련이니 하며 죄를 뒤집어씌우고, 사형판결이 난 지 하루도 지나기 전에 형을 집행해 버리는 등의 일들이 너무나 자의적으로 그리고 빈번하게 자행되었다.

오늘날 하나씩 파헤쳐지고 있기는 하지만, 그러한 모든 있을 수 없는 일들이 군사문화적인, 아니면 통치자 개인 위주의 법 운용이었을 뿐이었다. 더구나 전두환 정권이 집권해 가는 과정에서 광주민주화운동이나 삼청교육대 사건 등과 같은 극단의 파행적 법 운용은 그야말로 그들이 그토록 강조해 마지않았던 '법'에 대한 숭고한(?) 모독에서부터 출발한 것일 뿐이었다. 법은 개인의 소유일 수 없다. 하지만 그들은 법을 사적 소유물인 양 마음대로 만들고 마음대로 폐기처분하고, 나아가서는 그러한 엉터리 법조문을 그들과 그들의 하수인들(?)을 부려 마음대로 농락하여 왔던 게 대한민국의 최근 현대사의 단면이라고 보면 뭔가 잘못된 판단일까?

법에 대한 극도의 무시 내지 모독으로 얼룩진 우리 역사에 대한 심판을 우리는 2000년도 훨씬 이전에 살았던 중국 고대 법치주의자라 할 한비(韓非: ?-233 기원전)에게 연원하여 준엄하게 평가 받고, 그에 근거해 법에 대한 몰염치함을 수정해야만 할 것 같다. 필자는 이러한 인식을 1980년대 중반 대학원 시절 『한비자』를 읽으면서 가지게 되었다. 정확하게 말하면, 이 책에서 찾고 싶었던 것이 그러한 내용들이기를 희망했었다! 그리고 이제는 서구 세계에서 전파되어 온 것에만 치우쳐 알고 있는 법 정신의 뿌리가 동방 세계에 닿아 있음을 충분히 확신하고 있다.

물론 한비의 법사상이 오늘날 적용되고 있는 서구적인 법 내용과 일치하는 것은 아니다. 그러나 법을 자신들이 소유하고 있다고 생각하거나 착각하며 법을 제정하고 실행하는 계층의 자기식의 법 운용과 법규 제정 등은 한비가 가장 싫어했을 것으로 나는 판단한다. 물론 한비가 군주 1인을 제외한 법의 공평성(공평한 법적용)을 강조했다는 것은 사실이었지만, 그러한 제약은 시대적 조건에 따라 피할 수 없는 것이라 할지라도, 그가 추구하였던 이른바 노자(老子)적 법의 정신은 귀감이 되어야 할 것 아닌가?

『한비자』에는 현대의 법 실증주의와는 다른 일종의 자연법적 사상이 드러나기도 한다. 그리고 그의 법에 대한 의식에는 가족주의 대 국가를 중시하는 전체주의의 대립이 있나. 그것은 오늘날 동양권 사회에서 아직도 시효를 소멸시키지 못하고 있는 유교적 가족주의와는 상반되는 입장이기도 하다. 그러나 한비의 정신은 법치주의이지, 많은 사람들이 생각하는 서구식의 마키아벨리즘은 결코 아니다. 근래 중국의 한비를 유럽 르네상스기의 정치사상가인 마키아벨리(1469-1527)와 비교 연구해 보려는 경향도 나타난 바 있다. 중국에서 마키아벨리즘을 지향했던 사람은 한비와 거의 동시대인이었던 상앙(商鞅)이다.

중국 고대에서 법가(法家)는 단일한 의미로 사용되었던 것은 아니다. 때로는 상앙과 같은 술수주의자를 가리키기도 하고, 때로는 카리스마적 권위주의를 가리키기도 한다. 근대 지향적 통치철학이라 할 심리조작(권모술수)의 성격이 공통성을 띠기 때문이다. 법가는 많은 경우 마키아벨리의 사상과 비교되어 왔고, 사실상 양자는 모두 권력의 문제를 개인적 도덕성에 관한 모든 고려로부터 독립시키는 경향을 갖고 있다. 그런데 마키아벨리가 관심 갖는 것은 인간 행동의 통제를 위한 보편적이고 추상적인 모델들과 제도들이 아니라, 무한히 다양한 정치 역사의 상황들에 적용되었던 권력의 전략들이었다. 마키아벨리가 강조하는 것은 정치과학 또는 정치학이 아니라 '정치술'(political art)일 뿐이다. 그러나 한비는 정확하게 말하면 법이라는 커다란 개념 속에서 모든 다양한 법가들의 견해를 종합하였다.

중국에서 이러한 마키아벨리적 정신을 여실히 보여 주었던 사람은 진(秦) 이후 한(漢)나라를 건설한 고조 유방(劉邦)일 것이다. 사마천의 『사기』에 소개되고 있는 유방의 전기는 숱한 전설들로 장식되어 있으나, 그 인물의 강렬한 인간성은 분명하게 전달되고 있다. 평민 출신인 유방은 과거시험을 통해 하급관료가 되었고, 관직에 있는 동안 그는 단순히 법을 집행하는 소극적인 관료가 아니라 자기 상사들에게 가능한 한 많은 영향력을 행사하기 위해, 지방 무대에 있어서의 자신의 위치를 활용했다. 진시황의 무덤을 만드는 강제 노역 집단의 우두머리로 명령받았을 때, 수많은 강제 노역자들이 갖은 수를 써서 도망가는 것을 보았고, 오광(吳廣)과 진승(陳勝)이 선택한 것과 같이 반란의 길을 택하여 결국 한 제국을 건설,

최초의 황제에 오른다.

당시 진나라 법에 의하면, 유명한 만리장성의 축조를 위하여 중국 전역에서 일꾼들을 소집하였는데, 일군들의 부대가 정해진 기일 내에 공사현장에 도착하지 못하면 그 인솔자들에게는 사형에까지 이르는 참혹한 형벌이 기다리고 있었다. 그런데 광활한 중국 영토 안에서 정해진 기한을 지킨다는 것은 매우 힘든 일이었다고 한다. 따라서 어차피 기일을 지키지 못하게 될 경우는 도망가 버리던가, 아니면 이판사판식으로 반란을 일으키기도 하였다. 진승과 오광 그리고 유방이 그러한 인물들 중 대표자 격이었던 것으로 보인다.

결국 유방이 성공한 황제로서 살아남게 된 것은 진시황(秦始皇)의 가혹할 정도로 엄하였던 법 집행 탓이었다고 할 것이다. '정의로운 농민 지도자'는 아니었던 유방이 왕조의 해체기에 꼬리를 무는 내란의 대학살에서 살아 남게 된 이유는 그의 군사적인 천재성에 있는 것이 아니라 그의 탁월한 인물 판단과 그리고 정서와 대중적 감정의 요소들을 적절하게 배려했기 때문이다. 그러므로 유방은 현실에서 살아 남았던 고대 중국의 진정한 마키아벨리주의자이었다.

그러나 중국 역사에서 위대한 폭군으로 알려진 진시황은 여러 가지 면에서 법가적 '성왕'의 이미지에 가까웠던 것으로 보인다. 진시황의 혁명적 태도는 장래 중국 역사의 전 과정을 통해 항구적인 영향을 미치게 되었다. 법가적인 면에서 진정한 군주는 사회 전체에 강요된 객관적이고 비인격적인 법률, 제도 장치 및 절차들의 운용에 임의적으로 개입하지 않는다는 법가의 원리에 충실했던 것으로 보인다. 시황은 법이라는 객관적인 행위 기준, 예서(隸書)라는 서체의 발명, 수레바퀴 축의 길이·도량형의 표준화와 같은 영역들에게까지 객관적인 기준을 확장시켰다.

사마천(司馬遷)의 『사기(史記)』에 기록되어 있는 바대로, 진시황 체제의 무자비성은 변덕스런 전제군주의 무작위적인 행동을 반영하는 것이 아니라, 형법의 단호성과 다른 편으로는 '역기능적인' 태도들과 행동 양식들에 대한 사회적 척결의 필요성을 주장하는 법가의 이상과 매우 긴밀한 관계를 갖는다.

2장

법의 역사, 사회·문화·학문적 분위기

종법(宗法) 질서

　『한비자』에 나타나고 있는 법의 관념과 그것이 역사적·사상사적으로 대립해 왔던 유가적인 도덕관념은 원래부터 그렇게 대립적이었던 것이라거나 한 쪽이 다른 쪽을 무시해 버릴 수 있었던 것은 아니었다. 적어도 역사적으로는 유가 내지 유교가 법가를 철저히 외면한다거나 아니면 배척해 버렸던 것이 사실이기는 하였지만, 연원적으로 본다면 그렇게 대척적이라거나 모순되는 것은 아니었던 것으로 나타난다.

　그것은 중국 고대의 종교사상에서 기원한다. 중국 고대 사회를 유지하였던 종교적 체계는 후대의 천인합일(天人合一)을 이루는 천명(天命) 질서였다. 이와 같은 천명적 질서는 은(殷) 시대에는 상제(上帝), 주(周) 시대에는 천(天)이라는 인격적 존재로 이해되었다. 상제건 천이건, 그러한 존재는 약간의 관념상의 차이는 있을지라도, 저 높은 하늘 위에서 인간세계를 지배하는 유일신적인 지위를 가지고 있었다. 그리고 인간세계를 지배하는 최고의 우두머리는 '하늘의 아들' 곧 천자(天子)이다. 천자는 하늘과 인간의 세계를 매개하는 중간자적인 존재이다. 그의 권력은 하늘로부터 나오는 것으로 믿어졌기 때문에, 우리는 그러한 권력의 근거를 '천권신수설'(天權神授說)이라 이름한다.

이러한 고대적 세계관에서 고대 종교의 이중적 의미가 주어진다. 『설문(說文)』에 따르면, 예(禮)는 보일 시(示)와 풍성한 모습을 뜻하는 풍(豊)의 합성어로서, 인간세계의 풍성한 모습을 하늘에 보여 주며 감사하는 의례 행위를 뜻한다. 그것은 곧 인간이 하늘의 뜻을 따랐을 때에 주어지는 인간 세계의 풍요를 하늘에 보임으로써 감사하는 의례적이고도 종교적인 행위라는 측면을 갖는다. 여기에서 풍이란 말 또한 제사의식에 수반되는 의례행위를 가리켰다. 예는 곧 본래 천인합일적 세계에서 수반되었던 종교의식의 총체였다.

예와 더불어 고대적 세계가 형성되어 가는 과정에서 등장하는 개념이 또한 형벌(刑)이다. 혈연을 기초로 하는 종족을 중심으로 형성되어 가는 고대적 세계는 종족들 간의 충돌과 투쟁, 그리고 전쟁 등을 통하여 이합집산과 병합 등을 꾀하면서 새로운 부족 또는 부족국가가 형성되어 간다. 여기에서 하나의 종족은 두 가지 형벌 체계를 유지해야 하였다. 하나는 종족 내부 구성원 사이의 단결을 요구하는 것이고, 다른 하나는 이긴 종족이 패배한 종족에게 가하는 징벌의 형식이다. 두 가지 모두 오늘날 오형(五刑) 곧 다섯 가지 형벌로 알려져 있는 것이다. 전자는 매질(笞), 곤장(杖), 강제이주(徒), 유형(流), 사형(死)이며, 후자는 문신(墨), 코 벰(劓), 다리 자름(剕), 생식기 제거(宮), 목 벰(辟)이다. 이것은 무사 종족의 씨를 거세하는 데 그 목적이 있었다. 이러한 형벌은 오늘날에는 잔인하기 짝이 없는 것이지만, 고대 세계에서는 종족적 질서를 유지하기 위하여 필연적인 것이었고, 그러한 관습은 훨씬 후대에까지 유산으로 남겨져 있다. (우리가 잘 아는 사마천도 한대에 이 궁형을 받은 것으로 알려져 있다.)

이러한 예와 형이라는 이중적 구도가 서주(西周) 시대에 이르러 더욱 세련되게 된다. 서주 시대는 기원전 1046년 무왕(武王)이 상(商)의 마지막 왕 주(紂)를 멸망시키고, 호경(鎬京, 섬서성 장안 서북쪽)에 도읍을 정한 때부터 기원전 771년 춘추시대가 시작되기 전까지의 시기를 말한다. 주 시대는 봉건제 사회라고 잘 알려져 있으나, 그것은 서양적인 표현이고 정확한 용어는 종법(宗法)이라고 할 수 있다. 종법이라는 것은 통합된 주 왕조가 시행할 수 있었던 최선의 국가 체제였

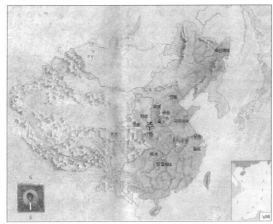

서주의 영역도.

고, 이러한 사정은 춘추시대의 공자가 정명(正名)의 이념으로
써 안정된 사회질서의 이상향으로 그려 마지않았던 사회이
기도 하다.

이와 같은 종법의 근간은 『좌전(左傳)』「소공(昭公)」 7년
조에 "하늘에는 열흘이 있고, 사람에는 10등이 있다. 아래는
위를 섬기는 바이고, 위는 신을 받드는 바이다. 그리하여 왕
은 공을 신하로 부리고, 공은 대부를 신하로 부리며, 대부는
사를 신하로 부리고, 사는 백성을 신하로 부린다.……"(天有
十日, 人有十等. 下所以事上, 上所以共神也. 故王臣公, 公臣大夫,
大夫臣士, 士臣民……)에서 알 수 있는 바, 여기에서 사 이상
이 통치계급에 해당한다.

그런데 종법의 근간을 이루는 토지제도는 바로 천하를 우

물 정(井) 자로 나누어 9등분하는 정전제(井田制)이다. 이렇게 구획된 국토의 한가운데는 왕 곧 천자가 직할하는 기(畿)이며 변방의 8곳은 팔도(八道)가 된다. 팔도는 천자와 혈연적으로 가까운 왕족들로 하여금 다스리게 하는 영지가 된다. 이러한 왕족들이 곧 제후(諸侯, 곧 公)이다. 제후들은 그들 자신이 분봉 받은 영지를 다스리기 위한 일종의 내각이 필수적인데 여기에서 경(卿)과 대부(大夫)와 사(士)로 이루어지는 통치 체제가 형성된다. 다시 말하면 천자-제후-경-대부-사와 같은 통치 계층은 고대에서는 인(人)으로 통칭되었고, 이에 대하여 서인(庶人) 이하는 민(民) 곧 피지배계급으로 불리었다.

『예기』에 나오는 "예는 서민에게까지 내려가지 않고, 형벌은 대부(大夫)에게까지 미치지 않는다"(禮不下庶人, 刑不上大夫, 『예기(禮記)』「곡례(曲禮)」)는 기록은 곧 이러한 사정을 그대로 보여준다. 곧 서인이 아닌 각각의 지배계층은 그 계급에 맞는 질서를 가지고 있으며, 그것은 곧 예라는 한마디로 표현되고 있다. 여기에서 주 왕조 초기의 사회는 두 가지 규범에 의하여 질서가 유지되었음을 알 수 있다. 하나는 '예'(禮)요, 다른 하나는 '형벌'(刑)이다. 예는 군자(君子) 곧, 귀족들의 행위를 규제하는 불문율이었으며, 형벌은 소인(小人)으로 지칭되었던 서인(庶人)들에게 적용되었다.

초창기에는 천자와 제후·대부들은 모두 혈연적 인척관

계를 맺고 있었다. 그러나 제후들은 세습적으로 특권을 물려받았기 때문에 세월이 갈수록 이 특권은 자기 윗사람에 대한 충성과는 별개의 것으로 간주되었다. 그리하여 중앙의 천자가 다스리는 통치권 내에 종속된 각 나라(國)들은 사실상 반독립적 상태였으며, 제후들의 나라 안에는 또한 많은 반독립 상태의 '가'(家)들이 있었다. 이러한 가의 규모는, 정확하지는 않지만, 길게는 5대가 함께 살아 적지 않은 규모를 가지고 있었던 것으로 보인다. 이들 '국'이나 '가'의 제후와 대부들은 서로 인척들이기 때문에 사회적·외교적 관계를 맺고, 사건이 발생하면 '군자의 협약'인 불문율에 따라 그 사건을 처리하였다. 이러한 처리방식에서 가장 중요한 것은 그들의 행위는 '예'라는 이름으로 행하여졌다는 것이다.

가장 위에 있는 천자와 제후들은 직접 백성들과 접촉하지는 않았지만, 그들은 하위의 대부들에게 문제를 해결토록 위임했으며, 이 대부들은 자기 지역 내의 백성을 직접 통치하였다. 지역 내의 인구는 한정되었으므로 귀족들은 자기 통치하의 백성들의 실정을 잘 알 수 있었다. 형벌은 자기의 신하들을 계속 복종시키기 위한 도구였다. 그러므로 초기 봉건 사회에서의 여러 관계는 상하를 막론하고 개인적인 역량과 접촉의 기반 아래서 유지되었다.

종법 제도의 핵심은 혈연으로 맺어진 친족적 유대 관계이다. 주나라의 천자와 제후, 각 제후국의 대부들은 거의가 친척 관계로 구성된 주종 관계를 맺고 있으나 자신의 영지에서는 일정한 통치권을 인정받는 반독립 상태를 유지한 고대의 분봉 제도는 그 구조가 단순해서 예와 형, 두 개의 규범만으로도 질서가 유지됐다. 이들 지배층의 기본적인 관계는 윤리 규범인 '예' 위에서 형성됐으며, 그 아래 대부들은 자신의 영역에 속하는 백성들을 복종시키기 위해 '형'이라는 형벌의 도구를 사용했다.

예(禮)에서 법(法)으로

그런데 이렇게 정비되어 있던 종법적 질서는 서주의 몰락과 더불어 붕괴되게 된다. 서주 마지막 왕인 유왕(幽王)이 즉위하는 기원전 781년 무렵은 해마다 흉년이 들고 정국은 불안하였으나, 유왕은 즉위하면서부터 마시고 노래하고 노는 데만 신경 썼다. 고대 왕조에서 어느 왕조건 멸망의 징후는 으레 미인에 의하여 발생하는 것을 볼 수 있다. 서주도 마찬가지였다. 유왕이 사랑하였던 포사는 포씨(褒氏)의 딸이었다. 포씨가 법을 어겨 자신의 딸을 유왕에게 속죄의 대가로 보냈는데, 너무나 미인이어서 유왕은 정비를 버리고 포사를 편애하였다. 포사는 아들 백복(伯服)을 낳았다. 유왕은 포사를 너무나 사랑하여 원래 정비인 신후(申后)에게서 적자가 있었는데, 정비와 태자를 내쫓고 포사를 정비로 백복을 태자로 삼았다. 그런데 포사는 거의 웃지를 않았다고 한다. 유왕은 그녀의 웃음이 너무나 보고 싶어서 만금의 상금을 내어 포사를 웃기는 방안을 모았다고 한다. 괵석보(虢石父)란 아첨꾼이 봉화로써 포사를 웃기는 방안을 내놓았다.

봉화는 당시 견융(犬戎)에 대비한 것으로 위급한 상황을 알리는 신호였다. 일이 발생하여 여산(驪山)에서부터 20여 개소의 봉화대에 연차적으로 불을 붙이면 상황을 알아차리고 제후들이 천자에게 와서 위급을 구하도록 되어 있었다. 유왕은 포사가 웃는 걸 보고 싶어 거짓으로 봉화를 올리게 하였다. 제후들이 허겁지겁 달려왔으나 아무런 일도 발생하지 않아 그들이 어리벙벙해 하는 걸 보고 포사의 웃음이 터졌다고 한다. 이에 유왕은 포사의 웃음이 보고 싶을 때는 그런 일을 반복하였다.

이런 일은 기원전 771년 신후의 아버지인 신(申)나라의 신후(申候)가 딸의 원한을 갚기 위하여 북방의 견융(犬戎) 족과 연합하여 수도 호경을 공격할 무렵까지 이어졌다. 이에 위급을 알리는 봉화가 올랐으나 제후들이 다시는 속지 않겠다고 오지 않아 왕은 여산까지 도망가서 거기에서 붙잡혀 죽임을 당함으로써 서주는 망하였다. 그리고 기원전 770년 유왕의 아들인 평왕(平王, 770-720 기원전)은 수도를 버리고 동쪽으로

가서 낙읍(洛邑, 지금의 하남성 낙양)에 도읍을 정하였다. 평왕은 천도 중에 진 양공을 제후로 봉하였다. 이때부터 동주(東周)라 이름을 바꾸고 우리가 잘 아는 춘추전국시대에 접어들게 되었다. 이와 같은 역사적 사건 또한 전통적 예법 질서를 상징하는 통치방식으로서의 행위가 적절한가라는 반론을 낳게 하는 계기가 된 것이 사실이다.

주나라가 제후들을 통솔할 힘을 상실하면서 제후들 중에서 강한 자가 패자(覇者)를 자칭하고 약한 제후국들을 공격하기 시작한다. 패자는 제후들의 맹주로 자처하며 힘으로 지배하려 했고, 제후들은 저마다 패자가 되기 위해 치열한 각축전을 벌였다. 바로 이 시대가 곧 춘추전국인데, 서주라는 시대

춘추시대 영역도.

에 대하여 동주 시대이며, 주나라가 수도를 낙양(洛陽)으로 옮긴 뒤부터 진(秦)나라의 시황제(始皇帝)가 황제의 자리에 오르는 기원전 221년까지의 시기이다.

여기에서 잠시 춘추와 전국시대에 관하여 더 언급해 보자. 춘추(春秋)시대는 기원전 770년부터 대략 기원전 476년까지의 시기를 말한다.(춘추의 끝에 관해서는 여러 가지 이설이 있다.) 이 시기는 "예와 악이 붕괴하고"(禮樂崩壞), 특히 춘추오패(春秋五霸)들을 중심으로 수많은 난으로 점철된다. 부세제도가 변화하고, 토지제도 정전제가 붕괴되고, 토지사유제가 출현하였으며, 전통적인 교육관이나 천명론이 붕괴되었다. 특징적인 것은 철을 본격적으로 사용하는 철기 시대에 접어들었으며, 성문법이 과거의 관습법인 예를 대체함으로써 새로운 사회질서에로 들어가게 된다.

제나라 재상으로서 부국강병책을 추진하여 환공을 중원의 패자로 만든 관중(오른쪽).

이러한 시대 변화에 집중하여 최초로 등장하는 인물은 바로 관중(管仲, 730-645 기원전)이다. 관중은 기원전 685년 제(齊) 환공(桓公)의 전폭적인 지지 아래 정치, 경제, 군사 등 영역에서의 개혁으로 부국강병을 이루어, 기원전 681년 제나

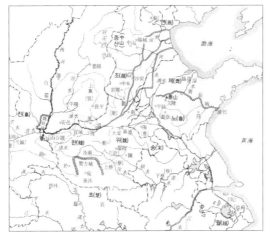

전국시대 영역도.

라의 패업을 이루게 한다. 관중은 바로 '관포지교'(管鮑之交)
란 고사로 잘 알려진 역사상 실재하였던 인물이다. 이와 반대
로 시대적 상황의 변화에 적응하지 못하고 뒤처지는 제후들
도 나타나게 된다. 여기에 대표적인 인물은 송(宋) 양공(襄公)
이다. 송 양공은 인의(仁義)의 스승으로 불릴 정도로 예의에
철저하였던 것으로 알려져 있었고, 인의와 예를 전쟁에서도
몸소 실천하고자 하였다. 그는 기원전 642년 초나라와 국가
의 명운을 건 일대 전투에서 전통적인 전쟁의 예법을 지키려
다 초나라에 패하고 도주함으로써 자기 나라를 상실하고 조
롱받은 인물이었다.

전국(戰國)시대는 기원전 475년부터 기원전 221년까지를

말한다. 이 시대는 한(韓), 조(趙), 위(魏), 진(秦), 초(楚), 제(齊), 연(燕) 7국이 끊임없이 쟁패하였다. 경제적으로는 제철기술이 더욱 발전하고, 소에 의한 경작으로 대량생산이 이루지게 되었다. 아울러 수공업, 상업과 교통이 발전하여 경제체제가 일신하게 된다. 여기에서 주 왕실의 쇠퇴와 더불어 합병전쟁의 치열화로 인하여 각 국은 변법개혁을 통하여 부국강병을 도모하고자 하였다.

전국 초기 위(魏) 문후(文侯)는 이리(李悝)를 임용하여, 귀족의 관작제를 폐지하고 "식량은 노동한 자가 가지며, 녹은 공이 있는 자가 가진다."(食有勞而祿有功)는 원칙을 세웠으며, 이러한 원칙을 『법경(法經)』에 담았다. 이 시대에 한(韓)에서는 신불해(申不害), 진(秦)에서는 상앙(商鞅)을 기용하여 변법을 수행하였다. 진나라는 상앙의 변법 이후 나날이 강해지게 되어, 결국 전국을 평정하여 중국을 최초로 통일하게 된다. 이 시대는 중국 역사상 사상의 최고 발전기로서, 제자백가(諸子百家)라고 불리는 수많은 학파들이 등장하여 많은 저서와 입론이 확장되었으며, '학재관부(學在官府)' 의 국면이 더 한층 무너지게 된다.

이 시대는 정치적으로는 종법 질서(宗法秩序)에 입각한 종실(宗室) 본위, 가부장적 귀족정치에서 군주의 집권이 강화되는 군주전제정치에로, 사회경제적으로는 소규모 농업생산체제에서 농·상의 자유경쟁을 통해 부호의 성장을 근간으로 하는 대규모 경제체제로 전환하는 시대이다. 이것은 소규모의 단순한 국가조직에서 대규모의 복잡한 국가체제로의 전환을 의미한다. 이에 따라 종래의 농본주의적 체제에 기초한 가부장적 국가 관념은 새로운 국가 관념으로 대체될 것이 요청되었다. 법가의 사상체계는 이러한 요청에 부응하여 종래의 유가적 통치관을 비판하고 객관적 법에 의한 새로운 통치관을 주장함으로써 성립된다.

서주 시대 강력한 종법을 토대로 이루어졌던 사회체제가 붕괴되고, 광범위한 사회적·정치적 변화가 발생하였다. 군자와 소인 계급의 사회적 차별이 예전처럼 절대적으로 엄격하게 구별되지는 못했고, 춘추시대 후반에 속하는 공자(孔子) 당시에는 토지와 직위를 잃은 귀족들이 있었는가 하면, 재능과 행운으로 사회적·정치적으로 탁월한 지위에 오른 평민도 생겨났다. 이제 사회계급의 낡은 고리는 깨어졌다. 그리고 시간이 지남에 따라 대국의 영토는 공격과 정벌로 점점 더 확대되었다. 전쟁을 수행하기 위하여 대국들에게는 강력한 행정력 곧, 고도의 중앙집권력을 가진 정부가 요청되었다. 그 결과 정부의 기능과 구조는 이전보다 훨씬 복잡하게 되었으며, 강대국의 출현과 더불어 새로운 상황에서 새로운 문제가 허다하게 발생하였다.

그러한 상황은 당시 봉건국가의 군주들이 직면한 상황이었으며, 이 문제를 풀려는 것이 공자 이래 여러 학자들의 공통된 관심사였다. 제자백가들이 제안한 해결책의 대부분이 실천하기엔 요원한 것들이었다. 군주들이 필요로 한 것은 백성들에게 선정을 베풀기 위한 이상적인 정책이 아니라, 각국이 당면한 새로운 문제를 다룰 현실적이고 구체적인 대안이었다. 도덕적 이상주의에 기초한 예보다 현실적인 법이 요청되게 된다. 예는 귀족중심적인 것으로 도덕성에 기대할 수밖에 없는 것이었으나, 반면 법은 군주 이외의 모든 사람에게 적용되어야 한다는 현실적인 판단에 의거하였다.

법의 정착

　정치질서의 기초로서 형벌에 의해 집행되는 기준의 개념은 기원전 6세기에 성문화된 형법이 최초로 대중에게 공개된 때부터 실제적인 정치가들 사이에서 점차적으로 발전되어 왔음이 분명하다. 『좌전』의 설명에서 법전의 발행이 숱한 논쟁거리가 되고, 전통적 인간 대 인간의 관계를 위배한다고 느꼈던 전통적인 관료들을 수없이 만날 수 있다. 기원전 536년 정(鄭)의 재상이었던 자산(子産)은 처음으로 성문법인 형서(刑書)를 형정(刑鼎: 세 발 달린 신성한 제기의 일종)에 새겨 제정 공포함으로써 정치적 성과를 올렸다고 한다. 이것이 이른바 고대 중국에서 성문법의 원류이다.

　이에 대해 전통주의자 숙향(淑向)은 선왕들이 질서를 유지

서주의 정(鼎)

한 방법은 정의의 주입, 어질고 충성스러운 관료들의 선택, 그리고 범죄에 대한 엄격한 처벌일 뿐, 공개적으로 법을 성문화하지는 않았는데, 성문화된 법은 송사를 야기할 뿐이라는 이유로 자산의 조치에 강력히 반대하였다. "만일 사람들이 법령을 이해한다면, 그들은 자신들의 상사를 두려워하지 않을 것이다. 그들은 형법에 씌어진 것에 따라 검토하여 분쟁의 마음을 가질 것이며, 요행으로써 자신이 원하는 것을 이루려 할 것이다. 이들을 다루는 것은 불가능할 것이다."(『좌전(左傳)』「양공(襄公)」30년조, 「소공(昭公)」29년조)

이유는 또 있었다. 성문형법을 만드는 것은 정치가 쇠퇴하는 것이며, 국가가 장차 망하려는 조짐을 보여 주는 것이라는 것이다. '하(夏)는 우형(禹刑)을 만들어 정치가 혼란해졌고, 상(商)은 탕형(湯刑)을 만들어 혼란해졌고, 주 또한 구형(九刑)을 만들어 혼란해졌기 때문이다.' 이로 보면 숙향은 수구주의자이지 결코 개혁주의자는 아니었던 것으로 나타난다. 이에 대한 자산의 반응은 "나는 세상을 구하기 위한 것이지, 천명을 이을 수는 없다"는 것이었다.

기원전 513년 진(晉)의 군주는 '진나라로부터 고(鼓)의 철에 형벌 정족기(鼎足器)를 만들어 범선자(范宣子)가 쓴 형법을 공개하였다.' (이것은 중국의 문헌 중에서 철이 언급된 최초의 경우이다.) 바로 뒤인 기원전 510(?)년 정의 대부인 등석(鄧析)이 국가가 정한 옛 제도를 개혁하기 위하여 군주의 명이 있기도 전에 사적으로 죽형(竹刑, 죽간에 쓴 형벌)을 만들었는데, 기원전 501년 정의 경(卿) 사헌(駟獻)이 사적으로 형을 만들었다 하여 그를 죽였다고 한다. 『좌전』은 귀족들이 자신들의 가족적 전통에 따라 은밀하게 해결해야만 하는 분제늘임에노 붙구하고 이제 모든 사람들이 보도록 공개된 비인격적 법에 의해 판단되어야 한다는 사실에 경악하는 공자를 기록하고 있다. 『논어(論語)』에서의 공자의 법에 대한 태도 또한 같다. 이와 같은 형서(刑書)나 형정(刑鼎)의 성립은 춘추전국 당시의 사회, 경제적 추이를 반영하는 것이었다.

여기에서, 한비가 정의한 바에 따르면, '법' 이란 명문화하여 일반에게 분명히 공시하여야 할, 다시 말해서 오늘날의 실정법에 해당되는 성문화한 법률을 가리킨다. "현명한 군주의 도는 법만을 오로지하고 지혜를 구하지 않는다." 법이 귀천의 차이를 훼손시킨다는 비난은 매우 분명한 의미를 지닌다. 중국에서 법가의 출현 이전과 이후 모두의 일반적인 관행과는 달리, 법가는 군주 아래의 모든 사람들을 법 앞에서 평등한 존재들로 취급했다.

어쨌건, 이 시대의 패자들은 힘의 논리로 무장했다. 그 당시의 제자백가들이 이 문제를 해결하기 위해 다양한 방법을 제시했으나, 그것은 현실적이고 실천적인 대안이라기보다는 지나치게 이상적인 정책뿐이어서 통치자들로부터 대부분 외면을 당했다. 이러한 시대적 상황에 부응하여 현실을 바로 보고 구체적이고 효과적인 대안을 제시한 자들이 있었다. 이들을 '나라를 다스리는 방법을 아는 인재'라는 뜻의 '법술지사'(法術之士)라고 불렀으며, 이들이 바로 훗날 법가라고 일컬어지는 사상가들이다. 이들은 통치자가 통치력을 완전히 장악하는 방법은 엄격한 법 집행뿐이라고 주장했다.

그들은 광대한 영토를 통치하는 방법을 개발시켰다고 하여 그러한 '법술지사'라는 이름이 붙었다. 그들이 개발한 통치방법이란 다스리는 자의 편에 고도로 집중된 권력을 위임하는 방법이었으며, 그 방법은 극히 간단한 것이었다. 그 방법에 의하면 다스리는 자가 성인 또는 군자가 될 필요는 없고 그 방법만 잘 운용하면 평민이라도 통치할 수 있다. 그리고 한걸음 더 나아가 자기들의 방법을 이론화하고 합리화시키는 인물도 나타났는데 이들이 법가의 중추를 이루었다. 그러므로 법가의 사상을 현대의 법률학과 연관 짓는 것은 무리이다. 법가의 주장은 주로 조직론·방법론·지도자론·지도방법 등이었다. 만일 누가 백성들을 조직하여 지도하는 데 있어 전체주의 노선을 택한다면 법가의 이론과 실천방법이 오늘에도 유익하고 유용할 것이다.

한비가 생존하였을 당시 중국사회는 생산수단이 급격히 발달하여 신흥지주세력과 구귀족 사이에 토지점유 문제를 둘러싸고 격렬한 싸움을 벌이던 때였다. 신흥지주세력 내부에도 또한 몰락과정에서 재빨리 전향한 구 노예주 귀족의 일부와 상공업자 및 소생산자로부터 진출해 온 두 가지 다른 출신 성분이 섞여 상호간에 대립하는 상태였다. 한 나라의 최대 귀족은 바로 군주였다. 그러나 개인 사가(私家)의 토지 소유가 공인되고 대단위 토지겸병이 진행되는 변혁기에 접어들면서 군주와 그 밖의 다른 귀족들 사이에 이해의 갈등이 점점 심화되어 갔다. 자신의 기득권적 지위를 유지하기 위하여, 군주는 서인(庶人) 출신의 지주계층과 결탁하고 이에 항거하는 구 귀족세력에게 타격을 가하였던 것이다.

실제로 초(楚) 도왕(悼王)은 오기(吳起, ?-386 기원전)를 등용하였다. 한(韓) 소후(昭侯, 355-335 기원전)는 신불해(申不害 385?-337 기원전)를 재상으로 삼아 일대 개혁을 한다. 신불해는 『신자(申子)』를 쓴 것으로 알려져 있고, 그의 사상은 "본래 황로에 근본을 두고, 형명을 주로 삼으며, 군주를 높이고 신하를 낮추며 위를 숭상하고 아래를 내린다"(本于黃老而主刑名, 尊君卑臣, 崇上抑下)고 하는 곧, 군주의 무위(無爲)를 강조하는 것이었다.

진(秦) 효공(孝公)은 기원전 358년 상앙(商鞅, 390-338 기원전)을 재상으로 등용하여, 일련의 정치적·경제적 개혁을 단행하여 새로운 생산관계와 봉건화의 길을 열고자 하였다. 그가 채택하였던 것은 이른바 상앙의 '신법'(新法)으로 불린다. 상앙은 원래 위(衛)나라 사람으로 위앙(衛鞅)으로 불렸던 사람이었는데, 변법의 성공으로 군주에게서 상(商)의 일부를 녹봉으로 하사받으면서 상앙으로 불렸다고 하며, 『상군서(商君書)』의 저자로 알려져 있다.

그의 혁신적인 정책은 다음과 같다. 치안책으로 십오연좌제(什伍連坐制)를 실시하여 10가를 일오로 삼아 범법자를 신고하지 않으면 나머지 9집이 모두 처벌받는다. 생산력 확대를 위해서는 농업에 종사하여 세금을 많이 내면 부역을 면제해주지만, 게으른 자는 관노로 삼는다. 전공을 장려하여 관직과 작위를 전공을 기준으로 삼아, 귀족이라도 전공이 없으면 평민으로 만들었기 때문에 많은 귀족들이 반발하였으나 오히려 관직을 박탈당하는 일이 빈번하였다. 태자까지도 반발하자 태자를 직접 처벌할 수는 없어서 그의 스승 둘을 각각 비형(劓刑)과 자형(刺刑)에 처하였다고 한다. 그리고 호패법을 시행하여, 외출 때에도 호패를 가지고 다녀야 하고, 호패가 없으면 다른 지역에 가서는 여관에 투숙할 수도, 식사를 할 수도 없었다. 신법은 성공하였으나, 일단 효공이 사망한 뒤 상앙은 구귀족들의 엄청난 회오리에 몰락하여 도피하려 했으나, 자신이 만든 법에 자신이 걸려들어 투숙도 식사도 하지 못하고 신고에 따라 외지에서 수도로 압송되어 처절한 죽음을 당한다. 이것이 이른바 '상앙의 비극' 이라 일컫는 것이다.

여기에서 신불해와 한비자는 이 책의 주인공인 한비자의 법사상과 직접적인 관련이 있다. 이 같은 여러 가지 제도들은 고대 노예사회의 종식을 촉진시켰다. 그러나 초기 법가철학의 역사적 한계성과 복권과 수구세력의 법치에 대한 체계적 비판의 불투명성과 기반의 취약성 때문에 변법(變法)의 추세가 오히려 반변법(反變法)의 동향으로 뒤집어지고 말았다. 구귀족의 잔존 세력은 주변 상황의 변동과 함께 반변법의 움직임에 큰 구실을 하였다.

고대의 권위가 시대의 변혁과 필연적인 관련이 있음을 거부하는 것은 이 시기에 이르러 법가, 도가, 후기 묵가 등 유가를 제외한 모든 학파들에 공통적인 것이었다. 한편 이러한 추세는 심지어 법가들이 어떤 경우에 있어 자신들의 교의의 유래를 선왕에서 찾는 관례마저 금지시키지는 않았다. 그러나 『상군서』와 『한비자』는 상황 변화의 근본적인 역사적 원인을 추구하는 점에서 독특성을 갖는데, 그들은 그 원인을 인구의 증가에서 찾았다. 묵가 및 순자(荀子)는 오직 성인의 정치 하에서만 인의(仁義)가 번성할 수 있고, 그리고 만인들이 서로 싸우는 원초적인 전쟁보다 국가의 기원에 있어 근본적인 것은 없다고 생각하였다.

3장

한비, 법가를
종합하고
체계화하다

한비의 생애

오늘날 중국 고대의 법가(法家) 사상을 담은 대표적인 고전으로 부르는 『한비자』 55편을 쓴 한비(韓非, 280?- 233 기원전)의 생애는 분명하게 알려져 있지는 않다. 다만 사마천이 쓴 『사기』 「노장신한열전」의 기록에 따르면, 그는 고대중국 전국시대 말기 한(韓)나라의 여러 공자 가운데 한 사람이며, 일찍이 형명(刑名)과 법술(法術)을 익혀 중앙집권적 봉건전제 정치 체제를 적극적으로 창도한 법가 이론의 집대성자이다. 출신을 보면, 한비는 기원전 3세기 초 지금 호남성 서부에 위치했던 한(韓)나라의 왕 안(安)을 아버지로 하여 태어났다고 한다. 그의 신분은 서공자(庶公子)였다. 서공자란 공자들 중에서 모친의 신분이 낮은 사람을 가리킨다. 왕족의 일원이긴

하지만 그렇게 혜택 받은 위치에 있었다고는 할 수 없다. 일설에 의하면 그는 명문 귀족의 후예였을 뿐이라고도 한다.

한비자 초상

한(韓)은 전국칠웅(戰國七雄) 중에서도 국토가 가장 작은 나라였다. 게다가 지리적으로 중국의 한 가운데에 자리 잡고 있어 주변에 뻗어 나갈 만한 미개척지가 없고 오히려 인접하는 나라들로부터의 압박에 시달리고 있었다. 영토는 사방 천리도 못 되는 데다가 서쪽으로는 진나라, 동쪽으로는 송(宋)나라와 제(齊)나라, 북쪽으로는 위(魏)나라, 남쪽으로는 초(楚)나라와 국경을 맞대고 있어 잠시도 평온할 날이 없었다. 특히 서쪽으로 국경을 접한 진(秦)은 한에게 있어 최대의 위협이었다. 진은 기원전 4세기에 상앙의 법치주의를 채용하여 국정의 개혁을 단행한 이래 급속히 세력을 뻗쳐, 6국을 누르고 중국 통일을 목표로 삼기에 이르렀다.

한비는 한나라 왕이 법률과 제도를 정비하고 권력을 장악해 나라를 부강하게 만들고 어진 인재를 등용하는 데 힘쓰기는커녕, 도리어 실속 없는 소인배들을 등용하여 그들을 실질적인 공로자보다도 높은 자리에 앉히는 것을 매우 가슴아파

했다. 또 유학을 내세우는 자들은 경전을 들먹이며 나라의 법도를 어지럽히고, 협객은 무력으로 나라의 법령을 어기고 있다고 비판했다. 게다가 군주가 나라가 태평할 때는 이름을 날리는 유세가들만 총애하다가 나라가 위급해지면 허겁지겁 갑옷 입은 무사를 등용하는 점을 못마땅하게 여겼다. 한비는 앞선 법가들이 직접 체험한 역사적 교훈을 살려 한왕에게 법가가 표방하는 정치노선을 채택하도록 요구한 바 있었다고 한다.

이미 한의 운명은 강대한 진나라 앞에 풍전등화가 되어 있었다. 젊은 공자 한비는 이러한 조국의 현상을 한탄하고, 과거 진과 한에서 정치 개혁을 떠맡고 부국강병을 가져다 준 개혁자들인 상앙이나 신불해 등의 정책에 심취하였던 것으로 보인다. 그래서 그는 당시의 대표적인 학자였던 순자(荀子, 본명은 孫況, 313?-230 기원전)에게로 유학을 갔다. 당시 순자의 제자 중에는 훗날 진의 재상이 되는 이사(李斯)도 있었다. 이 이사까지도 한비의 재능에는 눈길을 주었다고 한다. 한비는 여러 학파의 설을 비판하거나 채용함으로써 부국강병을 위한 독자적인 학문을 형성했다. 한비는 스승 순자를 따라 인간을 본질적으로 실리(利) 지향적인 동물로 파악한다. 사람과 사람 사이는 이해가 서로 엇갈려 모순·대립한다. 그것은 결코 사랑과 미움 때문에 일어나는 반목이 아니다. 어디까지나

공리적인 치밀한 계산에 의하여 전개되는 일종의 투쟁 상태다. 여기에서 한비는 시시비비, 곧 선과 악이라는 도덕적 가치평가를 일체 배제하고 오로지 참이냐 거짓이냐 하는 사실인식만을 문제 삼았다. 우리가 서로를 친애하는 소박한 심정은 이해타산 앞에 무력하다는 것이다. 이른바 의리(義理)나 명분(名分)이 실리와 얼마나 괴리되는가를 강조하였다.

혜시(惠施)를 예외로 하면, 제자백가 중에서 좀처럼 세력자들 근처에도 갈 수 없었던 다른 학파의 사부들과 달리, 한비는 자신의 말년에 현실정치에 참여할 기회를 갖게 되었다. 그의 정책은 한에서는 쓰이지 못하였다. 힘들여 이론은 완성했어도 그것을 현실 정치에 적용하기 위해서는 우선 자신이 국왕에게 인정을 받지 않으면 안 되었다. 그러기 위해서는 국왕에게 변설을 토로하는 것이 필요한데, 한비는 언변이 없었다. 그는 말더듬이였다고 전해지고 있다. 그래서 오직 문장에 의해서만 자기의 의견을 상주했는데, 그 문장에는 부자유한 변설을 보충하고도 남는 예리함이 있었다.

한비는 끊임없이 한왕(韓王) 안(安)에게 '법·술·세'에 대한 의견을 진언하였으나 받아들여지지 않았다. 그는 이러한 정치 슬로건을 내걸고 신흥지주 계층의 변법운동에 이론적 근거를 제시하였다. 그러나 한나라 권력구조 자체의 모순 때문에 그의 노력은 실패하고 말았다. 변법과 반변법의 격동 속에서 한비는 정치 · 경제 · 사회 등 모든 현실이 내포하고 있는 여러 모순들을 너무나 절실하게 감지할 수 있다. 「고분(孤憤)」, 「오두(五蠹)」, 「정법(定法)」, 「현학(顯學)」 편은 그에 대한 생생한 기록들이다.

오히려 한비의 이론을 채택하여 정책에 실제로 활용한 사람은 진왕(秦王) 정(政)이다. 한비는 자신의 장점을 인정하려 들지 않는 세상에 대해 분노와 격분을 토로할 상당한 능력을 갖고 있었다. 그런 그의 저작은 장차 시황제가 될 진나라 왕의 관심을 끈다. 기원전 234년 진의 침공을 받은 한을 위하여 사절로서 진에 파견되는데, 거기에서 그는 옛 친구였던 재상 이사로부터 중상모략을 당한다. 이사가 자신의 이론들을 실행하는 큰 역할을 수행할 수 있었던 것은 결코 강력한 이론가는 아니었지만 본능적인 정치 감각에 있어서 훨씬 더 능숙했기 때문이었다.

한비와 시황제

한비의 이론은 시대의 첨단을 가는 것으로, 국력이 쇠약한 한(韓)에는 그것을 잘 이용할 만한 힘이 없었다고 할 수 있을는지 모른다. 어느 땐가 진왕의 측근 한 사람이 한비의 저작을 왕에게 바쳤다. 진왕은 그 가운데 「고분」「오두」두 편을 읽고는 매우 기뻐했다. '이것이야말로 내가 찾고 있었던 것'이라고 진왕 정은 생각했던 것 같다. "이 책을 쓴 자는 한비라고 하는 사람입니다." 이렇게 말한 것은 다름 아닌 한비의 친구 이사였다. 전날 순자의 밑에서 한비와 함께 수학했던 그가 지금은 진왕 정의 총애하는 재상이 되어 있었다. "그렇게 만나보고 싶으시다면 한을 공략하는 것이 어떻겠습니까? 한은 한비를 사자로 보낼 것이 틀림없습니다." 그래서 정은 한에 대한 공격을 명했다. 예상했던 대로, 한은 화해를 청하기 위해 한비를 사자로 진에 보냈다. 이렇게 하여 한비는 진왕을 알현한다. 그는 조국 한을 구해보겠다는 애국심에서 진왕을 설득했을 것이다. 진왕 정에게는 지금 생사여탈권이 쥐어져 있다. 자기의 생각을 살릴 수 있는 나라는 천하에 진나라 하나뿐이라고 생각했을는지도 모른다.

사실 그가 진왕에게 상주한 글이라고 전해지고 있는 「초견진(初見秦)」에는 진이 천하를 획득하기 위해서는 한을 멸망시켜도 상관없다는 내용이 있다. 그러나 이 문장은 여러 가지 이유로 한비의 작품이 아닌 것으로 고증되고 있기도 하다. 한비를 만난 진왕은 말더듬이 한비의 말투에 실망을 느꼈다고도 한다. 한편 이사(李斯, ?-208 기원전)는 한비가 등용되면 자신의 지위가 위협을 받게 되지 않을까 하고 크게 염려했던 것 같다. 그래서 이사는 동료인 요가(姚賈)와 모의한 다음 틈을 타서 진왕에게 진언했다. "이 사람은 한의 공자입니다. 자기 나라를 위해 생각하는 것이 인지상정일 것입니다. 진에 충성을 다하려 하지 않을 것입니다. 또 이대로 돌려보내면 이쪽의 내정을 가르쳐 주는 결과밖에 안 됩니다. 지금 곧 처치함이 마땅합니다." 이 말에 흔들린 진왕은 한비를 옥에 가뒀다.

벼슬자리에 오른 이사는 동문수학한 친구 한비가 진시황의 총애를 받는 것을 꺼려 서슴지 않고 그를 모함했다. 이사는 한비가 한나라의 공자(公子)이기 때문에 진나라를 위해 일하지 않을 것이며, 그를 등용하지 않고 억류했다가 돌려보낸다면 후환이 될 것이니 죽여야 한다고 주장한 것이다. 이사는 곧장 옥중으로 독약을 보내 자살을 강요했다. 한비는 진왕을 만나 직접 변명하려고 했었지만, 그것도 허락되지 않아 끝내 스스로 독약을 마셨다고 한다. 그때가 기원전 233년이었다. 한비는 공적인 경력을 쌓지도 못하고 결국 이처럼 비극적으로 삶을 마감하였다.

진시황은 뒤늦게 자신이 저지른 일을 후회했지만, 이미 한비가 죽은 뒤였다. 한비는 본래 신하가 군주에게 유세하기 어렵다는 점을 터득하고, 「난언(難言)」과 「세난(說難)」 등 여러 편에서 진언의 방법을 자세하게 말했지만, 결국 자신은 죽음을 당하는 화를 피하지 못했다. 한비는 비록 진나라에서 죽음을 당했지만, 그의 법가 사상은 진시황의 통치 원칙이 돼 훗날 진나라의 통치에 기여했다.

그는 중국의 모든 사상가들 중에서 자신의 시대와 가장 직접적이고 밀접한 관련을 갖는 정책의 이론가였는데, 그의 정책들을 토대로 시황제와 이사는 중국을 통일했으며, 주의 종법을 대체하는 관료적 제국의 토대를 쌓았다. 기원전 338년에 능지처참을 당한 상군이나, 기원전 208년에 요참(腰斬)을 당한 이사와 마찬가지로, 그의 개인적인 운명은 양주(楊朱)와 도가가 왜 사사로운 삶의 상대적인 안전을 추구했었는지를 이해하는 데 도움을 준다. 한비의 이와 같은 비극적인 죽음은 정치권력의 냉엄한 속성을 잘 드러낸 사례일 것이다. 이것은 꼭 법가들만 당할 수 있는 것은 아니며, 유자들을 포함한 모든 정치에 참여하는 자들의 운명일지도 모른다.

한비가 죽은 지 3년 뒤 한은 진에게 멸망되고, 다시 10년 후 진은 전 중국을 제패하여 진왕 정은 시황제(始皇帝)를 칭하게 되었다. 전국은 36개 군(郡)으로 나뉘고, 그 밑에 현(縣)이 설치되고, 황제의 직접 임명에 의한 관리가 파견되었다. 도량형이 통일되었고 화폐가 통일되었으며, 문자의 서체가 통일되었다. 그리고 사상도 통일되었다.

이미 천하는 평정되고 법은 전 중국에 미치게 되었다. 실증에 입각하지 않은 공리공론이나 현실의 인간을 무시한 말뿐인 도덕은 일체 불필요하고, 이것을 설파하는 학자도 무용지물이다. 이런 생각에 입각하여, 농업, 의학, 점(占) 등 실용적인 것에 관한 서적 이외 모든 서적이 불태워졌다. 이어서 법치에 도움이 되지 않고 말만 많은 유자들을 산 채로 땅속에 파묻어 버렸다. 이것이 법가의 사상통일책에 입각하여 실시되었던 악명 높은 '분서갱유(焚書坑儒)'였다.

『한비자』라는 책

　『한비자』는 근래 중국에서 법가가 역사 발전의 추동세력이었다는 평가를 받고, 그것에 관해 연구한 책들이 활발하게 출판되기도 하였다. 한비의 세계관, 특히 통치공학적 차원의 냉철한 인간 이해와 심층적 분석은 현대 기업경영에서 인사관리의 측면에 적용시킬 수 있다고 하여 크게 관심을 끄는 추세도 있었다. 이 책의 본래 제목은 『한자(韓子)』였다. 중국 최초의 문헌목록서인 『한서예문지(漢書藝文志)』「제자략(諸子略)」에는 '한자 55편'이라고 기록되어 있다. 55편은 십여만 자로 되어 있다.

　인명(人名)이 그대로 서명(書名)으로 되어 있는 것은 진(秦)이 전 중국을 통일하기 이전의 제자백가의 예에 따른 것이다. 일반적으로는 성(姓)에 존칭의 뜻을 갖는 자(子)를 붙인다. 이를테면 공구(孔丘)는 '공자(孔子)', 맹가(孟軻)는 '맹자(孟子)'로 부르고 있다. 그러나 한비는 성명 전체인 '한비(韓非)'에 '자(子)'를 붙이고 있다. 애초엔 그도 성인 한(韓)만을 취해서 '한자(韓子)'로 불리었는데, 당(唐)의 문인 한유(韓愈)가 '한자(韓子)'로 불림에 따라, 그와의 혼동을 피하기 위해서 '한비자'로 부르게 된 것이라 한다.

일찍이 사마천은 『사기』에 한비의 전기를 실었다. 사마천은 『사기』 「노장신한열전」에서 한비는 과거 정치의 득실과 변화를 살펴 「고분」 「오두」 「내외저」 「설림」 「세난」 등 십여만 자의 저술을 남겼다고만 기록했을 뿐, 한비의 전체 편수에 대해서는 정확히 언급하지 않았다. 그리고 한나라의 역사책인 『한서』의 목록집 『예문지』에는 총 55편이라고 적혀 있다. 또 수나라의 역사책인 『수서』의 목록집 「경적지」에는 20권이라 적혀 있다. 그러나 그것들이 서로 같은 내용인지는 알 수 없다.

『한비자』 55편 모두를 한비 자신이 직접 저술하였는가에 대하여는 의심의 여지가 많다. 그러나 전체가 법가사상으로 일관되어 있으며 한비의 주의 주장이 그대로 실려 있다는 점만은 분명하다. 그리고 「주도(主道)」 「양권(揚權)」 「해로(解老)」 「유로(喩老)」 네 편은 내용상 『노자』와 관계가 깊다. 이

점은 1973년 장사(長沙) 마왕퇴(馬王堆) 고분에서 발견된 고문서 연구 결과에 근거하여 이미 한비 생존시기에 도가와 법가를 절충한 사상이 있었음이 확인되었다. 『한비자』 55편은 그 내용과 형식으로 보아 크게 두 가지로 분류된다. 하나는 자신의 주장을 직접 서술한 논문체·문답체 문장이고, 또 하나는 설화류(說話類)를 편집한 것이다.

지금 전해지고 있는 가장 오래된 판본은 '송건도본'인데, 원래 원나라 때 발견된 판본은 53편이었다고 한다. 명나라 때 능영초(凌瀛初)의 『한비자』 범례를 보면 「간겁시신」 한 편과 「설림하」편이 없어졌다고 한다. 그러나 지금은 여전히 55편이 전하고 있다. 현재 전해지고 있는 『한비자』는 한나라 때의 『한자』 55편보다 내용이 훨씬 줄어든 것이다.

고형(高亨)의 『한비자보전(韓非子補箋)』 서문을 보면, 「초견진」 「존한」 「난언」 「애신」 「유도」 「식사」 등 여섯 편은 후세에 『한비자』를 편집하는 사람이 삽입한 것이라고 하고 있다. 『한비자』 55편 중에는 한비가 직접 쓰지 않고 그의 제자나 법가에 속한 학자들이 쓴 글도 포함돼 있음을 유추해 볼 수도 있다. 지금까지 남아 있는 판본으로는 '송건도본' 외에도 명나라 때의 '도장본(道藏本)', '조본(趙本)', '진본(陳本)' 등의 판본이 있다.

청조에 들어와 원전 비판이 활발하게 이루어져 노문소(盧

文弨), 고천리(顧千里), 유월(兪越), 왕선겸(王先謙) 등이 주석한 것이다. 이를 집성한 것이 왕선겸의 『한비자집해(韓非子集解)』이다. 도홍경(陶鴻慶)의 『독한비자찰기(讀韓非子札記)』, 고형(高亨)의 『한비자보전(韓非子補箋)』, 우성오(于省吾) 『한비자신증(韓非子新證)』 등이 참고할 만하다. 오늘날 주석서 가운데 가장 널리 보급된 것으로는 진기유(陳奇猷)의 『한비자집석(韓非子集釋)』, 진계천(陳啓天)의 『한비자교석(韓非子校釋)』이 상세하다. 특히 양계웅(梁啓雄)의 『한비자천해(韓非子淺解)』와 『한비자교주(韓非子校注)』는 이해하기 쉽게 씌어진 책이다.

4장

『한비자』의 사상적 배경

사상은 시대의 변화에 적응해야 한다

　중국인들이 전통적으로 과거의 경험을 중시한 것은 아마도 압도적으로 우세한 농본주의적 사고방식에서 유래되었다고 본다. 농부들은 토지에 자기의 모든 생활근거를 두었기 때문에 여행할 여가가 거의 없었다. 농부들은 해마다 반복되는 사계절의 변화에 맞추어 토지를 경작하여야 하므로 과거의 경험은 농사를 짓는 데 훌륭한 길잡이가 되었고, 어떤 새로운 일을 하려고 할 때는 과거의 경험을 살펴보는 것이 관례화되었다.

　이러한 심리가 은연중 중국철학에 커다란 영향을 끼쳤다. 공자 이래 여러 학자들은 대부분 고대의 권위 있는 인물에 의탁하여 자기 학설을 옹호하였다. 공자는 문왕과 주공에, 묵자는 공자의 설을 개선하기 위해 문왕·주공보다 1천 년 앞선 인물인 우임금에, 맹자는 묵가보다 한걸음 더 올라가 우임금보다 앞선 인물인 요·순에게, 최후로 도가들은 유가와 묵가에 대항하여 자기들의 사상을 전파시키기 위하여 요순보다 앞선 인물인 복희와 신농의 권위에 의탁하기도 하였다. 이 철학자들은 제각기 다른 학파였지만 모두 인류의 황금시대는 미래가 아니라 과거였다는 데 일치하였다.

한비가 비판의 대상으로 삼는 것은 두로 법치에 강력하게 반대하였던 유가적 관점이다. 그의 유가 비판은 역사관 비판에서 출발한다. 그는 공자(孔子)·맹자(孟子)뿐 아니라 사상적으로 크게 영향 받고 있는 순자(荀子)의 역사관까지도 비판, 극복하고자 한다. 유가의 역사의식은 '과거와 현재가 [이념적, 정신적으로] 관통한다'는 '고금일관'(古今一貫)의 정신으로 드러난다.(『순자(荀子)』「비상(非相)」)

유가에 의하면, 요·순·우·탕과 같은 성왕은 각각 자신의 시대에서 성왕이면서 동시에 혼란된 현실을 개혁하기 위한 이념적 전형(ideal Typus)이다. 그들의 통치정신은 현실정치의 이상적, 객관적 표준이다. 그들은 유가가 주장하는 인의의 정치 곧 덕치(즉, 王道政治)의 모범이며, 그러한 정치적 이상은 과거, 현재 및 미래를 관통하여 실현되어야만 하는 불변의 진리이기 때문이다. 과거의 것은 단순히 과거의 것에 불과한 것이 아니라 현재화되어야만 하는 것이다.

이러한 역사관에 대하여 법가는 이의를 제기하고 시대변천의 요청을 파악하여 현실적으로 대처하고자 하였다. 고대인들이 보다 순박하였고 어떤 의미에서 아마 덕이 더 많았음을 인정하였지만, 그들이 본성적으로 선했다기보다는 물질적인 환경에서 기인했다고 법가들은 주장했다. 그러므로 한비자는 "옛날에는 백성의 수가 적고 재산은 넉넉하였으므로 백성들은 다투지 않았다. 그러나 오늘날 백성들은 다섯 아들을 많다고 생각하지는 않지만 그 아들이 또 다섯 아들을 갖는다면 할아버지가 세상을 떠나기 이전에 벌써 스물다섯 명의 손자가 생긴다. 이리하여 백성은 많아지고 재화는 적어진다. 힘을 다해 수고롭게 일을 하여도 얻는 것은 적기 때문에 백성들이 서로 다툰다"(『한비자(韓非子)』「오두(五蠹)」)고 확인했다.

이렇게 환경이 완전히 다르기 때문에 새로 나타난 문제는 오직 새로운 방식으로만 해결될 수 있다고 했다. 이 엄연한 사실을 깨닫지 못하는 자는 어리석은 자들뿐이다. 한비자는 이를 설명할 수 있는 종류의 인물을 우화로써 예시해 주었다. 한비자 이전에 상앙도 이와 비슷한 말을 하였다. 백성의 도덕 풍속이 피폐해지면, 그에 따라 법령도 반드시 바꾸어야 하며, 세상사가 변함에 따라 도의 실행도 달리해야 한다. 이 변화의 역사관은 현대인에겐 평범할 뿐이다. 그러나 이러한 법가의 역사관은 고대 중국의 다른 학파의 거의 모든 이론들에 대항한 혁명적인 견해였다.

여기에서 한비는 발전적 역사철학을 전개한다. 한비에 의하면, 각각의 시대는 시대적 상황을 달리할 뿐만 아니라 시대 환경에 따라 시대적 요청도 다르다. 상고지세(上古之世)에서는 유소씨(有巢氏), 중고지세(中古之世)에는 우(禹), 그리고 근고지세(近古之世)에는 탕(湯)·무(武)가 각각 자신의 시대를 통치한 훌륭한 인물들이다. 유소씨·우·탕·무 등은 자신의 시대에서 각각 시대적 요청을 훌륭히 반영하였다.

중국의 전설에 의하면, 상고시대는 사람의 수가 동물이나 곤충의 수보다 적었으나, 유소씨가 나무를 엮어 집을 만들었기 때문에 위협을 피할 수 있었다. 또 물고기나 조개의 비린내는 수인씨(燧人氏)가 나뭇가지를 비벼 불을 발견하자 해결됐다. 중고시대에 큰 홍수가 일어나자 곤(鯀)과 우는 냇물을 끊어 물길을 잡았다. 근고시대에는 하나라의 걸왕과 은나라의 주왕이 폭정을 하자 탕왕과 무왕이 그들을 정벌했다.

그러나 한비에 의하면, 지금 하후씨(夏后氏)의 세상이 됐는데 나무로 집을 짓고 나뭇가지를 비벼 불을 만드는 자가 있다면 반드시 곤과 우의 웃음거리가 될 것이고, 은나라 주나라 때가 되어서도 냇물을 끊어 물길을 잡은 자가 있다면 반드시 탕왕과 무왕의 웃음거리가 될 것이며, 요·순·우·탕·무왕의 도리를 찬미하는 자가 있다면 반드시 앞으로 나올 새로운 성인의 웃음거리가 될 수밖에 없다는 것이다. 한비는 역사란 진화하므로 문제가 발견되면 시대와 환경의 변화에 순응하여 새로운 방법으로 처리해야 한다고 보았다.

그렇다면 이러한 사실을 깨닫지 못한 자는 어떻게 될까? 한비는 전국시대 송(宋)나라의 농부 이야기를 예로 들어 비유하고 있다. 토끼가 달려가다 밭 가운데 있는 그루터기를 박고 목이 부러져 죽자 농부는 쟁기를 놓고 그루터기를 지키며 다시 토끼를 얻고자 했다. 그러나 토끼는 얻을 수 없었으며, 그는 끝내 송나라 사람들의 비웃음을 받고 말았다. 이것이 유명한 '그루터기를 지켜 토끼를 기다린다'는 수주대토(守株待兔)라는 고사이다.

한비에 의하면, 역사상의 각 시대는 질적 차이를 가지며, 각각의 특수한 시대적 상황, 특수한 시대적 요청을 반영한다.(八說) "성인은 과거의 것을 닦지 않으며 불변의 행위[준칙]을 본받지 않는다."(「오두(五蠹)」) 여기에서 말하는 성인은 옛날의 성왕이 아니라 새로운 성인(新聖) 즉, 후왕(後王)을 가리킨다. 새로운 성인은 현실에서 자신의 시대를 개혁하고자 하는 군주를 가리킨다. 그들은 자신의 시대에서 성왕일 뿐 지금의 성왕일 수 없다. "과거와 현재는 습속을 달리하고, 새로운 것과 옛 것은 대비함을 달리하여, 시대가 다르면 일도

다르다."(夫古今異俗 新古異備 世異則事異.「오두(五蠹)」) 한비
는 유가적 법선왕(法先王)의 관념을 전통주의 내지 보수주의
에 근거하는 것으로 간주하고, 법후왕(法後王)의 관념을 제
시한다.

인간의 본성은 사실상 악하다

한비는 순자가 말한 인간이 본성은 악하다는 '성악설'을 부모가 낳은 아이가 아들일 경우와 딸일 경우 취하는 행동의 차이로 설명하고 있다. "부모가 자식을 대함에 남아를 출산하면 서로 축하하고 여아를 출산하면 죽인다. 이들은 모두 부모의 품에서 나오지만 남아가 축하받고 여아가 죽임을 당하는 것은 부모가 노후의 편안함을 고려한 것으로서 장래의 이익을 계산한 것이다. 따라서 부모가 자식에게 계산하는 마음으로 서로 대하는 것이다. 하물며 부모가 자식 택하는 일이 아님에 있어서랴?"(「육반(六反)」)

아들이나 딸이나 모두 부모의 품안에서 나왔지만, 아들을 선호하는 것은 따지고 보면, 부모 자신의 노후를 걱정한 데서 비롯된다는 것이다. 곧 한비는 인간 본성은 이해득실만을 따질 뿐 도덕성은 생각하지 않는다고 보았다. 또 사람들의 이해관계는 늘 어긋난다. 예컨대 군주와 신하가 생각하는 이익이 각기 다르며, 남편과 아내, 형과 아우 사이에도 이해는 서로 엇갈리게 마련이다. 이 중에서도 특히 군주와 신하는 남남끼리 만나 각자의 이익을 추구하는 관계이므로 군주가 신하에게 충성심만을 요구한다든지 도덕만으로 다스린다는 것은 어리석은 일이다. 그래서 한비는 이들을 다스리는 유일한 방법으로 법을 제시한 것이다.

공·맹 유가의 인성론적 전제는 성선이다. 그것은 인간의 도덕성 곧, 사회화 가능성을 인성의 단초(실마리)에서부터 인정하는 것이다. 이 견해에 의하면, 각 개인에게는 원초적 양심이 존재하며, 이 양심이 곧 도덕적 자율성 또는 자발성의 근거이다. 각 개인에게 도덕적 자율성이 내재해 있다는 것은 곧 개인의 사회화 가능성을 적극적으로 긍정하는 것이지만, 유가, 특히 맹자의 경우 그것은 인치(仁治) 곧 덕치(德治)를 근간으로 하는 왕도정치의 필요조건이다. 즉, 인간에 내재하는 사단(四端)은 인·의·예·지의 가능태로 존재하는 것으로 사회적 행위규범인 예의 실천 근거이다.

한비는 이러한 인성론적 낙관론을 인정하지 않는다. 유가적 낙관론은 기껏해야 '좋았던 옛날'에나 적합한 것이다.

"옛날에는 장부가 경작하지 않았다. 초목의 열매가 많았기 때문이다. 부인도 베를 짜지 않았다. 금수의 가죽으로 옷을 충분히 지을 수 있었기 때문이다. 사람이 적고 재화에 여유가 있었으므로 백성들은 다투지 않았다. 따라서 도타운 상이 행해지지 않았고, 무거운 벌도 사용되지 않았다. 그래도 백성은 저절로 다스려졌다."(「오두(五蠹)」)

따라서 상고의 순조로운 풍속은 조건에 따라 그런 것일 뿐 인간의 본성이 선하기 때문은 아니다. 옛날의 풍속은 성선의 증거일 수 없으며, "상고의 풍속이 순조롭고 아름다웠음을 본받는다고 하는 유가의 논점은 정당화될 수 없다." 오히려 현실은 옛날과는 정반대의 현상을 보여준다. "[지금] 백성은 많고 재화는 적다. 힘써 일하여도 공양함이 부족하다. 따라서 백성들은 서로 싸울 뿐이다. 상을 배로 주고 벌을 엄하게 하여도 혼란스러움을 면할 수 없다.……그러므로 옛날에 재화를 쉽게 얻었던 것은 [사람들이] 어질었기 때문이 아니라 재화가 풍부하였기 때문이다. 지금의 쟁탈은 [사람들의] 비루함이 아니라 재화가 적기 때문이다."(「오두(五蠹)」)

상고의 순조로운 풍속이 인간본성의 선함에 대한 증거일 수 없다. 이에 대해 한비는 인간본성이 악하다는 입장을 취한다. 인간의 본성은 악하다. 덕치로써 백성을 감화한다는 것은 '잘라 넘어진 기둥을 보면서 토끼가 부딪히기를 기다리는'

(守株待兎) 격일 뿐이다. 현명한 군주는 상벌의 효용을 믿을 뿐 저절로 선한 백성을 기다리지 않는다. 법은 인간의 악한 본성 때문에 현실적으로 반사회적인 인간을 다스리기 위하여 필요하다. 이것은 저절로 곧은 나무를 기다리지 않고 비틀어져 있는 것을 반듯하게 하여 화살을 만드는 장인의 일(즉, 隱括之道 「오두(五蠹)」)과 같다.

현명한 군주가 은괄지도를 쓰는 것은 사욕의 추구가 아니라 백성의 이익을 위한 것이다. 이성의 논증을 통하여 한비는 성선을 비판하고 덕치를 부정한다. 그러나 여기에서는 일종의 형식논리적 문제를 빠뜨리고 있다. 왜냐하면 성선의 관점이 비판될 수 있다고 해서 곧바로 성악의 관점이 입증되는 것은 아니기 때문이다. 한비는 성선이 아닌 선택지 즉, 성중립(性中立)과 성악을 모두 성악의 관점에 포함시키고 있는 것으로 보인다.

이상과 같은 한비의 견해는 성악설을 근거로 하여 예치(禮治)를 주장한 순자의 영향을 받은 것이며, 간접적으로는 교상리(交相利)를 주장한 묵자(墨子)의 공리주의적 사상에 영향받고 있는 것으로 보인다. 한비는 순자처럼 인간의 이러한 악한 본성을 변화시켜 선하게 만들어야 한다는 점에는 의견을 같이했다. 그러나 그 방법론에 있어서는 차이를 보였다. 순자는 그 수단으로 인위적인 교화, 곧 예(禮)에 역점을 두었던 데 반해 한비는 상과 벌을 수단으로 사용했다. 여기에서 상과 벌은 한비의 표현으로는, 두 개의 칼자루(곧, 二柄)이다.

한비는 이런 비유를 들었다. "저절로 곧은 화살대를 찾는다면 100년이 지나더라도, 화살을 갖지 못할 것이다. 저절로 둥근 무를 믿는다면 1000년이 지나더라도 바퀴를 얻지 못할 것이다. 저절로 곧은 화살대와 저절로 둥글어지는 나무는 100년이 지나도 결코 없을 것이다. 그러나 세상 사람들이 모두 수레를 타고 날짐승을 쏘는 것은 무엇 때문인가? 곧게 펴는 방법을 사용했기 때문이다. 구부러진 나무를 곧게 펴는 방법을 쓰지 않고, 저절로 곧아지는 화살대와 저절로 둥글어지는 나무가 있더라도, 훌륭한 장인은 이것을 귀하게 여기지 않을 것이다."(「현학(顯學)」)

한비는 그 당시의 혼란한 시대적 상황에서 유가들이 내세우는 주장은 군주의 지위를 낮추고 나라를 위태롭게 하는 것에 지나지 않는다고 보았다. 그러나 한비는 순자와 달리 예치가 아닌 법치를 주장한다. 한비의 입장에서 보면, 순자의 예 관념에는 상고주의(尙古主義)적 의미가 내포되어 있다. 순자는 사회적 행위규범인 예가 고금을 통하여 일관된 것임을 인정한다. 왜냐하면 예를 처음 만든 성왕의 정신은 고금을 일관하는 것이기 때문이다. 이 예 관념은 시대간의 질적 차이를 인정하는 한비의 입장에서는 받아들일 수 없는 것이었다. 한비의 법은 시대를 관통하는 것이 아니라 각 시대마다 그 내용을 달리하는 것이다.

한비나 기타 법가들은 이처럼 현실적인 인간의 성품을 있는 그대로 파악하였다. 현실적 인간은 도덕적으로 교화될 수 있다는 생각에서가 아니라, 인간의 성품은 악하다는 전제 아래서, 법가의 통치방법을 하였기 때문에, 법가의 통치방법은 실용적이다. 한비는 유가비판을 통하여 법치의 필연성을 논하지만, 다른 한편 인간의 본성이 악함을 논증함으로써 법지를 정당화하고자 하였다. 한비에 있어서, 성악설은 법치의 기본전제이자 필요조건이다.

5장

법(法), 술(術), 세(勢)의
법지주의석 통합

법(法), 술(術), 세(勢)

법가란 형명법술(刑名法術)의 학으로서 부국강병을 목적으로 하는 기원전 4-3세기 전국 말 제자백가의 한 파로 정의된다. 법가에 속하는 인물로는 이리(李悝), 신도(愼到), 시교(尸佼), 신불해(申不害), 상앙(商鞅), 한비(韓非), 이사(李斯) 등이다. 이들 중 상당수는 그 인물의 실재 여부가 분명치 않거나, 그 저서가 현존한다 해도 위작 가능성이 많은 까닭에 구체적으로 밝혀지는 사상내용이 불확실하다. 그러나 이들 대다수는 전국시대 인물들이며, 관중 정도가 춘추시대 초기의 법가적 선구자이다.

법가의 최후인 동시에 최고의 이론가인 한비자 이전의 법가에는 맹자와 동시대 인물인 신도(愼到, ?-302 기원전)가 주도

하는 학파로서 군주의 세(勢)가 통치의 가장 중요한 요소라고 주장하는 중세파(重勢派), 신불해가 주도하는 학파로서 술(術)이 가장 중요한 요소라고 주장하는 중술파(重術派), 상앙이 주도하는 학파로서 법을 강조하는 중법파(重法派)와 같은 3개의 파가 있었다. 세는 세력 또는 권위를 말하고, 법은 법제를 말하고, 술은 일을 처리하고 사람을 다루는 방법 또는 치국책을 말한다.

한비는 전국기의 냉엄한 국제정세 하에서 다른 나라에 침략당하지 않으려면 무엇보다도 먼저 부국강병해야만 한다고 주장했다. 그러기 위해서는 군주가 강력한 통치권력을 직접 관장해야 한다고 강조하였다. 이에 따르면, 빈틈없는 권력체계를 정비하는 길만이 통치의 요체다. 한비는 체계적인 통치공학의 방법을 법(法)·술(術)·세(勢)로 설명했다. 그는 법가 이론의 선구 정치사상가인 상앙의 '법'과 신불해(申不害, ?~337 기원전)의 '술'과 신도의 '세' 논리를 계승하여 수정을 가하고 새로운 체계로 집대성하였다.

그레이엄은 이렇게 말한다. 한 초 사마담(司馬談)이 전국시대의 철학자들을 육가로 분류했을 때, 그는 현실적 치국책의 사부들을 '법가'라는 명칭 아래 통합했다. 현재 통용되는 영어 명칭 'Legalists'는 이 용어를 번역한 것이다. 한대의 서지학에서 심지어 도가로 분류될 정도로 매우 이질적인 『관자(管子)』

는 물론, 위의 모든 서적들은 법가로 알려지게 되었다. 그러나 이들 모두에게 법은 결코 중심 개념이 아니다. 한비는 상군(商君)의 사상은 법(法)을, 그리고 신불해의 사상은 술(術)을 중심으로 한다고 여기는데, 후자는 관료들을 통제하는 기술로서 『상군서』와 신불해의 잔존 저작에 의해 부각되었다. 법을 강조하건, 술을 강조하건, 세를 강조하건, 이들의 공통점은 좋은 정치라는 것은 유가와 묵가가 생각하는 것과는 달리 개인들의 도덕적 탁월성에 근거하는 것이 아니라 건전한 제도의 기능에 근거한다는 데 확신을 가졌다는 것에 있다.

법은 넓은 의미에서 사회정치적 제도, 곧 법을 말하고, 술은 신하·백성들로 하여금 법을 시행케 하고 준수하게 하는 군주의 통치기술, 또는 방법을 의미한다. 법·술과 관련하여 떼놓을 수 없는 것이 세이다. "현인이면서도 불초한 자에게 굽히는 것은 권력이 가볍고 위계가 낮기 때문이다. 불초한 자이면서 현인을 복종케 하는 것은 위계가 높고 권력이 무겁기 때문이다.……우리는 이로써 세와 위(位)가 믿을 만한 것이고 슬기로움과 지혜로움이 공경할 만한 것이 못됨을 알 수 있다."(「난세(難勢)」) 법이 일체의 제도를, 술이 통치기술을 의미하는 것이라면, 세는 법을 시행할 수 있는 권력기반 그 자체 즉, 통치권을 의미한다. 술의 구체적 표현은 상과 벌이라는 두 권한(二柄)이다. 이병은 곧 군주통치권의 표현이다.

한비는 신불해와 상앙의 이론들이 상호 적대적인 것이 아니라 음식과 의복처럼 상호 보완적인 것으로 이해한다. 상앙의 법은 사회 전체를 통제하는 정치계획을 제공했다. 신불해의 술은 개명된 군주의 정치계획을 시행하는 체제를 제공했다. 상앙은 적절한 관료제도적 체제의 원리를 소홀히 했기 때문에, 국가 속에 존재하는 여러 가지 권력 요소들은 각자의 권력 기반을 유지할 수 있었으며, 심지어는 자신들의 권력을 증대시키기 위하여 상앙의 개혁 프로그램들을 사용할 수도 있었다. 상앙 자신의 비극적인 죽음은 관료 통제의 문제를 결정적으로 간과한 데에서 유래한다. 반대로, 신불해는 개혁에 관한 통일적인 계획의 마련에 실패했으며, 심지어 국가의 법률적인 구조마저도 통합시키지 못하였다. 한비는 법가의 궁극적인 공통적 토대를 보다 심층적인 차원에서 추구했던 것으로 보인다.

군주는 법과 세로 백성을 다스린다. 군주는 특별한 능력이나 고매한 도덕을 필요하지 않으며, 군주는 선행을 위한 모범을 세울 필요도 없고, 인격적 감화를 통하여 다스릴 필요도 없다. 그런데 군주가 법을 만들고 백성의 행동을 살피기 위하여서는 그 일을 할 수 있는 능력과 지식이 필요하므로 이 과정은 사실 간단하지 않다. 이에 대한 법가의 답변은 다음과 같다. 군주는 자신이 모든 일을 할 필요는 없다. 군주는 술(백성을 다루는 방법)만 가지고 있으면 모든 일을 다 해낼 수 있다.

법(法)

법술의 '법'이란 법령(法令)을 말한다. '법은 문서화하여 관청에 놓고, 백성에게 게시하는 것이다. 기준으로서의 법이 철저하면 국가라고 하는 기구가 완비된다. 군주는 그 기구의 정점에 있어, 그 운영만 맡으면 된다. 법의 응용만 알고 있으면 아무리 평범한 군주라도 훌륭하게 정치를 행할 수가 있는 것이다. '법'(法) 자의 원형은 전(灋)으로, 록(鹿)·거(去)·수(水)의 3자가 합성된 회의문자이다. 이것은 신판에서 패소한 자가 파기된 약속과 패소의 대가로 부담하는 신령스러운 양(鹿)을 물에 던지는 고대적인 서약의식을 의미한다. 법은 이 글자에서 록(鹿)을 생략한 것(『설문(說文)』)으로, 곧 약속을 어긴 자가 받아야 하는 고대적 형벌에서 유래한다. 이와 같은 법의 의미는 뒤에 발전되어 형벌의 법, 법제 또는 법식, 규범 또는 법칙을 의미하는 일체 제도의 총칭으로 사용된다. 법이 예(禮)와 아울러 사용될 때에는 일체의 사회·정치제도를 의미한다.

한비는 군주 일인에게 막강한 권력을 부여하는 법치를 강조하였다. 그것은 백성을 압박하여 그들로 하여금 군주의 자의에 맹종하도록 하게 하기 위한 것은 아니다. 그것은 국리민

복의 증진이라는 목적을 지향한다. 법·술·세의 목적은 "어리석은 백성을 이롭게 하고 서민을 편안케 하는(利民萌便衆庶 「문전(問田)」)" 것이다. '어리석다' 고 하는 이유는 한비의 성악설적 관점에 근거한다. "관리를 스승으로 삼으며,……법으로 백성의 가르침으로 삼아야 한다.(以吏爲師……以法爲敎. 「오두(五蠹)」)"

법 제정의 원칙

한비는 법을 제정할 때는 몇 가지 원칙을 고려해야 된다고 제시했다. 첫째, 공리성(功利性)이 있어야 한다. 둘째, 시세(時勢)의 요구에 부응해야 한다. 셋째, 통일성이 있어야 한다. 넷째, 인간의 기본적인 본성과 감정에 들어맞아야 한다. 다섯째, 분명하고 명확해야 한다. 여섯째, 상은 두텁게 하고 벌은 엄중하게 해야 한다. 또는 그는 통치권과 상벌권은 군주가 쥐고 있어야 된다고 생각했으므로 법의 권위를 세우는 것 또한 군주의 고유 권한이라고 보았다.

형서(刑書)나 형정(刑鼎)과 같은 수단을 사용하여 법령을 대중에게 선포해야 한다는 것은 법의 공개성 원칙에 관한 것이다. 대중에 공개되지 않은 법은 법으로 존립할 수 없다. 앞에서 살펴본 바와 같이, 상앙이 진의 재상으로서 원칙상 심지어 태자조차도 죄를 범했을 때 살려주는 것을 반대하였지만,

실제로는 그를 처벌하지 않으면서도 어떻게 예외적 경우의 불허를 합리화시킬 것인가의 문제를 태자의 스승 둘에게 대신 처벌함으로써 해결했다고 전해진다. 그가 지었다고 전해지는 『상군서』는 「상형(賞刑)」편에서 그의 예외 없는 법칙을 우리에게 확인시켜 준다.

"이른바 형벌의 통일이라고 하는 것은 형벌에 있어 계급의 차이가 없다는 것이다. 경들이나 장군들로부터 대부와 평민에 이르기까지, 왕령을 따르지 않거나, 국가의 금법을 어기거나, 또는 상부의 통제를 혼란시킨 사람은 사면 없이 사형에 처한다. 앞에서 이룩한 업적 때문에 뒤에서 범한 실수의 형벌이 감해지지 않으며, 앞에서 행한 선행 때문에 뒤에서 저지른 과실에 대해 법의 적용이 면제되는 것은 아니다. 충신과 효자도 죄가 있으면 반드시 그 과실의 정도에 따라 단죄된다."

새로운 정치 정세에 대처하기 위하여 법가들은 새로운 통치방법을 제시하고 이것을 확신하였다. 그들은 우선 법을 확립하는 일을 급선무로 보았다. 한비자는 다음과 같이 말했다. "법이란 펴서 널리 알린 문서로서 관부에 설치되어 백성에게 공포된 것이다. 이 법을 통하여 백성들은 해야 할 것과 해서는 안 될 것이 무엇인가를 알게 된다. 일단 법이 공포되면 군주는 백성의 행동을 예리하게 주시하고 있어야 한다. 군주는 세를 갖고 있으므로 법을 어기는 자는 벌을 주고, 법을 잘 준수하는 자는 상을 준다. 그렇게 함으로써 군주는 백성이 아무리 많다 하더라도 잘 다스릴 수 있다."

"성인이 나라를 다스리는 데 있어서, 백성들이 스스로가 착한 일을 한다고 믿지 않고, 다만 백성들이 나쁜 일을 하지 않게 만든다. 한 나라 안에서 착한 일을 하는 사람은 열 손가락 꼽기 힘들겠지만 백성들이 나쁜 일을 하지 않게 만들어 놓는다면 그 나라는 잘 다스려질 수 있다. 다스리는 자는 다수를 상대해야지 낱낱 사람을 위수로 할 수는 없다. 그러므로 군주는 덕을 일삼지 않고 법을 일삼는다."(「현학(顯學)」)

한비는 주관적, 사적인 덕을 배제하고 객관성을 갖는 '법'으로 통치할 것을 강조한다. 그에 의하면, 공정한 법의 시행을 통해서만 통치의 객관성이 확보될 수 있다. 정치사상사적인 면에서 본다면, 이러한 한비의 견해는 개인도덕을 정치의 영역에서 배제하였다는 의미를 갖는다. 한비는 유가의 정치이념인 덕치와 같은 왕도정치의 이상을 군주 한 개인의 주관적 판단에 의한 통치, 즉 인치(人治) 또는 심치(心治)에 불과한 것으로 간주한다. 이 점은 신도와 같은 다른 법가 사상가들에게서도 분명히 확인되고 있다. "군주가 법을 버리면 마음(心)으로 무거움, 가벼움을 헤아린다. 그렇게 된다면 같은 공인데도 상을 달리 주고, 같은 죄인데도 벌을 달리 주게 된다. 이것이 원망이 생기는 원인이다."(君舍法 以心裁輕重 則同

功殊賞 同殊罰矣. 怨之所由生也.『신자(愼子)』) 이와 동일한 취지의 발언은『관자』에도 여러 곳에서(「심술상(心術上)」「임법(任法)」등) 표현되고 있다. 이처럼 법가는 법의 객관성을 중시한다. 여기에서 법의 객관성이란 일차적으로 법 시행상의 객관성을 의미한다 하겠다.

한비에 있어, 법에 합당한 행위냐 아니냐 하는 것은 곧 행위에 대한 평가의 기준이 된다. 그렇다면 한비가 말하는 법의 구체적인 의미는 무엇일까? 한비의 법 개념은 법의 원래 의미와 일치하는 것으로 보인다.

술(術)

한비가 말하는 '술'이란 임무에 따라 벼슬을 주고 명목에 따라 실적을 따지며, 군주가 신하를 다스리는 통치 수단이다. 그가 말하는 '술'은 '법'과는 달리 성문화될 수 없는 것이고, 신하와 백성의 행동 준칙도 아니므로, 군주 혼자 독점해야 하는 수단이다. 그래서『한비자』에는, 군주는 신하에게 속마음을 내보여서는 안 된다는 '무위술'(無爲術), 신하의 이론적인 주장과 행동이 부합되는지를 따져야 한다는 '형명술'(形名術), 남의 말만 듣지 말고 사실을 잘 검토해야 한다는 '참오술'(參伍術), 신하들이나 남의 말을 듣는 방법을 논하는 '청언술'(廳言術), 사람을 등용하는 방법을 논한 '용인술'(用人

術) 등, '술'에 관한 내용들이 있다. 특히 무위술이란 바로 한비의 고향인 한나라에서 등용되었던 신불해가 주장했던 군주의 통치술이었다.

한비에서 술은 보다 구체적으로 법술(法術)의 의미로 사용되며, "술이란 [군주가 신하에게] 임무에 따라 관직을 주고 명분(名)에 따라 실질(實)을 책임 지우며, 생살권을 가지고 여러 신하의 능한 바에 [임무를] 부여하는 것이다. 이것은 군주가 갖는 것이디. 법이란 헌렁이 관부에서 나오고 벌이 간특한 자에게 가해지는 것이다. 이것은 신하가 스승으로 삼는 바이다"(「정법(定法)」)라 하며, 통치방법을 뜻한다.

군주가 나라 안의 모든 일을 살펴서 준비를 갖추고 나서 신하에게 일을 맡긴다. 그에 앞서 엄격한 근무 평점의 기준을 세우는 것이 중요한 일이다. 즉, 신하에게 먼저 계획을 제출케 하여 거기에 기초하여 일을 맡기는 것이고, 나중에 그 일의 결과가 앞서 제출했던 계획과 완전히 일치하면 상을 주고, 일치하지 않으면 설사 결과가 계획을 상회하는 경우라도 벌한다는 것이다. 이상이 한비가 설파하는 술(術), 즉 신하 다루는 법의 요점이다. 이러한 '법술'을 군주가 채용하는 것이 부국강병을 위한 단 하나의 길이라고 한비는 주장한다. 이 법술이 필연적으로 한비자의 독특한 이론인 '형명참동'의 이론과 연결된다.

형명참동(刑名參同)

한비가 유가에서 수용하는 관념은 정명관념(正名觀念)이다. 유가적 정명의 원형은 "군주는 군주다워야 하고, 신하는 신하다워야 하며, 어버이는 어버이다워야 하고, 자식은 자식다워야 한다(君君, 臣臣, 父父, 子子. 『논어(論語)』「안연(顔淵)」)"는 공자의 발언이다. 공자의 입론은 한 국가 또는 사회가 정상적으로 작동하기 위해서는 각 개인이 가진 직책뿐만 아니라 저마다 자신의 직책을 올바로 수행했을 때 그 체제가 잘 가동할 수 있다는 것을 전제한다. 예를 들면, 왕은 왕 노릇을 잘해야 하고, 신하는 신하 노릇을 잘해야 하며, 그것이 혼란된 사회를 정비할 수 있는 유일한 길로 생각한다. 그런데 여기에 가해지고 있는 것은 도덕적 규정이다. 곧 각 구성원이 가진 직책은 이름(名)이고, 그 직책에 합당한 임무 수행은 곧 실질(實)이다. 순자는 정명을 "개념을 만들어 의미를 지시하는 것(制名以指實. 『순자(荀子)』「정명(正名)」)"이라 정의한다. 논리적으로 명은 개념, 실은 대상을 의미하며, 사회적으로는 명은 사회적 직책 또는 역할기대를, 실은 그 직책에 합당한 행위의 수행을 뜻한다.

유가적 정명론은 한비의 법사상에서 형명론(刑名論)으로 대체된다. 어떤 중국 고대 철학사가는 춘추전국시대의 대다수 학파들은 공자가 제시한 이와 같은 명과 실의 일치를 도모하는 정명론에서 출발하여, 이 이론을 자기 학파의 것으로 삼아 그 학파의 철학적 관점에서 명과 실의 일치를 목표 삼고 있다고 주장하기도 한다. 한비는 객관적 기준에 맞추어 상벌을 운영해야만 비로소 효과를 거둘 수 있다는 '형명(刑名) 참동(參同)'의 논리를 폈다. 여기서 '형'(刑)은 '형'(形) 자로도 통하는데, 비가 일하여신, 군주에게 제출한 신하의 업무계획이 '명'이라면, 실제로 해낸 고과표가 '형'이다.

한비에 있어서 명과 실은 각각 명과 형으로 대체되고, 이름(名)은 말(言)을, 형(刑 즉, 形)은 일(事)을 의미한다. "임금이 장차 간사함을 금하고자 한다면 형과 명이 합치하는가를 세밀히 살펴야 하는 것으로, 그것은 곧 일(事)과 말(言)이다. 신하가 진언함에 임금은 그 말로써 맡기고 오로지 그 일로써 공(功)을 책임 지운다. 이룬 공이 그 일에 합당하고 일이 그 말에 합당하면 상을 주고, 이룬 공이 그 일에 합당하지 못하고 일이 그 말에 합당하지 못하면 벌을 준다."(「이병(二柄)」)

정명이란 "이름에 따라서 사실을 따지는 것"(『한비자(韓非子)』「정법(定法)」)을 뜻한다. 법가들이 말하는 사실이란 관직을 맡은 인물을 뜻하며, 이름이란 관직의 이름을 가리킨다. 관직의 이름을 보면 관직을 맡고 있는 사람이 무슨 일을 해야 할지 알 수 있다. 그러므로 '이름에 따라서 사실을 따지는 것'이란 어떤 관직을 맡고 있는 인물은 그 직위에서 마땅히

해야 할 일을 완수할 책임을 지고 있음을 뜻한다. 군주의 임무는 어느 한 인물에게 어느 한 이름을 부여해 주는 것인데, 말하자면 어느 한 인물에게 어느 한 관직을 수여하는 일이다. 이 관직에 알맞은 여러 가지 기능은 이미 법에 의해 규정되었고, 또 관직명에 나타나 있다. 그러므로 군주는 어떤 일이 순조롭게 잘 진행되는 한, 그 일을 진행하는 데 쓰인 방법에 대하여 생각할 필요가 없다. 일이 잘 진행되면 공로자에게 상을 주고 그렇지 않으면 벌을 주면 된다. 그것이 전부다. 그러나 어떤 관직에 어떤 인물이 가장 적합한가를 어떻게 알 수 있을까? 라는 물음은 매우 중요하다.

그레이엄은 형명론의 일차적인 의미는 이름과 대상의 비교라고 한다. 즉 언어적 표현(관직의 명칭, 복종해야 될 일반적인 법이나 특수명령, 완수하기로 서약한 모든 제안)과 관료의 행위 사이의 관계 검토에 대해 언급하자면, 이것은 모든 정치를 객관적이고 정확한 판단기준의 자동적인 적용 장치로 축소시키고자 하는 법가적 기획에 있어 본질적 중요성을 갖는다. 『한비자』에 충분히 발전되어 있는 이 생각은 유가의 '정명' 사상과 극명하게 대비된다. 비록 법가의 제도는 대상에 이름을, 관직에 명칭을 붙이는 기성의 사용법을 당연한 것으로 생각함이 분명하지만, 한비의 일반적 관심의 대상은 정확한 작명이 아니라 인간적 작업의 형태(形)를 그 '이름', 즉 자신의 제안이나 군주의 명령에 대한 언어적 표현과 '제휴'(參)시키고 '짝을 짓는 것'(伍)이다. 한비 이후로 '형태와 이름'(形名)은 이름을 바로잡는 것(正名)과의 대비적 입장에서 이름을 기준으로 하는 검토를 의미하는 전문적 용어로 변한다. 크릴은 이것을 영어로 'title and performance'라고 번역한다.

결과적으로 드러난 '형'과 앞서 신고한 '명'의 일치 여부를 확인하여 상벌을 가하는 일이 가장 중요하다. 그런데 의외의 내용도 있다. 그것은 신하가 미리 제시한 계획보다 성과가 의외로 클 경우에도 반드시 처벌해야 된다는 것이다. 많이 거둔 성과가 결코 싫어서가 아니다. 진상이야 어떻든 간에 시행착오에 대해서는 한치의 관용도 있어서는 안 된다는 냉담한 통치논리이다. 실제와 명분과의 괴리가 결국은 더 큰 손실과 모순을 일으키기 때문이다.

관직은 능력에 의존해야지 특혜에 의존해서는 안 된다는 한비의 선배인 신불해의 생각은 '상현거능'(尙賢擧能), 즉 훌륭한 사람을 승진시키고 능력 있는 사람을 고용한다는 묵가의 교리에서 유래한다. 신불해의 참신성이라고 생각되는 것은 한비에 의해 "이름에 의해 규정된 대로 대상에 대해 책임을 지며, 모든 재상들의 능력에 대한 검토"(循名而責實, 課群臣之能)로 요약된 그의 교의이다. 중국적 정치의 영구적인 관심사로 변하게 되는 능력에 대한 검토는 한대로부터의 과거

시험의 발전에 이바지한다.

진정한 재상(왕, 아버지, 혹은 아들)이 되는 것은 그 이름에 속하는 의무들을 완수하는 것을 의미한다. 이름과 대상은 상호간에 작용한다. 재상이라고 불리기 위해서 당사자는 반드시 재상의 본질을 소유해야 하지만, 그때의 이름 자체는 반대로 그가 이름에 부합되게 살기 위해서는 반드시 실현해야만 하는 실정을 보여준다. 이름과 대상이 모든 곳에서 일치할 경우, 모든 사람들이 자신들의 의무를 완수하는 완벽한 질서가 존재한다. 진정한 의미의 재상이나 군주 자체로 발전하는 데 있어 고유한 덕은 사물의 양식 속에서의 자신의 위상을 발견함에 따라 발전한다. 따라서 발전은 이름이 대상에 부합함으로부터 시작해서 당사자가 속하는 사회제도 속에서 그 자신의 이름에 부합함에 이르게 되기까지 하나의 완전한 원을 구성한다.

신하가 진언하면 군주는 신하가 요구한 대로 일을 맡긴다. 그러면 동시에 그 일에 대한 책임이 부과된다. 그리하여 공이 그 일에 들어맞고, 또 그 일이 진언한 대로 이루어지면 상을 주고, 공이 그 일에 들어맞지 않고 일이 이루어지지 않으면 벌을 준다.(『한비자(韓非子)』「이병(二柄)」) 이러한 과정을 겪은 후 군주가 상벌을 엄격히 시행하면, 무능력자는 관직을 준다고 하더라도 감히 그 직책을 맡으려 하지 않는다. 그리하여 모든 무능력자가 제거되고, 능력 있는 자들만이 관직에 남아 있게 된다.

그러나 문제는 여전히 남아 있다. 사실 '실'이 그 이름에 정말로 부합되는지 여부를 군주가 어떻게 알 수 있을까? 법가들은 답변은 다음과 같다. 군주가 의심이 나면 그 결과에 대해 자신이 직접 시험해 보면 된다. 예컨대 자기가 만든 요리가 정말로 좋은 요리인지 확신할 수 없으면 단지 그 요리를 맛봄으로써 문제는 해결된다. 그러나 군주는 언제나 스스로 그 결과를 판단할 필요는 없다. 군주는 자기 대신 남을 시켜 판단할 수 있다. 그렇게 되면, 엄격히 그 이름에 상응하는 책임을 지고 판단을 내릴 수 있다. 법가에 의하면 그들의 통치 방법은 극히 간단하다. 군주가 다만 상벌의 권위만 쥐고 있으면 '아무것도 하지 않고'(無爲) 다스릴 수 있다. 그러면 실행되지 않는 것은 아무것도 없게 된다.

여기에서 정치기술이란 측면에서 한비는 군주가 자기 마음대로 신하를 부릴 수 있는 두 가지 조율수단인 '이병'(二柄)을 창출해 냈다. 그 하나는 '상'(賞)이고 다른 하나는 '벌'(罰)로, 이른바 '신상'(信賞)·'필벌'(必罰)을 표방하는 것이다. 이는 바로 한비가 "사람은 누구나 이득을 좋아하고 해악을 싫어하게 마련이다"라고 지적한 인간 본래의 정서에 바탕을 둔 것이다. 이러한 이론은 일종의 자연주의적 윤리설에 가깝다.

한비는 상벌집행권을 군주 스스로 직접 행사하여야 되며 다른 사람에게 맡기거나 넘겨주면 결코 안 된다고 경고하였다. "호랑이가 다른 짐승들을 제압할 수 있는 까닭은 어금니와 날카로운 발톱을 갖고 있기 때문이다. 만일 호랑이에게서 어금니와 발톱을 뽑아 버린다면 개도 호랑이를 무서워하지 않을 것이다."

그러한 상벌은 한비자가 말하는 '권력의 두 자루 칼'(二柄)이다. 인간의 본성은 이익을 추구하고 손해를 피하려고 하는데 여기에서 바로 상벌의 효과가 생긴다. 그러므로 한비자는 다음과 같이 말하였다. "천하를 다스리는 데 반드시 인간의 정감(人情)에 따라야 한다. 인정에는 좋아하고 싫어함이 있으므로 상벌이 적용될 수 있다. 상벌이 적용될 수 있으면 금령이 수립될 수 있으며 통치의 방법이 구비될 수 있다."

요컨대, 한비에서 통치의 요체는 형(形 즉, 刑)과 명(名 즉, 言)의 합치에 있다. 군주는 신하된 자가 형과 명이 합치하도록 행위하는가를 살핀다. "임금은 그 명을 가지고, 신하는 그 형을 본받는다. 형과 명이 일치할 때, 위와 아래가 조화를 이룬다."(「양권(楊權)」) 법의 시행은 형과 명이 일치하는 데서 그 목적을 달성한다. 법을 시행하는 자, 따르는 자는 모두 형과 명의 일치를 위하여 노력해야 한다. 법치에 있어 개인에 대한 평가는 형-명의 일치 여부에 의한다. 형명이 일치하면 합법이지만, 일치하지 않는다면 합법이 아니다. 법가에 있어 합법과 비합법은 곧 개인의 행위에 대한 도덕적 평가의 기준이다.

세(勢)

한비자의 법가적 종합 속에서 우리는 상앙과 신불해가 모두 간과했다고 한비자가 주장하는 세의 요소, 즉 신도(愼到)가 주장하는 세(勢)의 원리를 발견한다. '세'는 군주가 '법'과 '술'을 행사할 수 있도록 해주는 힘, 즉 권력기반이라 할 수 있다. 이는 개인의 능력에 의한 것이 아니라 정치적 지위가 결정짓는 권위를 말한다. 신도는 성스럽다거나 어질다는 군주 개인의 능력에 기대를 거는 유가에 반대하여, 군주의 지위에 걸맞은 권세의 중요성을 말한 바 있다. 그의 경우는 도가적인 자연사상의 성격이 짙지만 한비는 그것을 전환시켜 인위적으로 조성한 권세를 법률주의 중심에 정착시켰던 것이다.

전체의 제도는 최종적으로 군주의 권위에 달려 있다. 신도는 권위의 최종적인 근거가 강제에 있지 않다는 사실을 인식하고 있었다. 오히려 강제력은 위세의 수락으로부터 나온다. 다수의 백성들로 하여금 어떻게 유일한 존재인 군주의 명령을 받아들이도록 만드느냐 하는 것은 궁극적으로 권위의 신비에서 나온다. 세가 없다면 군주는 전체 사회 질서를 유지시키는 모든 비인격적인 법률들과 통제적 장치들의 궁극적인 원천이 될 수 없다. 이 제도의 실행을 최종적으로 가능하게 만드는 것은 군주라는 인물을 둘러싸고 있는 권위의 후광이다.

신도는 권위의 원천이 반드시 개인적인 군주이어야만 한다고 주장한다. 권위의 참된 원천은 왕 자체에 있는 것이 아니라 왕의 위력(威)에 있다. 카리스마적인 권위의 거부는 그 이론이 상당히 정연하다. 만일 어떤 사람이 그의 덕이나 지혜나 천명으로 인해 군주의 사악함과 무능함의 정도와는 관계없이 그를 전복시킬 '권리'가 있다고 군주에게 주장한다면, 권위의 추상적인 위세는 침해당한 것이다. "탕왕과 무왕은 스스로 자신들을 의롭다고 생각하고 자신들의 군주를 시해했다." 한비자는 왕조가 망하고 군주들이 쫓겨났다는 것과 이러한 사건들은 그들의 무능과 관계가 있다는 것을 너무도 잘 이해하고 있었다. 그는 시간이 흐름에 따라서 새로운 왕조들과 군주들은 권위의 상징적 지원을 획득하게 된다는 점 또한 잘 알고 있었다. 이것은 다시금 개탄스러운 유자들의 개인적인 도덕적 주체에 대한 사적인 강조를 반영한 것이다. 법이나 술과 마찬가지로, 세(勢)는 궁극적으로 도 자체에 근거를 갖고 있는 [비록 인격을 통해 작용하지만] 비인격적인 힘이다. 군주가 법과 술의 비인격적 장치들을 통해 사회를 통치하는 완전히 성취된 법가의 이상향 속에서 군주 자신의 인격은 별로 관심의 대상이 되지 못한다.

군주의 위상

　　종법사회는 두 가지 규범, 즉 군자는 예의에 의하여, 소인은 형벌에 의하여 통치되었다. 그런데 유가는 귀족뿐만 아니라 서민 대중도 형벌이 아닌 예의에 따라서 다스려져야만 된다고 하여 보다 고차적인 행위를 백성들에게 요구하였다. 이러한 의미에서 유가는 혁신적이었다. 법가의 사상에도 계급의 구분은 없다. 법과 군주 앞에서는 만인이 평등하였다. 서민을 보다 고차적 행위의 수준으로 끌어올리는 대신 법가들은 예의를 폐지하고, 상앙의 경우에서 살펴보았듯이, 모든 사람들에게 똑같이 적용되는 상벌에만 의존함으로써 귀족의 지위를 끌어내렸다.

　　용이 구름이나 안개의 도움 없이는 승천할 수 없는 것과 마찬가지로, 성인이나 현자는 위세가 없이는 아무 일도 할 수 없다. 그러나 사악하고 무능한 군주들은 세상을 혼란에 빠지게 하고 자신들의 권위를 파괴하기 위해서 그 위세를 사용할 수 있다. 탁월한 덕성을 소유한 왕과 특이한 사악성을 소유한 왕은 분명 '천 년에 한 번 나타난다'. 사태의 정상적인 경우에 있어서, 무능한 군주가 통치를 한다고 하여도 그 위세의 무게는 질서를 유지시키기에 충분하다.

해와 달이 비치고, 사계절이 운행되고, 구름이 퍼지고 바람이 불듯, 군주는 꾀로 마음을 묶거나 사심으로 자신을 얽매지 않는다. 그래서 다음과 같이 군주가 지켜야 할 점을 언명한다.

"군주에게는 지켜야 할 세 가지 일이 있다. 세 가지 지켜야 할 일이 완전하게 지켜지면 나라가 안정되고 그 자신도 빛날 것이며, 세 가지 지켜야 할 일이 완전히 지켜지지 못하면 나라가 불안하고 그 자신도 위태로울 것이다. 무엇을 가리켜 세 가지 지켜야 할 일이라고 하는가? 첫째, 신하들 가운데 요직에 있는 자의 실수나 정사를 맡은 자의 허물이나 명성 있는 신하의 속사정에 대하여 논의하는 경우가 있다. 군주가 그것을 마음속에 담아두지 않고 측근이나 총애하는 사람에게 흘린다면 신하들 가운데 의견을 말하고 싶은 이로 하여금 감히 아래로 측근이나 총애하는 사람의 마음에 들게 하지 않고서는 위로 군주에게 들려줄 수 없게 될 것이다. 그렇다면 바른 말을 직접 말하는 사람은 군주를 만나볼 수 없으며, 성실하고 정직한 사람은 날로 멀어지게 될 것이다.

둘째, 군주가 마음에 드는 사람을 독단으로 이득 주지 못하고 좌우의 칭찬을 기다린 뒤에 이득을 주며, 미워하는 사람을 독단으로 해치지 못하고 좌우의 비난을 기다린 뒤에 해치게 되면, 군주에게 위엄은 없어지고 권력이 좌우 측근에게 있게 될 것이다. 셋째, 군수 자신이 직접 다스리는 노고가 싫어서 신하로 하여금 정사를 맡는 쪽으로 모여들게 한다면, 그 때문에 상·벌의 권병과 군주의 위엄이 아래로 옮겨가 살생의 기미와 주고받게 되는 요체가 중신들의 수중에 있게 된다. 그렇게 되면 군주는 중신들에게 침해당하고 말 것이다. 이를 가리켜 세 가지 지켜야 할 일이 완전하지 못하다는 말이다. 세 가지 지켜야 할 일이 완전하지 못하면 군주가 협박받거나 살해당하는 징후가 된다."(「삼수(三守)」)

통치는 법술에 의거하고 상벌을 통해 시비가 가려지도록 하며 저울에다 무겁고 가벼운지를 달아본다.(『한비자(韓非子)』 「대체(大體)」) 군주는 마땅히 그래야 한다. 군주가 어떤 한 가지 일에 대하여 생각하면 자연히 생각해 내지 못하는 일도 있을 것이기 때문이다. 그런데 군주의 직능은 자기 통치 아래의 '모든' 일을 다 생각해야 하기 때문에 그 해결책은 군주 혼자서 생각하고 말하고 행위하는 것이 아니라, 자기 대신 남이 그렇게 하도록 명령만 내리면 된다. 바꾸어 말하면 군주는 국가를 통치하는 기구를 가졌기 때문에 스스로 아무 일도 하지 않아도 안 되는 일이 없다. 이것이 '무위이무불위'(無爲而無不爲)이다.

이 무위에 관하여 신불해는 다음과 같이 말하였다. "군주의 총명이 드러나면 사람들은 대비하고, 총명치 못함이 드러나면 사람들은 속이려 한다. 그가 안다고 보여지면 사람들은 꾸미고, 알지 못한다고 보여지면 사람들은 숨기려 한다. 그가 욕심 없다고 알려지면 사람들은 살펴보고, 그가 욕심을 갖는다고 알려지면 사람들은 이용하려 한다. 그러므로 이르기를 '나는 밖에서 알지 못하게 하고 오직 무위(無爲)함으로써 살펴볼 수 있다'고 한다."(「외저설우상(外儲說右上)」)

그레이엄은 한비가 설계하는 군주의 위상 속에는 무엇인가 모호한 점이 있다고 말한다. 군주 자신은 국가의 권력 장치 속의 한 요소로 축소된다. 모든 아이디어를 동원하여 온갖 일을 하는 것은 재상들이고 군주는 단지 이름에 결과를 맞춰보고 그 결과에 따라 상을 주거나 처벌을 할 뿐이다. 그가 갖고 있는 기능들이란 기초적인 컴퓨터가 수행할 수 있는 것들이다. 사실상 군주를 컴퓨터로 대체하지 않는 한, 정치에 있어 요구되는 인간적인 요소의 제거는 거의 불가능하다. 한비의 체계 속에서 실제로 통치를 담당하는 것은 재상들이라고 생각할 수는 없을까? 만일 관료의 관점에서 보지 않고 정상의 제일인자의 입장에서 보았을 때, 이 체계가 충분한 의미를 지닐 수 있을까?

제아무리 도가적인 수사학에 의해 매료된 왕이라 하더라도, 그가 경기에 참여하지 않고, '아무것도 하지 않음'으로써 자신의 완전한 중립성을 유지하며, 편견의 원인인 모든 성향들이나 또는 기획과 업적의 비교에 끼어들 수도 있는 지식을 '비우고' '고요하게' 남아 있는 심판자가 되는 것을 기꺼이 환영하리라고 기대할 수는 없다. 사실상 만일 관료들이 행사하는 전문적 지식에 의해 압도되거나 또는 좌절되지 않는다면, 왕이 이러한 상태로 축소되는 것은 거의 불가능하다. 한편 관료들은 완벽한 통치에 관한 자신들의 이상을 달성하는데, 이 속에서 그들의 승진과 강등은 위로부터의 임의적이거나 또는 편파적인 결정들로부터 차단될 수 있다.

6장

국가주의적 입장에서
노덕주의를 타파하다

유가적 통치관에 대한 한비의 비판

법이 등장하던 시대는 소규모의 단순한 국가조직에서 대규모의 복잡한 국가체제에로의 전환이 이루어지는 때였다. 이에 따라 종래의 가부장적 국가 관념은 새로운 국가 관념으로 대체될 것이 요청되었다. 법가의 사상체계는 이러한 요청에 부응하여 종래의 유가적 통치관을 비판하고 객관적 법에 의한 새로운 통치관을 주장함으로써 성립된다. 법가에 의하면, 인치(仁治) 또는 덕치를 근간으로 하는 성왕 중심의 유가적 통치는 사회의 변화에 대응하지 못하는 비효율적인 것이다. 또한 사회윤리적 측면에서 가부장적 종법질서의 유지를 위한 전통 도덕은 사회 변화에 대처하기 어려운 것으로 간주되었다. 이러한 상황에서 법가적 통치관을 현실에 실제로 적용하고자 했던 인물은 상앙과 같은 사람들이었지만, 현실적으로 이들이 시행한 변법(變法)에 기초한 부국강병책은 상당한 공격을 받았다.

한비는 이와 같이 법치를 비판하는 논점들을 철저히 논파하고자 한다. 그의 「현학(顯學)」 편은 이러한 비판적 관점을 보여주는 대표적인 글이다. 한비는 「현학편」에서 당시의 지배적인 사상을 유가와 묵가로 간주하고, 각각의 주장을 비판한다. 묵가에 대한 비판은 주로 그들의 종교적 견해에 관한 것이다. 한비에 의하면, 묵자(墨子, 이름은 翟)가 천지(天志), 명귀(明鬼)와 같은 인격적 존재를 숭상하는 것은 일종의 종교적 권위주의를 보여주는 것으로, 그들이 그와 같은 귀신을 숭상하는 것은 어리석은 것이 아니면 혹세무민하는 것이다. 그러나 철두철미 이타주의적인 겸애(兼愛)에 입각하여 백성의 이익(利)을 도모해야 한다는 묵가의 주장에 대해서 비판하는 것 같지는 않다. 겸애란 유가적인 인의 관념과는 달리 조촐한 이타주의적 사랑에 기초한다. 한비도 국가의 이익을 중시한다는 점에서 묵가와 유사하게 공리주의적 경향을 보여주고 있기 때문이다.

법가가 주장하는 기본적 관념은 법치관념이다. 이 법치관념은 중국의 전통상 정통 유자를 자처하는 학자들로부터 강한 비판을 받고 이단시되는 경향을 보여 왔다. 이러한 경향은 한비의 경우에도 예외는 아니다. 이처럼 법치관념을 이단시하는 경향은 사마천(司馬遷: 145-68 기원전)의 『사기(史記)』이후 성립된 중국적 전통이었다. 사마천 이후 대다수의 유학자들이 법치관념을 비판해 왔고, 다른 한편으로, 북송의 정이(程頤: 1033-1107; 호(號)는 이천(伊川)) 및 남송의 주희(朱熹: 1130-1200)에 이르면, 이러한 평가에 또 다른 비판이 덧붙여진다. 정이천에 의하면, 노자사상은 도-덕을 말하지만 권모술수를 뒤섞은 것으로, 신한(申韓, 곧 신불해와 한비)의 법가는 곧 그 유파의 폐단이라는 것이다. 주희 역시 한비가 노자의 천하를 경시하는 태도를 이어받아 '잔인'(殘忍)하게 되었다고 비판한다. 이처럼 정·주는 노자와 법가를 동일한 사상계열로 파악하고, 또한 '권모술수와 허위'(權詐) 및 '잔인'이란 관점에서 비판한다.

  나아가 주자는 한비의 사상을 공리지학(功利之學) 또는 사공지학(事功之學)이라 하여 철저히 배척한다. 이익을 중시하는 경향에 대한 비판은 맹자적 전통을 고수하는 정·주의 독특한 의리관념에 근거한다. 주자는 법가에 대하여 사공·공리지학이라 비판하고 있을 뿐 아니라, 묵가에 대해서 그리고 남송 당시 현실적 급무의 해결을 강조하였던 진량(陳亮)의 영강학파(永康學派), 엽적(葉適)의 영가학파(永嘉學派)에 대해서도 동일한 입장을 취한다.

그렇다면 과연 사마천이나 정·주 등의 이상과 같은 평가와 비판이 얼마만큼 정당한 것일까? 일견 이들의 법가에 대한 평가와 비판은 사상에 대한 공정한 평가라기보다는 법의 시행이 사람의 정서와 감정에 해롭다는 선입견에서 나온 것으로 보인다. 이러한 비판은 법치사상에 대한 지나친 과소평가이며, 법치의 근본정신에 대한 오해로부터 발생한 것으로 보인다. 법가의 법치에 대한 전통적 오해는 법 시행상에 나타날 수 있는 법의 외면적 결과만을 고려한 데서 연유한다. 법의 참된 정신은 이러한 일면적 이해에 의하여 왜곡되었다.

유자의 입장에서 보면 법치는 각 개인의 도덕성(즉, 仁)을 전제하는 덕치에 위배된다. 법의 강제적 성격은 인간의 선한 본성(즉, 人心)에 위배되는 것이므로 잔인한 것이다. 이러한 관점은 유가가 인간의 본성을 법가와 다르게 규정하고, 각 개인의 원초적 도덕성을 자기철학의 객관성의 근거로 제시한 데서 성립한다. 반면 법가는 도에 근거한 법을 사상적 객관성의 근거로 제시한다. 바로 이 점에서 유가와 법가 간의 상호 비판이 가능하게 되었다.

이러한 한비의 관점은 유가의 도덕정치를 비판하는 데서 분명하게 드러난다. 덕치에 대한 한비의 비판은 개인도덕(즉, 家 중심의 윤리)과 국가이익 간의 갈등관계로부터 출발한다. 한비는 다음과 같은 고사들을 들어 논의를 전개한다. 첫째,

초(楚)의 직궁(直躬)이란 자는 자기 아버지가 양을 훔친 사실을 관리에게 고발하였으나 도리어 처형당했다. 이유는 그 행위가 부모에 대해서는 패륜이라는 것이었다. 둘째, 노나라 사람 중에 왕을 따라 전쟁에 나가서 세 번 싸워 세 번 패한 자가 있었다. 그 이유는 자기가 죽으면 칠십 된 노모를 봉양할 사람이 없기 때문이라는 것이었다. 중니(仲尼 곧, 孔子)는 그를 효자라 추천하여 오히려 벼슬이 오르게 해 주었다. 그러나 각각의 결과로서 초에서는 간사한 행위가 위에 알려지지 않게 되었고, 노에서는 백성이 전쟁에 나아가 쉽사리 패하게 되었다. "위(군주)와 아래(백성)의 이익은 이처럼 다르다.(「오두(五蠹)」)" 한비는 국가이익의 실현과 개인 의무의 이행 간에 갈등이 발생할 수 있다는 사실을 인정한다. 개인윤리와 사회윤리 사이에는 일종의 양도논법적 관계가 성립한다.

이러한 양도논법(Dilemma)적 갈등관계에 대한 유가적 해결방식은 국가보다는 개인의 의무 또는 가족윤리를 우선적으로 수행하라는 것이다. 공자는 다음과 같이 말한다. "우리 마을의 정직함은 그것(즉, 直躬의 사례)과 다르다. 어버이는 자식을 위해 숨겨 주며, 자식은 어버이를 위해 숨겨 준다. 정직은 그 속에 있다."(吾黨之直者 異於是 父爲子隱 子爲父隱 直在其中矣. 『논어(論語)』「자로(子路)」) 맹자 또한 순(舜)과 고수(瞽瞍)에 관한 고사를 들어 같은 취지의 답변을 하고 있다.(『맹자

(『孟子』「진심상(盡心上)」)

유가는 도덕적으로 완성된 성인에 의한 정치를 이상으로 한다. 백성은 덕이 충만한 왕의 감화에 의하여 도덕적·사회적 존재로 될 수 있다. 덕에 의한 감화가 가능하기 위해서는 모든 사람이 선천적인 도덕성 즉, 사회성을 갖추고 있다는 점을 전제하지 않으면 안 된다. 그 전제는 '각 개인의 본성이 선하다'는 성선설로 표현된다. 맹자는 이것을 '차마 남에게 하지 못하는 마음'(不忍人之心) 또는 사단(四端)이라는 말로 표현한다. 사단이란 사회화의 가능성을 의미한다. 개인은 사회 안에서 자신의 수양을 통하여 사단을 완성할 때 도덕적 완성태인 인의예지(仁義禮智)라는 사덕(四德)을 지니게 된다. 여기에서 인의의 실현은 개인의 목적일 뿐 아니라 사회(즉, 국가) 안에 사는 모든 구성원들의 목표이다.

유가에 있어 개인윤리의 실현은 국가이익에 선행한다. 따라서 개인은 우선 자기 자신의 인의 실현을 최고의 목적으로 한다. 나아가 개인은 자신의 내면적 수양에 그치지 않고 그 범위를 넓혀 우선 자기 가족, 국가 그리고 천하에로 확충해 나아가야 한다. 수신·제가·치국·평천하의 관념은 이런 관점에서 성립된다. 그러나 이러한 확충의 순서는 시간적 선후관계만은 아니다. 사회 또는 국가 안의 모든 개인들이 이러한 덕의 이상을 실현할 때, 그 사회 또는 국가는 이상적인 상태로 된다. 성왕이란 인의에 입각한 왕도정치(王道政治)의 이상을 실현한 자이다.

한비는 이상과 같은 유가적 관점을 전면적으로 비판한다. 먼저 인간의 본성이 선하다고 보는 공맹유가(孔孟儒家)의 견해를 부정한다. 유가는 모든 사람이 선하기 때문에 이에 근거하여 '천하가 인으로 돌아가는'(天下歸仁) 왕도정치가 실현될 수 있다고 본다. 그러나 한비는 이러한 이상을 실현될 수 없는 것을 실현하려고 하는 환상으로 간주한다. 그것은 마치 "화살을 만들기 위해 저절로 곧은 나무(自直之箭)를 기다리는 것" 또는 "수레바퀴를 만들기 위해 저절로 둥그런 나무(自圜之木)를 기다리는 것"(「현학(顯學)」)과 같다. 그러한 나무는 백년 천년을 기다려도 결코 구할 수 없다. 원래부터 선한 사람은 없다. 한비에 의하면, 성왕이 도덕적 감화로써 아무리 백성을 교화한다 해도 인간의 본성이란 선한 것이 아니기 때문에 감화될 백성은 없다.

한비는 오로지 군주권의 확립만이 부국강병을 실현할 수 있는 길이라고 내다보았다. 군주권의 확립은 바로 '공'(公)과 '사'(私)의 엄격한 구분에서 나온다. "자환자(自環者)를 일러 사(私)라 하고, 배사자(背私者)를 일러 공(公)이라 한다." 사(私)의 원래 글자는 사(厶)이다. '사'라는 글자는 본래 개인이 땅에 줄을 그어 자기 영역 표시로 못을 박은 형상이다. 한편

이를 부정하고 파기시킨 형태가 공(公)이다. 한비는 '공'의 식을 강조하고 개인의 '사'적 지배영역을 일체 봉쇄한다. 공 개념과 사 개념을 대립시켜 공공의 이익과 사리(私利)가 결코 양립할 수 없다는 원칙을 밝힌 것이다.

한비는 유가적 덕을 결국 개인 또는 가족을 중심으로 한 사적인 것에 불과한 것으로 간주한다. 유가의 덕은 인의를 근거로 성립하는 것이지만, 그것은 다른 한편으로 효라는 말로 표현된다. 공 즉, 국가를 중시하는 한비는 유가가 말하는 덕을 사적인 덕으로 간주하여 통치행위에서 배제되어야 할 것으로 간주한다. 따라서 훌륭한 군주는 "덕을 쌓는 데 힘쓰지 않고 법을 시행하는 데 힘쓴다."(不務德而務法. 「현학(顯學)」)

한비가 덕치를 반대한 이유는 앞에서 언급한 바와 같다. 그는 덕치란 인치(人治)이며, 인치는 곧 심치(心治)를 의미한다고 본다. 심치의 마음(心)은 군주의 마음을 가리키며, 심치는 곧 군주의 주관 또는 자의에 의한 통치를 가리킨다. 한비는 군주의 주관에 근거한 정치는 결코 객관성을 확보할 수 없는 것으로 간주한다. 심치를 근간으로 하는 덕치는 궁극적으로 치자의 심정이나 감정에 근거하는 것이다. "의를 행한다는 것이 드러나면 군주의 위세가 나누어진다. 자애(慈)와 인(仁)에 의하면 법제가 훼손된다."(「팔경(八經)」)

이상과 같은 관점은 잘 알려져 있는 '모순'의 개념을 사용하여 설명한다. "창과 방패를 파는 사람이 방패를 선전하며, 어떠한 것도 뚫을 수 있는 견고함을 갖고 있다고 말했다. 잠시 후 다시 창을 선전하며, 나의 창은 못 뚫는 것이 없을 정도로 예리하다고 말했다. 어떤 사람이 말했다. '만일 당신의 창으로 당신의 방패를 찌르면 어떻게 되겠소?' 그 사람은 대답할 수 없었다. 만일 이것들을 '뚫을 수 없는 방패'와 '못 뚫는 것이 없는 창'이라고 생각한다면, 이 두 가지는 양립할 수 없다. 덕치의 도와 권력의 도는 '창과 방패'와 같은 것이다."

훌륭함과 권력기반이 서로를 용납할 수 없다는 것은 명백하다. 한비는 국가권력을 모든 것을 금지시킬 자격이 있는, 즉 '못 뚫을 것이 없는 창'으로 생각하는 것과 도덕을 어떠한 권력도 막을 수 없는, 곧 '어떠한 것도 뚫을 수 없는 방패'로 취급하는 것과 모순이 된다고 말한다. 요와 순을 권력과 도덕을 결합하는 사람들로 생각하는 것은 이들을 창과 방패로써 무장시키는 것과 동일하다. 이 문제는 법의 권위와 그 법을 부당하다고 판단하는 도덕률 사이의 충돌이다.

『한비자』에서 합리적인 법치 정부의 법과 술이 일단 백성들의 습관 속으로 내면화되면, '사적인 행위'에 대한 믿음 속에 근거한 역기능적 태도들은 사라질 것이고, 아울러 개인적 도덕성을 강조하는 문화적 유산이라는 공허한 사적인 이론들과 사적인 가치 등에 대한 집착은 사라질 것이고, '공공의 이익(公利)만이 최고의 가치로 존중될 것이다. 유가사상이 이상주의적이라면 법가 사상은 현실주의적이다. 중국역사상 유가는 항상 법가를 비열하다고 비난하였으며, 법가는 유가를 글만 읽고 세상일에는 경험이 없는 사람이라고 비꼬았는데, 이는 양가의 근본적인 사상의 차이에서 나왔다. 그런데 현실적으로 중국의 역사에서도 유가가 법가의 사상을 자신의 체계 안에 종속시켜 왔던 것은 분명하다.

7장

법의 객관성은
도(道)에서 나온다

법(法)의 도(道)적 근거

한비에 있어서 정치상에서 유일의 객관적인 표준은 법이
다. 그런 까닭에 법령은 공정하게 시행되어야 하고, 법의 공
정한 시행은 법령의 명확성을 전제한다. "현명한 군주가 통
치하는 국가에서, 명령은 말에 있어서 가장 귀한 것이며, 법
은 일에 있어서 가장 적합한 것이다."(明主之國 令者 言最貴者
也, 法者 事最貴者也.「문변(問辯)」) 이런 이유로 법이 올바른 것
인 한, 법에 대한 일체의 사적인 논의는 배제된다. 상앙이 법
령의 시행이 결국 잘한 일이라고 칭찬하는 자들까지도 처형
해버린 사건은 바로 법에 대한 사적 논의를 배제한 대표적 실
례라 하겠다.

한비에 있어 법의 제정은 군주에 의존한다. 그러나 법이

단순한 군주의 자의에 의해 제정되는 것은 아니다. 한비는 법이 군주에 의하여 만들어져야 한다는 점을 부정하지는 않지만, 그러나 군주의 주관 즉, 마음(心)에서 법이 발생한다는 점을 인정할 수는 없었던 것 같다. 법은 외면적으로는 군주가 제정하는 것이지만, 내면적으로도 그것이 최고의 객관적인 행위기준이기 위해서는 거기에 객관성을 부여하는 어떤 원리에 근거해야만 한다. 한비는 그러한 원리를 당시 최고의 이법을 의미하는 도 관념에서 구한다. "술을 가진 군수는 우연히 그러한 선을 따르지 않고 반드시 그러한 도를 행한다." (「현학(顯學)」) 당시의 시대적 상황에서 법의 근거를 도에서 찾고자 했던 한비의 태도는 당시로서는 합리적인 태도를 보여 준다. 도가와 법가 간에 밀접한 관계가 있었을 것이라는 가정은 훨씬 이전부터 있었다.

사마천은 법가는 "황로에 근본을 두고 형명을 위주로 하였다"고 말한다. 나아가 한비에 대해서는 "세상사, 인정에 절실하고 시비의 구별을 밝혔으나, 궁극적으로 각박하여 은혜로움이 적다"고 평가하였다. 이와 같이 노자 및 신불해, 한비자의 사상을 동일계열로 간주하고, 법가의 사상을 "적은 은혜"(少恩), "각박"이란 관점에서 평가하는 사마천의 발언은 이후 중국철학사에서 법가 평가의 정형을 이룬다. 한대의 학자인 육가(陸賈), 양웅(揚雄), 유향(劉向)의 발언들 역시 사마천과 평가기준이나 표현은 다르나 같은 취지의 것이다. 이들의 평가는 법가의 법치사상이 시행되었던 통일 이전의 진이나 통일 이후의 진에서 법치의 시행이 빚어낸 역사적 오류를 지적한 것이지만, 한편으로 진의 이와 같은 법치의 시행착오가 후대 중국인들에게 얼마만큼 법치에 대한 인상을 각인시키고 있는지를 보여주는 단면이기도 하다.

그런데 1973년 장사(長沙) 마왕퇴(馬王堆) 3호 한묘(漢墓)에서 발굴된 『백서노자(帛書老子)』는 지금의 『도-덕경(道德經)』과 달리 『덕-도경(德道經)』이라 불리는 것으로 법가에서 중시되던 노자본으로 추정된다. 또한 같이 출토된 『황제사경(皇帝四經)』은 지금까지 실전된 것으로 알려져 있던 황로학의 전본으로 추정된다. 이 『황제사경』의 중심 관념은 "법이 도에서 나온다(道生法)"는 것으로, 도가적 자연천도관에 입각하여 법치를 정당화하는 것으로 평가된다. 이 서적들의 제작연대가 한비 이후이긴 하나, 그 사상적 연원은 한비 이전의 것으로 추정된다. 따라서 한비가 『백서노자』 및 『황제사경』의 사상에 영향받았을 것이라는 가정은 신빙성이 매우 높다고 하겠다. 이로부

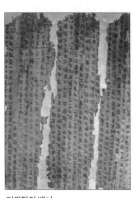

마왕퇴의 백서.

터 한비가 노자 사상에 입각하여 법치를 정당화하려 했다는 전제는 상당히 객관적인 것임을 부정할 수 없다.

도가와 법가는 중국 사상의 양극단을 대표한다. 도가는 인간을 원래 순박하다고 보았는데, 법가는 인간을 전적으로 악하다고 보았다. 그리하여 도가가 인간의 절대적인 자유를 옹호하였는 데 반해, 법가는 극단적인 사회통제를 주장하였다. 그럼에도 불구하고 두 학파는 '무위'에 공통적인 기반을 둠으로써 상통되었다. 법의 객관성의 근서가 될 수 있는 도 관념은 결코 유가적인 것일 수 없다. 한비에 의하면, 유가가 인치·덕치를 강조하는 한, 그들의 도 관념 또한 주관적인 것일 수밖에 없다. 따라서 그는 인간의 주관적 판단의 개입을 배제한 무의지적인 허정(虛靜), 무위(無爲)의 노자적 도에서 법의 근거를 모색한다. 한비자에 있어 노자적 도 관념은 법에 객관성을 부여하는 형이상학적 원리이다.

한비 시대의 법 인식과 오늘날과는 법 인식이나 법 관념이 판이할 수는 있다. 그러나 한비가 노자적 도에서 법의 근거를 이끌어 내려고 했던 것은 분명하며, 그것은 법 실증주의적 사고가 아니라 일종의 자연법사상에 기초하고 있다고 보는 게 오늘의 정설이기도 하다. 따라서 한비가 도에서 법의 객관성을 끌어내고자 하였던 의도는 분명히 실재한다. 법의 객관성이란 법적 근거의 객관성 또는 적용의 객관성에까지 나아간다.

법가의 치국책을 후기 도가들도 다소 다른 말로 표현하면서 사용하였다. 『장자』「천도편(天道篇)」에서 우리는 '인간 사회를 통제하는 길'에 관한 언급을 찾을 수 있다. 이 언급 속에는 유위와 무위의 구별, '천하에 부림당함'(爲天下用)과 '천하를 부림'(用天下)의 구별이 있다. 무위는 '천하를 부리는 길'이요, 유위는 '천하에 부림당하는 길'이다. 군주가 존재해야 하는 이유는 온 천하를 통치하기 위함이다. 그러므로 군주의 직책과 임무는 스스로 모든 일을 하는 것이 아니라 타인들이 일을 하도록 시키는 일이다. 다시 말하면 군주의 통치 방법은 '무위'로 천하를 부리는 일이다. '아무것도 하지 않지만 하지 못하는 게 없다.'(無爲而無不爲) 반면 신하의 직책과 임무는 명령을 받아서 그에 따라 모든 일을 처리하는 것이다. 바꿔 말하면 신하의 직능은 '유위'로 천하에 의해 부림을 당하는 것이다.

군주는 반드시 무위함으로써 천하를 부리나, 신하는 유위하여 천하에 부림을 당한다. 『장자』는 말한다. "이는 바뀌지 않는 도다.……그러므로 옛날에 천하의 제왕은 지혜가 비록 온 세상에 펼쳐진다 하더라도 스스로 생각하지 않고, 언변이 비록 만물을 아로새긴다 하더라도 스스로 말하지 않고, 능력이 비록 사해 안에서 [모든 일을] 다 해낼 수 있지만 스스로 행하지 않는다."(『장자(莊子)』「천도(天道)」)

　　군주가 어떻게 천하의 사람을 임용할 것인가에 대한 상세한 설명이 『장자』에 기록되어 있다 "옛날에 큰 도를 밝히는 자는 먼저 하늘(자연)의 이치를 밝히고 그 다음 도덕을 밝혔다. 도덕이 밝혀지면 그 다음 인의를, 인의가 밝혀지면 그 다음 분수(分守: 나뉜 몫과 그것을 지킴)를, 분수가 밝혀지면 그 다음 형명(形名)을, 형명이 밝혀지면 그 다음 인임(因任: 재능에 따라 직책을 맡김)을, 인임이 밝혀지면 그 다음 원성(原省: 미루어서 살펴봄)을, 원성이 밝혀지면 그 다음 옳고 그름을, 옳고 그름이 밝혀지면 그 다음 상벌을, 상벌이 밝혀지면 우매한 자와 지혜로운 자가 마땅한 직위를 담당하고, 고귀한 자와 비천한 자가 제자리를 차지하니, 어질고 현명한 사람과 못난 사람이 실정에 따라 쓰이게 된다. 이것을 태평(太平)이라 하며 통치의 극치이다."(『장자(莊子)』「천도(天道)」) 이 구절의 뒷부분은 분명 법가의 주장과 일치한다.

　　그러나 『장자』는 한 걸음 더 나아가 다음과 같이 비판한다. "옛날에 큰 도를 밝히는 자는 다섯 번째 비로소 맡은 일과 그 이름(形名)을 거론하였으며, 아홉 번째서야 상벌을 언급하였다. 그런데 갑자기 맡은 일과 그 이름을 말하는 자는 그 근본을 모르며, 갑자기 상벌을 말하는 자는 그 시초를 모른다. 이런 사람은 정치의 도구는 알지만 정치의 도리는 모른다. 그는 천하에 부림당할 수는 있으나, 천하를 부릴 줄은 모르니, 그는 한 가지밖에 모르는 인물이요, 단지 화술만을 알 뿐이다."(『장자(莊子)』「천도(天道)」)

법가의 통치방법은 통치하는 자가 상황을 잘 이해하지 못하고 무조건 공평무사함을 요구한다. 통치자는 벌을 받아야 할 자가 친구나 친척일지라도 벌을 주어야 하며 상을 받아야 할 자가 적이라도 상을 주어야 한다. 통치하는 자가 한 번이라도 이 규율을 어기면 전체의 국가 조직은 붕괴된다. 참으로 그러한 요구를 완수할 수 있는 사람은 법가적 성인뿐이라 해도 지나친 말이 아니다.

사마천은 신불해, 신도, 한비자를 황로 도가의 추종자들로 분류한다. 슈월츠는 다음과 같이 말한다. 신도는 세가 도의 자발적 과정을 표현하는 것이라고 생각한다. 과거를 다루는 데 있어 『한비자』에 역사적 상대주의의 요소가 있음에도 불구하고, 일단 사회 구성에 관한 진정한 법가적인 방법이 실현되고 나면, 이것은 인간 조직이 갖는 진정한 '자연적' 제도, 즉 도와 합일하는 제도에 일치하게 된다는 암시가 여기에 있다. 일단 정치에서의 명(名)과 실(實)의 올바른 관계를 정의하는 통치방법들이 자리를 잡고 관료들의 행동을 통제하는 장치들이 작동을 하면, 바꾸어 말하면, 일단 모든 백성들의 행동 속에 군주의 위세에 대한 승인이 내면화되면, 우리는 마침내 인간사회의 진행이 자연 속의 도의 진행과 일치한다고 말할 수 있을 것이다.

노자의 원시주의와는 정반대로, 인간의 진정한 본성은 진보된 법가의 사회·정치적 질서라는 정교한 제도적 장치를 통해서 정확하게 실현될 것이다. 그러나 진정한 그리고 완벽한 무위사회를 실현할 수 있는 가능성은, 결코 순자의 유가가 아니라, 법가의 질서 속에서 존재한다. 이러한 무위적 사회가 반드시 참된 술(術)을 소유한 자들의 계획적인 행봉블에 의해서 실현되어야 한다는 사실은 도의 '자연성'을 철두철미 포괄한다.

사실상 『노자』와 법가의 종합은 한 초에 광범위하게 유행했던 황제와 노자의 교리를 결합한 황로(黃老) 사상인 것으로 보인다. 사마천은 신도, 신불해, 그리고 한비가 모두 황로사상을 공부했다고 기술하고 있는데, 이 사실은 그가 입수했던 대부분의 법가의 저작들이 지금의 시점에서 볼 때 황로라고 성격을 규정할 수 있는 『노자』의 영향을 보였다는 점을 암시한다.

8장

『한비자』의 『노자』 해석

한비의 『노자』이해

　　한비가 노자사상의 핵심적 관념들인 도와 덕 및 무위, 허정 등을 어떻게 해석하며, 이러한 관념들을 자신의 법사상에 어떻게 적용하고 있는지를 살펴보는 일은 그가 어떻게 도가사상에서 도적 객관성을 이끌어 냈는지를 아는 데 필수적인 요인이다. 이와 같은 논의를 통하여 한비의 법사상이 갖는 참된 의미, 의의 및 문제점이 어떤 것인지를 알 수 있기 때문이다.

　　한비는 노자적 도를 법의 형이상학적 근거로 보는 까닭에 그의 저서 『한비자』에는 『노자』에 관해 언급하는 부분이 많다. 「해로(解老)」, 「유로(喩老)」, 「주도(主道)」, 「양권(揚權)」, 「설림상(說林上)」, 「관행(觀行)」, 「대체(大體)」, 「공명(功名)」, 「내저설좌상(內儲說左上)」, 「내저설우상(內儲說右上)」, 「난

(難)」,「설의(說疑)」,「육반(六反)」 등은 『노자』를 언급하는 대표적인 편들이다. 「해로」「유로」는 『노자』에 대한 최초의 주석으로 추정되고 있다. 「주도」「양권」은 노자사상에 입각하여 법치를 정당화하는 편들이다.

그런데 『한비자』에서 『노자』를 언급하는 편들은 한비 자신의 글이 아니라는 견해가 있다. 기무라 에이이치(木村英一)에 의하면, 『한비자』에서 『노자』가 언급되는 편들은 한비가 죽은 뒤 후학들이 황로사상의 영향을 받아 노자를 법치의 철학적 정당화의 수단으로 보고, 한비의 사상과 노자사상을 결합하여 기술한 것이라 주장한다. 그는 황로학의 성립시기를 한 초로 단정하고, 노자와 관련된 『한비자』의 글들은 한비 사후 한 초기를 거치는 기간 중에 씌어진 것이라 주장한다. 이에 대한 증거로서 노자를 '사물을 가벼이 여기고, 삶을 무겁게 여기는 선비'로 간주하는 한편, 한비 자신의 글로 추정되는 「오두」「현학」 등에서 한비가 경물중생지사를 중히 여기지 않고 있다는 점을 들고 있다.

그러나 이러한 가정은 몇 가지 치명적인 문제를 가지고 있다. 첫째, 황로학의 성립시기를 한 초로 보고, 한비 당시 그러한 사상이 존재하지 않았을 것이라고 단정하는 것은 너무 단순하다. 황로학이 진나라 말이나 한 초에 성행하였다는 것은 역사적으로 입증되는 사실이나, 그 이전에 그러한 사상 경향이 존재하지 않았을 것이라고 단정하기는 힘들다. 황로사상은 성왕의 이상인 황제와 노자의 철학을 결합한 것으로 진 이전의 전국시대에 성립되어 있었을 것이라는 가정을 배제할 수는 없다. 사마천 역시 한비의 사상이 황로에 근본을 두고 있다고 기술한다.

둘째, 한비가 경물중생지사를 반대한다는 사실이 곧 그가 노자사상을 반대하는 것임을 입증하는 결정적 사실은 아니다. 노자의 사상에 경물중생의 관념이 전혀 없지는 않으나, 그러한 관념은 노자사상의 일부에 불과하다. 경물중생의 관념은 원래 양주(揚朱)의 사상에 근원하는 것으로 장자의 사상에서 더욱 두드러진다. 노자의 사상은 보다 포괄적인 것으로 경물중생에만 국한되는 것이 아니다. 그것은 노자철학의 하위관념일 뿐이다.

셋째, 한비와 사마천의 시대적 간격은 백여 년 정도의 차이밖에 없다. 사마천은 법가의 사상이 황로사상에 그 연원을 두고 있다고 기록한 최초의 인물이다. 한비 이후 한 세기 동안에 사상의 연원관계가 그처럼 굴절되어 버렸다고 단정하기에는 무리가 있다. 사마천의 발언은 당시의 정론을 반영하는 것일 것이며, 그 자신의 단순한 추측은 아니었을 것이다. 사마천의 사상 평가에는 다소 문제점이 표출되지만, 사상적 연원에 대한 그의 기술은 상당히 객관적 태도를 보여 준다.

한편 지적할 수 있는 점은 한비 자신이 실제로 노자의 사상을 비판·배척하였다 해도, 그의 생애 중 초기에 해당할 뿐이며, 후일 노자의 영향을 받아 그 사상을 반영하게 되었을 것이라는 가정 또한 여전히 유효하다는 것이다. 이상과 같은 이유에서 기무라의 견해는 그의 철저한 고증에도 불구하고 정설로 채택되기에는 근본적 난점을 지니고 있다. 그러므로 한비 자신이 노자철학을 해석하고 인용하는 것은 자신의 법치사상을 정당화하기 위한 것이라고 할 수 있다. 무엇보나노 결성적인 증거는 1973년 발굴된 마왕퇴 한묘에서 나온 『백서노자』나 『황제사경』 등이다.

그럼에도 불구하고 기무라가 그 성립시기를 너무 뒤로 밀쳐놓은 것은 자기들 문화를 높이고, 남의 문화를 깎아내리려는 의도가 있지나 않았나 하는 의구심을 지울 수가 없을 것 같다.

『한비자』 각 편의 성립시기에 관하여 논의한 인물로는 호적(胡適)으로, 1919년 『중국철학사대강(中國哲學史大綱)』에서 「현학」「오두」「정법」「난세」「육반」「문변」 7편만을 한비의 글로 인정한 뒤부터 이 문제가 제기되었다. 양계초(梁啓超), 용조조(容肇祖) 등이 호적의 견해를 수용하여 도가의 영향이 보이는 편들을 제외하고 「오두」「현학」의 사상과 합치하는 편들만을 한비의 것으로 인정하였다. 그러나 1960년 양계웅

(梁啓雄)은 『한비천해(韓非淺解)』에서 「초견진」「존한」 2편을 제외하고 황로도가사상에 영향받은 편들도 한비의 것으로 인정하였다. 이후 대체로 이러한 견해를 수용하는 경향을 보여 준다

한비가 『노자』를 통해 어떤 관점에서 법치를 정당화하고 있는가를 파악하려면, 우선 그의 『노자』 해석을 고찰해야 한다. 그는 분명히 노자사상의 중심 개념을 도와 덕, 무위 및 허정으로 보고 있다. 이것은 한비가 노자사상의 핵심을 명확하게 파악하고 있다는 증거이기도 하다.

도(道)와 덕(德)

한비에 있어 도-덕의 의미해석상 최초의 전제는 '천'(天)과 '인'(人)의 구분이다. 천과 인을 구분하는 경향은 『장자』에 나타나며, 순자(荀子) 또한 천과 인을 장자적 의미로 구분하여 자신의 철학적 사고를 전개한다. 한비 역시 이러한 계열에 속한다.

"총명예지는 자연적인 것(天)이다. 동정사려는 인위적인 것(人)이다. 사람은 자연적인 밝음(天明)에 의지하여 보고, 자연적인 귀밝음(天聰)에 의탁하여 들으며, 자연적인 지혜(天智)에 기탁하여 생각한다."(聰明睿智 天也. 動靜思慮 人也. 人也者 乘於天明以視 寄於天聰而聽 託於天智以思慮.「해로(解老)」) 이 발언에서 천과 인을 구별하고, 나아가 인위적인 것은 반드시 자연적인 것에 근거해야 한다는 함축적 의미를 파악할 수 있다. 여기에서 천은 곧 자연을 가리킨다.

한비가 파악하는 자연적인 것은 곧 도를 암시한다고 할 것이다. "도란 만물의 시초며 옳고 그름의 실마리이다. 그러므로 현명한 군주는 시초를 지켜 만물의 근원을 알고, 실마리를 다스려 잘되는 것과 못 되는 것의 단서를 안다."(道者 萬物之始 是非之紀也. 是以明君守始以知萬物之源 治紀以知善敗之端.「주도(主道)」) 한비의 도에 관한 규정은 『노자』와 거의 같은 입장을 취한다. 『노자』에서 도는 "만물의 시초"(『노자(老子)』 제1장)이며, "천지보다 먼저 생겨났고……홀로 서서 바뀜이 없으며, 두루 행하지만 위태로움이 없다. 그런 까닭에 천하의 어미(母)가 될 수 있는 것이다."(先天地生.…… 獨立而不改 周行而不殆 可以爲天下母. 『노자(老子)』 제25장)

주목할 사실은 한비가 도를 시비의 실마리(端緒) 곧 판단의 기준으로 해석한다는 점이다. 『장자』에 따르면, 옳음과 그름은 인간의 상대적 관점에서 성립되는 것으로서 절대의 세계는 옳음과 그름의 구별이 절대적으로 소멸된 만물제동의 세계이다.(『장자(莊子)』「제물론(齊物論)」) 『노자』도 옳고 그름의 구별이 인간의 주관적 판단이 아니라 절대적인 도에 근거한다고 본다. 그러나 『노자』의 도는 절대적 무분별의 세계를 의미하는 것이 아니다. 이 점은 노자와 장자의 철학적 차이이자, 현실 인식의 차이를 단적으로 보여 주는 것이다.

『노자』에서 옳음과 그름의 구별은 자연적이고 절대적인 가치의 기준이다. 노자는 현실세계 속의 상대적이고 인위적인 관점을 부정하지만, 그것을 통해서 절대적 진리의 세계에로 지향을 꿈꾼다. 그 세계는 곧 도의 세계이다. 한비가 사용하는 시비는 이와 같은 노자적인 의미의 것이다.

> 도란 만물의 그러한 바이며, 온갖 이치가 근거하는 바이다. 이치(理)란 사물을 이루는 형식(文)이다. 도란 만물이 이루어지는 원인이다. 그러므로 도는 [만물에] 이치를 부여하는 것이라 하였다.(道者萬物之所然也 萬理之所稽也. 理者 成物之文也. 道者 萬物之所以成也. 故曰道理之者也. 「해로(解老)」)

> 무릇 이(理)란 모난 것, 둥근 것, 짧은 것, 긴 것, 조악한 것, 정밀한 것, 단단한 것, 부스러지기 쉬운 것 등을 구분하는 것이다. 그러므로 이치가 정해진 연후에 사물은 도를 얻을 수 있다. 따라서 이치가 정해지면 존망, 생사, 성쇠가 있게 된다.(理者方圓短長粗精堅脆之分也. 故理定而後物可得道也. 故定理有存亡 有死生 有盛衰. 「해로(解老)」)

> 형태를 가진 모든 사물은 쉽게 잘라지고 쉽게 분할된다. 이것을

어떻게 증명할까? 형태가 있으면 길고 짧음이 있다. 길고 짧음이 있으면 크고 작음이 있다. 크고 작음이 있으면 사각형과 원형이 있다. 사각형과 원형이 있으면 단단함과 부드러움이 있다. 단단함과 부드러움이 있으면 무겁고 가벼움이 있다. 무겁고 가벼움이 있으면 희고 검음이 있다. 길고 짧음, 크고 작음, 사각형과 원형, 단단함과 부드러움, 무겁고 가벼움, 희고 검음을 일러 '양식'(理)이라고 한다. 양식이 확정된 후에 사물은 쉽게 분할된다.(「해로(解老)」)

도는 사물에 '본질을 부여하는'(理之) 근원이다. 도에 근거하지 않는 사물은 존재한다고 할 수 없다. 세계 안의 모든 사물은 도에 의하여 그 존재성을 지니게 된다. 도는 만물의 형이상학적 근원이다. 여기에서 '이지'란 표현은 노자의 도-덕 개념에 관한 한비의 독특한 규정으로서 도-덕 개념에 대한 정확한 주석이기도 하다.

「해로」편이 주목할 만한 가치가 있는 이유는 이 책이 도와 『관자(管子)』「칠법(七法)」에서 말하는 '원리'(則)처럼 인간이 이용하거나 아니면 피해를 감수하면서 무시하는 자연 속의 객관적인 규칙성으로서 이해된 사물 및 사태들의 양식(理) 사이의 관계를 검토하기 때문이다. 우리는 이미 이(理)라는 술어를 『순자』에서 목격했다. '이'는 주희(朱熹, 1130-

1200)의 신유학 속에서 중추적인 형이상학적 개념으로 되는데, 거기에서는 하늘, 도, 천명, 그리고 본성이 모두 이것의 관점에서 새롭게 정의된다. 한비는 이것에 대해 광범위한 설명을 제공한 첫 번째 사람이다.

도라는 형이상학적 세계 근원으로부터 사물에 본질이 부여되는 것을 덕이라 한다. 덕은 사물의 개별적 본질을 의미한다. 여기에서 덕은 얻음(得)의 의미를 갖는 것으로서 곧 개체가 보편적 도로부터 본질을 무여받는다는 것이나.

> 도란 매우 커서 형체가 없다. 덕이란 조리가 명백하여 널리 미치는 것이다. 살아 있는 여러 만물에 이르기까지 모두가 이 도를 퍼내어 쓴다.…… 도는 아래로는 만사에 두루 미치어 생명을 갖게 하고, 때에 따라 나고 죽게 하며, 이름을 살피고 일을 달리하여도 같은 실정에 하나로 통하게 한다. 그러므로 도는 만물과 같지 않고, 덕은 음양과 같지 않다고 하였다.(夫道者 弘大而無形. 德覈覈理而普至. 至於群生 堪酌用之…… 道者 下周於事 因稽而命 與時生死 參名異事通一同情. 故曰道不同於萬物 德不同於陰陽. 「양권(揚權)」)

> 도는 쌓임이 있다. 쌓임이 있으면 공이 있다. 덕은 도의 공이다.(道有積而德有功. 德者道之功.「해로(解老)」)

덕은 안이고, 얻음(得)은 밖이다.…… 무릇 덕은 행위하지 않음으로써 안정되고 쓰지 않음으로써 굳건하게 된다.(德者內也. 得者外也.……凡德者 以無爲集 以無欲成 以不思安 以不用固.「해로(解老)」)

무릇 사물에는 일정한 모양이 있다. 각기 자질에 따라 이끌어가고 사물의 모양에 따른다. 그러므로 정하면 견고하게 되고 움직이면 도에 순응하게 된다.(夫物有常 因乘以導之 因隨物之容. 故靜則建乎德 動則順乎道.「유로(喩老)」)

이상과 같은 도-덕에 대한 해명에서 한비가 노자의 형이상학 내지는 세계관을 어떻게 이해하고 있으며, 또한 그 영향을 얼마만큼 받고 있는지를 알아챌 수 있다.

보편적인 도와 사물들의 양식을 연결함으로써, 한비는 『노자』의 첫 구절 "도라고 말해질 수 있는 [말로써 표현될 수 있는] 도는 항상적인 도가 아니다"를 합리적으로 설명한, 보편적인 도는 사물들의 대립적인 향방들을 모두 포함하기 때문에, 어떤 사물의 도라고 기술될 수 있는 것은 단지 지엽적인 규칙성 중의 하나가 될 수 있을 따름이다.

무위(無爲)와 허정(虛靜)

『노자』에서 도-덕 관념은 필연적으로 무위, 허정과 관련된다. 무위는 도의 필연적 성격으로서 도라는 개념 속에 내재하는 개념이다. 즉, 도는 우주 자연의 운행질서며 그 자체 무위를 속성으로 한다. 무위는 바로 '저절로 그러한' 것이다. 무위란 인위적이거나 의도적인 힘이 개입되지 않음을 의미한다. 그러나 도는 무위이면서 모든 일을 한다(無爲而無不爲). 인간 또한 자연 안에 거주하는 존재로서 그 자체 또한 무위를 근본 속성으로 가진다. 인간의 불행은 자신의 주관에 의해 판단하고 또 그에 따라 행위함을 의미한다. 이러한 노자의 입장은 일종의 문명비판적 사고를 명백하게 보여 준다. 또한 이러한 입장은 '작은 나라 적은 백성' (小國寡民)이라는 정치적 견해를 표출한다. 작은 나라에서 "백성으로 하여금 스스로 무지, 무욕하게 할 수 있고", "내가 무위하여 백성은 저절로 교화된다."("常使民無知無欲" "我無爲而民自化" 『노자』 제50장)

한비는 무위를 노자와 마찬가지로 도의 근본 속성으로 파악하지만 동시에 더 나아가 군주의 행위방식을 가리킨다. 그것은 곧 군주의 법 운용을 뜻한다. 무위는 한편으로는 군주의 주관적 판단을 배제한 객관적 도에 근거한 행위를, 다른 한편으로는 군주의 통치기술을 의미한다. "일은 사방에 있으나 요체는 가운데 있다. 성인이 요체를 갖추면 사방에 효과가 나타난다.……무릇 사물은 그 적절한 바를 가지며, 각각 능한 바가 있다. [그리하여] 각기 적절한 바에 처하게 한다. 그렇게 되면 아래와 위가 무위하게 된다."(事在四方 要在中央. 聖人執要 四方來效.……夫物者有所宜 材者有所施 各處其宜 故上下無爲. 「양권(揚權)」)

현명한 군주의 도는 아는 자로 하여금 그 사려를 다하게 하는 것이다. 군주는 그것으로 일을 결정한다. 그러므로 군주는 앎에 막힘이 없다. 현자는 그 재능을 공경하여 군주가 그를 임용한다. 그런 까닭에 군주는 재능에 막힘이 없다.……그러므로 현명하지 않음에도 현자가 스승 삼고, 지혜롭지 않은데도 지식이 바르게 된다. 신하는 노력하고 군주는 공을 이룬다. 이것을 현명

한 군주의 경영이라고 한다.(明君之道 使智者盡其慮 而君因以
斷事 故君不窮於智 賢者恭其材 君因而任之 故君不窮於能……
是故不賢而賢者師 不智而智者正 臣有其勞 君有其功成 此之謂
賢主之經也.「주도(主道)」)

군주가 정치의 요체를 파악하여 적재적소에 시행하는 것
이 올바른 정치이다. 군주는 나라 안 구성원들의 능력을 파악
하여 적합한 일을 부여하고 책임 지운다. 또한 군수는 각자가
맡은 일의 성패 여부에 따라 상벌을 내린다. 이때 군주의 심
적 태도는 주관적 판단에 치우쳐서는 안 된다. 그래서 한비는
한편으로 이와 같은 군주의 태도를 허정으로 표현한다.

"그러므로 허와 정으로써 명(命)을 기다리고, 이름이 스스
로 지어지게 하며, 일이 스스로 이루어지게 한다. 텅 비면 실
정을 알고, 고요하면 움직임이 바름을 안다."(故虛靜以待令.
令命自命也. 令事自定也. 虛則實之情 靜則知動者正.「주도(主道)」)
군주가 사심이 아닌 허·정에 의거하여 공정한 판단으로 통
치를 한다면 국가가 바로잡힐 수 있다. 국가가 바로잡힌다면
군주는 문자 그대로 '무위'할 수 있다. 한비는 이와 같이 노
자의 무위·허정에 대한 해석을 통하여 법치의 이상적 상태
를 표현한다.

도(道)와 법(法)의 개념적 결합의 의미

한비는 『노자』 해석을 통하여 도와 법을 결합한다. 이때 법은 단순히 제도적 의미의 것이 아니라 이법적 차원의 의미를 갖는다. 한비는 노자의 도-덕, 무위의 관념으로 법치의 타당성 및 군주 존재의 절대성을 역설한다. 한비의 다음과 같은 발언들은 그의 법치정신의 진면목을 보여 준다. 그는 먼저 도가 실현되지 않은 상태가 어떤 것인지를 『노자』 해석을 통하여 강조한다. "군주가 무도하면, 안으로는 백성에게 포악하고, 밖으로는 인접 국가를 침공한다. 안으로 학정을 하면 백성의 생산이 끊어지며, 밖으로 침공하면 군대를 자주 일으키게 된다."(人君者無道 則內暴虐其民 而外侵欺其隣國. 內虐則民産絕 外侵則兵數起. 「해로(解老)」)

나아가 한비는 이와 같은 무도의 상태를 배제하고 군주가 도(곧, 理)에 입각하여 통치할 것을 역설한다. "도리에 따라 일을 하면 이루어지지 않는 것이 없다. 이루어지지 않음이 없다는 것은 크게 이루어진다는 것이다."(夫緣道理以從事者 無不能成 無不能成者 大能成.「해로(解老)」) 도의 실현이 한비의 궁극적 목적이지만, 그것을 위해서는 현실적으로는 법치를 필연적인 것으로 간주한다. 한비는 법치가 완전하게 실현된 상태를 다음과 같이 기술한다.

백성이 법령을 범하는 것을 백성이 군주를 상하게 한다고 일컫는다. 군주가 형으로 백성을 다스리는 것을 군주가 백성을 상하게 한다고 일컫는다. 백성이 법을 범하지 않으면 군주 또한 형을 행하지 않는다. 군주가 형을 행하지 않는 것을 군주가 사람을 상하지 않는 것이라 한다.……군주가 형벌을 사용하지 않게 되고, 밖으로 일삼음이 없이 산업을 진흥하면 백성이 번창한다.(民犯法令之謂民傷上 上刑戮民之謂上傷民. 民不犯法則上亦不行刑 上不行刑之謂上不傷人……上內不用刑罰 而外不事 利其産業 則民其蕃息.「해로(解老)」)

또한 한비는 이러한 상태에 도달하는 것을 군주가 덕이 있는 것이라 간주한다. 한비에 의하면, 법치의 완성은 곧 도의 실현이다. 여기에서 노자적 도의 이상과 한비의 법치사상은 일치한다. 추상적인 도는 현실에서 덕으로 드러난다. 노자나 한비는 덕의 실현이 현명한 군주를 통해 가능하다고 본다.

여기에서 군주의 역할이 강조된다. 군주는 도를 파악하고 법을 제정하는 자이다. 한비가 군주의 권한에 절대적 가치를 부여한 이유가 여기에 있다. 노자, 한비는 모든 인간의 행위, 특히 군주의 행위방식을 무위로 표현한다. 무위는 도의 무의 지적, 비주관적 특성 즉, 자연성을 의미한다. 이상과 같은 관점은 도 즉, 변화하는 자연의 질서에 대한 깊은 통찰로부터 성립된다. 자연의 변화 자체는 끊임이 없지만, 변화의 원리 그 자체는 항구적이다. 이런 사고방식은 중국적 자연관의 원형인 역(易)의 사상에서 연원한다. 인간은 자연의 변화에 순응해야만 한다. 자연의 변화 속에는 어떤 인간적인 의지도 가치판단도 포함되어 있지 않으며, '저절로 그러한 것'(자연(自然)=무위(無爲))이기 때문이다.

한비는 한걸음 더 나아가 도의 관점을 정치 즉, 통치행위에 적용한다. 노자는 무위의 추상적 의미 그대로를 인간행위에 적용한다. 노자의 정치관은 방임주의적 색조를 띤다. 이것은 "나는 무위하지만 백성들은 스스로 변화한다"(我無爲而民自化)거나, "가장 높이 있는 자는 [아래에서는] 그가 있는 줄도 모른다(太上不知有之)는 것의 발현이다. 그러나 한비는 법에 의한 강력한 공권력에 의한 통치를 주장한다. 그것은 그의 성악설적 입장에서 출발하는 것이지만, 한비는 무위를 법 시행하는 군주의 태도에 적용한다. "현명한 군주는 위에서 무위하고 여러 신하들은 아래에서 두려워한다."(明君無爲於上 群臣竦懼乎下. 「주도(主道)」) 이것은 군주에게 세와 술이 있기 때문이다. 그러나 군주가 세를 갖고 술을 운용한다고 해서 서기에 주관적 판단이 개입되어서는 안 된다. 유가 비판에서 밝혀지고 있는 바와 같이, 그것은 무위의 또 다른 의미이다.

일견하면, 노자는 방임을, 한비는 전제를 강조한다. 그러나 이것은 어디까지나 현실적 차이일 뿐이다. 한비에 있어 법치의 궁극적 이상은 '군주가 형벌을 행하지 않아서 사람을 상하지 않는' 상태에 이르는 것이다. 그러나 한편으로 법의 사용은 강제적인 것이며, 따라서 무위의 이념에 합치하지 않는 것처럼 보인다. 한비는 그것을 불가피한 것으로 본 것 같다. 성악을 기본전제로 하는 한비에 있어 노자와 같이 무위에 의해 저절로 다스려진다고 하는 관념은 기대하기 어렵다. 실제로 노자의 무위관념이 어느 정도 현실성을 갖지 못하는 것은 사실이다. 다시 말하면 노자의 무위가 현실에서 구체적으로 어떤 행위방식을 의미하는가 하는 점이 분명치 않다. 역설적으로 노자의 무위관의 이러한 애매성으로 인하여 그 속에 법가적 요소를 내포하고 있다고 할 수 있다. 한비는 이러한

노자적 무위를 현실화한다. 따라서 한비는 원시적 소규모 국
가가 아닌 방대한 국가 안에서 이상을 실현하기 위하여 도에
근거한 법의 시행을 통치의 구체적인 원리로 요청하였다.

9장

의의와 영향

바른 법치의 정립을 위하여

.

앞에서 살펴보았듯이, 법치관념은 춘추전국시대 전통적인 인의(仁義) 관념이나 예(禮) 관념을 대체하며 성립되었고, 진의 통일시기까지 지배하였다. 법은 군주의 힘을 더욱 막강하게 만들었으며, 백성의 억눌림은 더욱 증폭됐다. 예를 들면 진시황은 한비의 사상을 받아들여 부국강병을 이룩하고 천하를 통일하는 위업을 이뤘지만, 결국 까다로운 법을 만들어 백성들을 착취하고 고통 속에 빠뜨렸다. 힘에 의해 유지된 권력은 그가 천하를 순시하던 중 객지에서 사망한 뒤부터 흔들리게 되어, 부당하게 즉위한 그의 아들 대에 가서 힘없이 무너져 버렸다. 이 때문에 특히 유자들의 입장에서는 한때『한비자』를 악의 책으로 규정하기까지 했다. 한비가 주장하는 법이란 겉으로는 군주와 신하 그리고 백성들이 모두 함께 준수해야 하는 법칙이지만, 실제로 결코 사상은 아니고, 이데올로기에 불과할 뿐이라고 평가절하하기도 했으며, 역사적으로 그렇게 인식되어 왔던 게 사실이다.

한비가 인간의 본성이 악하고 자기의 이익만을 추구한다고 주장한 것은 지극히 현실적인 인간관이었다. 사실 한비의 말처럼 인간에게는 악한 면이 있다. 그러나 그렇다고 해서 반드시 악한 면만 있고 자신의 이익만을 추구하는 것은 아니다. 때로는 지극히 선해 온정으로 가득하기도 하다. 사실상 인간의 본성은 선이나 악 어느 쪽으로도 결정될 수 있는 것은 아니다. 그렇기에 서로 의지하며 어려운 상황을 극복하고 살아가는 것이다. 그래서 한비의 인간관은 인간의 상실을 가져올 여지가 있다는 비판도 있었다. 사실 인간성의 문제란 선이건 악이건, 아니면 중립이건 어느 쪽으로도 단정할 수 있는 문제는 아니다.

그러나 한비는 중국의 사상에 있어 많은 기여를 해 왔다고 할 수 있다. 그의 정치 이론은 도덕과 인의를 기반으로 한 것이 아니고 법에 근거한 것이다. 그렇게 함으로써 강력한 중앙집권체제의 건설을 가속화해 중국 역사에 일대 변화를 가져오게 했다. 실제로 한비의 사상은 진나라 한 시대뿐만 아니라 청나라에 이르는 모든 봉건시대에 있어 유학을 근간으로 하여 성립되었던 정치사상들에 매우 심대한 영향을 끼쳤다.

우리의 고전해석사를 살펴볼 때 우리 조상들은 모두가 유교문화에 안주한 편향적 성향으로 인하여 제자학(諸子學) 분야 전반에 대한 연구를 등한시해 버렸다. 특히 조선시대에는 유학자들이 주자학적 우상을 탈각하지 못한 섣부른 정통의식 때문에 제자서에 대한 관심을 이단시하고 기피하였다. 유가와의 관계 속에서 생각할 때, 진시황의 강압적 통치로 인하여 동양권에서 법에 대한 인식은 지극히 악화되게 되었다.

유가나 묵가적인 도덕주의에 대해 진력나도록 읽거나 세뇌가 된 뒤에 법가를 접하면 참신한 느낌이 들 수 있다. 유익한 정책의 실현은 선한 의도가 아니라 제도에 달려 있음을 이해했다는 점에서 법가는 탁월하였다. 법가와 유가의 충돌 속에서, 도덕적 의무의 정도가 가족으로부터 멀어질수록 점차로 엷어진다는 유가의 관념이 실제로 최고 권력 가문들의 집단적 이기심을 정당화시켜 주는 것이었음을 너무도 분명히 목격해 왔다. 우리는 이러한 사정을 『삼국지』를 읽을 때 느꼈을 수 있다. 법가와 유가의 차이는 진수가 객관적으로 기록한 『삼국지』와 나관중이 쓴 것과의 차이만큼이나 크다. 사건들에 대해 자신들이 최선이라고 생각하는 방식대로 판단하는 것을 방해한다는 이유로, 법전의 공포에 대해, 숙향과 같은 처음의 유자 귀족들이 애초에 보였던 저항의식은 오늘날에

도 여전히 보수적으로 잔존하여 있다. 법에 대한 의식은 보수적인 계층은 예나 지금이나 자신들의 기득권이나 이익을 철두철미 고수하려고 할 뿐이다. 법가, 특히 한비는 이 점을 도가적인 도에서 법의 근거를 끌어 옴으로써 그러한 보수적인 의식을 깨고자 하였다.

그레이엄은 이와 같은 한비적인 법 관념과 서구의 법 관념 간에 공통점과 차이점이 존재한다고 말한다. 법가의 법 개념과 서구의 법 개념 사이에는 다음과 같은 몇 개의 공통적 특징이 존재한다. 법은 엄밀하게 형성되어 있고, 모든 개인적인 고려들로부터 독립적이며 공적이고 공식적으로 대체될 때까지 변경될 수 없다. 비록 처벌의 대상이 아니라는 점에서 군주는 법을 초월하지만, 처벌을 부과하는 점에서 그 자신도 법의 구속을 받는다. 그러나 서구적 법과 크게 다른 점은 법가의 법은 시민의 보호가 아니라 위로부터의 효과적인 통제의 수단으로서 만들어졌다는 점이다. 한비에 의해 최고로 발전된 상태에 있어서 법가적 국가의 주된 사업은 전쟁이고, 부차적인 것은 효율적인 전쟁을 위한 백성들을 먹이기 위한 농업이다. 이 제도는 전체주의와 다름없는 중국에서 고안된 것 중에서 가장 독재적이고, 따라서 모든 권력은 군주 한 사람에게만 집중된다. 한비의 주된 관심사의 하나는 이러한 권력의 유지이다. 우리는 이러한 상황을 한비가 살았던 전국시대 후기라는 정황을 미루어 이해할 수 있을 것이다.

한비에 대하여 특정화할 수 있는 발언은 다음과 같다. 한비에서 법의 관념은, 그것이 『노자』의 도에 근거하는 한, 객관성과 필연성을 확보할 수 있다는 점이다. 실제로 한비는 노자사상을 법치의 정당화에 적용하였다. 한비는 법치가 도의 상태에 도달할 때 완성된다고 본다. 『노자』의 도는 자연의 객관적 질서를 의미한다. 이 점에서 한비의 법사상은 중국적 우주질서 관념을 근간으로 하는 자연법적 사고를 보여 준다. 한비의 법사상을 법 실증주의로 파악하는 견해가 있다. 이런 견해에 따르면 한비는 초기에 『관자(管子)』 및 도가의 자연법적 사고(즉, 道法說)에 영향받았지만, 만년에 형명참동의 법 실증주의로 전환하였기 때문에 그의 법사상은 본질적으로 실정법에 속한다는 것이다. 한비의 법사상이 실정법이냐 자연법이냐는 문제는 보다 상세한 논의를 요청한다.

그러나 『한비자』의 여러 편에 나타나는 법사상의 중점은 노자적 도에 근거한다는 점이다. 그런 한비의 법사상이 자연법적 요소를 함축하고 있다는 사실은 부정되기 어렵다. 자연의 질서인 도에서 법의 근거를 구하는 한비의 태도는 객관 정신의 발현이다. 또한 법은 공평무사한 것이어야 한다. 법의 공평무사성은 군주의 사적 판단을 배제하는 무위(無爲) 곧, 도의 정신과 뗄 수 없는 관계를 갖게 된다.

한비의 법사상에 자연법적 요소가 있음은 법의 항구불변함을 의미하는 것은 아니다. 법가 특히 한비에서 법은 '때의 변화에 따라 바뀌어야 하는'(時變) 것이다. 한비는 분명히 시대의 질적 차이를 긍정하는 발전적 역사관을 보여 준다. 이러한 입장에 의하면 모든 시대에 영구불변한 제도로서 법은 인정될 수 없다. "때가 바뀌어도 법을 바꾸지 않는 것은 혼란된 것이다."(「심도(心度)」) 그러나 변법(變法)을 주장한다 하여 법을 아무렇게나 바꾸는 것은 아니다. 한비는 자연의 변화 원리인 도에 근거한 법의 변경을 주장한다. "큰 나라를 다스림에 법을 자주 바꾸면 백성이 괴롭다. 따라서 유도한 군주는 허정을 귀하게 여기고, 법 바꾸는 것을 무겁게 여긴다."(治大國而數變法 則民苦之. 是以有道之君 貴虛靜而重變法.「해로(解老)」)

이상과 같은 몇 가지 점들은 한비 법 관념이 가지는 의의라 할 것이다. 그러나 이러한 한비의 법치사상에서 몇 가지 문제점들은 고려해볼 가치가 있다. 첫째, 한비가 중시하는 도가 자연변화의 질서를 의미하는 형이상학적 전제라면, 과연 그것은 어떻게 파악될 수 있는 것이며 또 누가 그것을 파악할 수 있는가? 이런 문제는 일반적으로 형이상학적 원리에 입각하여 세계를 해명할 때 발생하는 궁극적 난점이다. 그것은 일반적으로 직관에 의해 파악될 수 있는 것으로 주장되어 왔다. 한비는 현명한 군주가 도를 파악할 수 있다고 보는 것 같다.

그러나 그는 도가 구체적으로 무엇이며, 어떻게 파악할 수 있는가에 대한 구체적인 언명을 회피하고 있다.

둘째, 한비는 현명한 군주에 의해 법이 제정되어야 한다고 본다. 법의 제정뿐 아니라 그 시행에 있어서도 군주는 절대적 권한을 갖는다. 이때 군주 일인에의 권력집중이라는 현실적인 문제가 발생한다. 현실에서 군주가 자의적으로 법을 시행한다면 그것을 방지할 수 있는 대안 또는 제도적 장치는 있는가? 아무리 현명한 군주라 해도 초인이 아닌 이상 항상 객관적 판단에 의해 법을 시행한다고 볼 수는 없다. 한비는 여기서 완벽한 군주를 가정한다. 그러나 이러한 가정은 매우 막연하며 이상에 불과한 것이 아닐까? 현실적으로 완벽한 군주가 존재할 수 있느냐 하는 점은 커다란 난문이다. 이렇다면 한비가 본래부터 비판하여 왔던 유가의 덕치 이념에서 유가적 성왕과 한비의 이상적 군주와의 차이는 소멸되고 말 뿐이다. 이 점에서 한비의 법사상이 군주의 자의를 방조한다는 비판은 한비의 본래 의도와는 다르지만 현실적으로 타당성을 갖게 된다.

셋째, 한비에 있어서 법은 국가의 이익, 백성의 이익을 고려하여 제정, 시행되는 것이라 한다. 이때 고려해야 할 문제는 국가와 개인 간에 이익의 충돌이 발생한다는 점이다. 한비는 여기에서 개인의 이익보다는 전체 즉, 국가의 이익이 우선

한다고 단정한다. 그렇다면 국가가 개인에 우선한다는 가정이 항상 옳다는 것은 어떻게 입증할 수 있을까? 또한 국가의 이익이라는 것은 어떤 기준에 의해 파악될 수 있는 것일까? 이와 같은 문제들에 대하여 한비는 명백한 답변을 하고 있지 않아 보인다.

이상과 같은 문제들은 결국 지금 우리의 관점에서 되물어질 수 있는 것이지만, 『한비자』라는 저서 안에서 보다 분명하게 추적해 보아야만 할 문제들이라 할 것이다.

2부

본문

韓非子

1. 『한비자』는 10여만 언으로 되어 있다. 그래서 『장자』 만큼이나 그 분량은 참으로 방대하다. 이처럼 많은 내용을 다 실을 수 없어서, 중요하다고 판단하는 부분들을 발췌하여 실었다.

2. 발췌의 원칙은 『한비자』의 법사상을 뚜렷이 보여줄 수 있는 글들을 추려서, 첫째 한비 이전의 법가들에 대한 한비의 평가, 둘째 한비 자신의 법 관념, 다시 말하면 법과 술과 세를 종합하는 한비의 사상을 보여준다고 판단되는 구절들, 셋째 한비 법치사상의 핵심이 되는 군주와 신하의 관계 및 이상적인 통치에 관한 발언들, 그리고 마지막으로 한비 이전과 한비 당시의 제자백가에 대한 한비의 판단, 특히 당시 세상에 두드러졌던 유가 학파에 대한 한비의 비판이라는 구분에 따라 다시 배열하였다. 인용된 본문에 붙인 작은 제목들은 『한비자』 원문에는 없는 것인데, 발췌하면서 그 부분의 의미를 쉽게 알 수 있도록 필자 임의로 붙인 것이다.

1장

한비 이전 법가들에
대한 평가

상앙·신불해·신도

태공망, 고대 무정부주의자들을 처벌하다

태공망(太公望)이 동편으로 제(齊) 땅을 봉후받았다. 제의 동해 바닷가에 사는 은자 광율(狂矞), 화사(華士)가 있었다. 이 두 사람이 주장을 내세워 말하기를 "우리는 천자의 신하가 되지 않고 제후의 벗이 되지 않으며, 농사 지어 먹고 우물 파서 마시니 남에게 바랄 것이 없다. 위에서 받은 작위가 없고 군주가 주는 봉록도 없으니 벼슬 살 일이 없고 농사에 힘쓸 뿐이다"라고 하였다. 태공망이 영구(營丘)에 이르러 관리를 시켜 그들을 붙잡아 죽임으로써 처음으로 처벌하였다. 주공(周公) 단(旦)이 노(魯)에서 이 소식을 듣고 급히 파발마를 띄워 "그 두 사람은 현자다. 오늘 나라를 받고서 현자를 죽이다니 무슨 까닭이냐"라고 하였다.

태공망이 "이 두 사람이 주장을 내세워 말하기를 '우리는 천자의 신하가 되지 않고 제후의 벗이 되지 않으며, 농사 지어 먹고 우물 파서 마시니 우리는 남에게 바랄 것이 없다. 위로 받은 작위가 없고 군주가 주는 봉록도 없으니 벼슬 살 일이 없고 농사에 힘쓸 뿐이다'라고 합니다. 그들이 천자의 신하가 되지 않겠다 함은 바로 저도 신하로 삼을 수 없다는 것입니다. 제후의 벗이 되지 않겠다 함은 바로 저도 부릴 수 없다는 것입니다. 농사 지어 먹고 우물 파서 마시니 남에게 바랄 것이 없다 함은 바로 제가 상벌로 권하거나 금할 수 없다는 것입니다. 그리고 위로 작위가 없으니 비록 지혜가 있다 하더라도 저에게 도움이 되지 않으며, 군주의 봉록도 바라지 않으니 비록 현명할지라도 저에게 공이 되지 않습니다. 벼슬하지 않으면 다스릴 수 없고 일을 맡아 보지 않으면 충성할 수 없습니다. 또한 선왕이 신하와 백성을 부릴 수 있었던 수단은 작위나 봉록 아니면 형과 처벌이었습니다. 지금 네 가지 것으로도 그들을 부릴 수 없다면 제가 장차 누구에게 군주가 되겠습니까? 전쟁에 나가지 않고서 공명을 드러내고 몸소 농사 지으며 작위를 받지 않으면서 명성을 얻는 것도 나라 사람을 가르치는 방도가 아닙니다.

지금 여기에 말이 있어 마치 천리마와 같은 기상이라면 천하에서 가장 좋은 말입니다. 그러나 그것을 몰아대도 나아가지 않고 끌어당겨도 멈추지 않으며, 왼쪽으로 가게 하여도 왼쪽으로 가지 않고 오른쪽으로 가게 하여도 오른쪽으로 안 간다면 비록 미천한 종이라도 그 발을 의탁하려고 하지 않습니다. 종이 그 발을 천리마에게 의탁하려고 하는 까닭은 천리마가 이를 얻고 해를 피할 수 있다고 생각하기 때문입니다. 만일 사람에게 도움이 안 된다면 비록 미천한 종일지라도 그 발을 의탁하려고 하지 않을 것입니다. 자기가 이 세상에 훌륭한 사람으로 여겨진다고 스스로 말할지라도 군주에게 도움이 안 되고, 행동이 지극히 훌륭하더라도 군주에게 등용이 안 되면 현명한 군주의 신하가 되지 못하며, 또한 천리마를 왼쪽으로도 오른쪽으로도 가게 하지 못하는 것과 같습니다. 이런 까닭으로 그들을 사형에 처한 것입니다"라고 말하였다.

太公望東封於齊, 齊東海上有居士曰狂矞 · 華士昆弟, 二人者立
태공망동봉어제, 제동해상유거사왈광률 · 화사곤제, 이인자립
議曰: "吾不臣天子, 不友諸侯, 耕作而食之, 掘井而飮之, 吾無求於人
의왈: "오불신천자, 불우제후, 경작이식지, 굴정이음지, 오무구어인
也. 無上之名, 無君之祿, 不事仕而事力." 太公望至於營丘, 使執而殺
야. 무상지명, 무군지록, 불사사이사력." 태공망지어영구, 사집이살
之以爲首誅. 周公旦從魯聞之, 發急傳而問之曰: "夫二子, 賢者也. 今
지이위수주. 주공단종노문지, 발급전이문지왈: "부이자, 현자야. 금

日饗國而殺賢者, 何也?" 太公望曰: "是昆弟二人立議曰: '吾不臣天
일향국이살현자, 하야?" 태공망왈: "시곤제이인립의왈: '오불신천
子, 不友諸侯, 耕作而食之, 掘井而飲之, 吾無求於人也. 無上之名, 無
자, 불우제후, 경작이식지, 굴정이음지, 오무구어인야. 무상지명, 무
君之祿, 不事仕而事力.' 彼不臣天子者, 是望不得而臣也; 不友諸侯
군지록, 불사사이사력.' 피불신천자자, 시망부득이신야; 불우제후
者, 是望不得而使也; 耕作而食之, 掘井而飲之, 無求於人者, 是望不
자, 시망부득이사야; 경작이식지, 굴정이음지, 무구어인자, 시망부
得以賞罰勸禁也. 且無上名, 雖知, 不爲望用; 不仰君祿, 雖賢, 不爲望
득이상벌권금야. 차무상명, 수지, 불위망용; 불앙군록, 수현, 불위망
功. 不仕, 則不治; 不任, 則不忠. 且先王之所以使其臣民者, 非爵祿則
공. 불사, 즉불치; 불임, 즉불충. 차선왕지소이사기신민자, 비작녹즉
刑罰也. 今四者不足以使之, 則望當誰爲君乎? 不服兵革而顯, 不親耕耨
형벌야. 금사자부족이사지, 즉망당수위군호?불복병혁이현, 불친경누
而名, 又所以教於國也. 今有馬於此, 如驥之狀者, 天下之至良也. 然
이명, 우소이교어국야. 금유마어차, 여기지상자, 천하지지량야. 연
而驅之不前, 卻之不止, 左之不左, 右之不右, 則臧獲雖賤, 不託其足.
이구지불전, 각지부지, 좌지불좌, 우지불우, 즉장획수천, 불탁기족.
臧獲之所願託其足於驥者, 以驥之可以追利辟害也. 今不爲人用, 臧獲
장획지소원탁기족어기자, 이기지가이추리벽해야. 금불위인용, 장획
雖賤, 不託其足焉. 已自謂以爲世之賢士而不爲主用, 行極賢而不用

수천, 불탁기족언. 이자위이위세지현사이불위주용, 행극현이불용

於君, 此非明主之所臣也, 亦驥之不可左右矣, 是以誅之.」「外儲說右上」

어군, 차비명주지소신야, 역기지불가좌우의, 시이주지.」「외저설우상」

오기는 법을 지키는 자이다

오기(吳起)는 위의 좌씨(左氏) 지방 사람이다. 그가 처를 시켜 베를 짜게 하였으나 폭이 치수보다 좁았다. 오기가 그것을 다시 시켰다. 그 처가 말하기를 "좋습니다"라고 하였다. 완성되어 다시 재어보니 여전히 치수에 맞지 않았다. 오기가 크게 노하였다. 그 처가 대답하기를 "내가 시작할 때 날을 매놓아서 고칠 수가 없습니다"라고 하였다. 오기는 그녀를 내쫓았다. 그 처가 형에게 청하여 들어가기를 원하였다. 그 형이 말하기를 "오기는 법을 지키는 자다. 법을 지킨다는 것은 장차 만승의 나라를 위하여 공을 세우려고 하기 때문이다. 반드시 먼저 처첩에게 실행한 다음에 그것을 실천하려는 것이다. 자네는 들어가기를 바라지 말라"고 하였다. 그 처의 아우가 또 위군에게 중용되어 있었다. 위군은 거듭 오기에게 청하였다. 오기는 듣지 않고 마침내 위를 떠나 초(楚)로 들어가 버렸다.

吳起, 衛左氏中人也, 使其妻織組而幅狹於度. 吳子使更之. 其妻曰:

오기, 위좌씨중인야, 사기처직조이폭협어도. 오자사갱지. 기처왈:

"諾." 及成, 復度之, 果不中度, 吳子大怒. 其妻對曰:"吾始經之而不

"낙." 급성, 부도지, 과부중도, 오자대노. 기처대왈: "오시경지이불

可更也." 吳子出之. 其妻請其兄而索入. 其兄曰: "吳子, 爲法者也. 其

가갱야." 오자출지. 기처청기형이색입. 기형왈: "오자, 위법자야. 기

爲法也, 且欲以與萬乘致功, 必先踐之妻妾然後行之, 子毋幾索入矣.

위법야, 차욕이여만승치공, 필선천지처첩연후행지, 자무기색입의.

"其妻之弟又重於衛君, 乃因以衛君之重請吳子. 吳子不聽, 遂去衛而

"기처지제우중어위군, 내인이위군지중청오자. 오자불청, 수거위이

入荊也.　　　　　　　　　　　　　　　　　　　　　　「外儲說右上」

입형야."　　　　　　　　　　　　　　　　　　　　　　「외저설우상」

제 환공, 관중을 중부라 부르다

환공(桓公)이 관중(管仲)을 묶은 포박을 풀고 재상으로 삼았다. 관중이 "제가 총애를 받고 있습니다만 저의 신분이 낮습니다"라고 하였다. 환공이 "자네를 고(高)씨와 국(國)씨 위에 서도록 하겠다"고 하였다. 관중은 "저의 신분이 귀해졌습니다만 저는 가난합니다"라고 하였다. 환공이 "자네에게 삼귀(三歸)의 곳간을 갖도록 하겠다"고 하였다. 다시 관중이 "저는 부자가 되었습니다만 아직 주군과 소원한 사이입니다"라고 하였다. 이에 그를 내세워서 중부(仲父)라 불렀다. 소략(霄略)이 말하기를 "관중은 미천한 신분을 가지고 나라를 다스릴 수 없다고 생각하였기 때문에 고씨·국씨 위에 서기

를 청하였던 것이다. 또 가난을 가지고 부를 다스릴 수 없다고 생각하였기 때문에 삼귀의 집을 청하였던 것이다. 그리고 소원한 관계를 가지고 친족을 다스릴 수 없다고 생각하였기 때문에 중부로 처신하였던 것이다. 관중이 탐욕스러운 것이 아니라 다스리는 데 편리하였기 때문이다"라고 평하였다.

> 桓公解管仲之束縛而相之. 管仲曰: "臣有寵矣, 然而臣卑." 公
> 환공해관중지속박이상지. 관중왈: "신유총의, 연이신비." 공
> 曰: "使子立高·國之上." 管仲曰: "臣貴矣, 然而臣貧." 公曰:
> 왈: "사자립고·국지상." 관중왈: "신귀의, 연이신빈." 공왈:
> "使子有三歸之家." 管仲曰: "臣富矣, 然而臣疏." 於是立以爲
> "사자유삼귀지가." 관중왈: "신부의, 연이신소." 어시립이위
> "仲父". 霄略曰: "管仲以賤爲不可以治國, 故請高·國之上; 以貧
> "중부". 소략왈: "관중이천위불가이치국, 고청고·국지상; 이빈
> 爲不可以治富, 故請三歸; 以疏爲不可以治親, 故處 '仲父'. 管仲
> 위불가이치부, 고청삼귀; 이소위불가이치친, 고처 '중부'. 관중
> 非貪, 以便治也."   「難一」
> 비탐, 이편치야."   「난일」

관중, 명분을 세워 원수를 갚으라 하다

채(蔡)의 공녀가 환공(桓公)의 처가 되었다. 환공이 그녀와 함께 배를 탈 때 그녀가 배를 흔들었다. 환공이 크게 무서워

하며 그것을 못하게 하였으나 그만두지 않았다. 그래서 노하
여 내쫓았다. 얼마 있다가 그녀를 다시 부르려 하였으나 [채
에서는] 이미 다른 데로 개가시켜 버렸다. 환공이 크게 노하
여 채를 치려고 하였다. 관중(管仲)이 간하여 말하기를 "부부
간의 일로 남의 나라를 친다는 것은 명분이 충분하지 못합니
다. 큰 성과를 기대할 수 없습니다. 청컨대 그 때문에 도모하
지는 마십시오"라고 하였으나 환공이 듣지 않았다. 관중이
말하기를 "반드시 그만둘 수 없다면 초가 청모(菁茅)를 천자
에게 조공 바치지 않은 지 삼 년이나 되었으니 군주께서 천자
를 위하여 군사를 일으켜 초를 치는 것만 같지 못합니다. 초
가 항복하면 그대로 군사를 돌려 채를 습격하고 이르기를
'내가 천자를 위하여 초를 치는데 채는 군사를 이끌고 따르
지 않았다. 그래서 마침 멸한다'고 하십시오. 이것은 명분에
있어 의(義)가 되고 실제에 있어 이(利)가 되는 것이니 반드시
천자를 위하여 벌한다는 명분이 서고 원수도 갚는 실리가 있
습니다"라고 하였다.

蔡女爲桓公妻, 桓公與之乘舟, 夫人蕩舟, 桓公大懼, 禁之不止, 怒而
채녀위환공처, 환공여지승주, 부인탕주, 환공대구, 금지부지, 노이
出之. 乃且復召之, 因復更嫁之. 桓公大怒, 將伐蔡. 仲父諫曰: "夫以
출지. 내차부소지, 인복갱가지. 환공대노, 장벌채. 중부간왈: "부이
寢席之戲, 不足以伐人之國, 功業不可冀也, 請無以此爲稽也." 桓公不
침석지희, 부족이벌인지국, 공업불가기야, 청무이차위계야." 환공불

침석지희, 부족이벌인지국, 공업불가기야, 청무이차위계야." 환공불
聽. 仲父曰: "必不得已, 楚之菁茅不貢於天子三年矣, 君不如擧兵爲
청. 중부왈: "필부득이, 초지청모불공어천자삼년의, 군불여거병위
天子伐楚. 楚服, 因還襲蔡, 曰: '余爲天子伐楚, 而蔡不以兵聽從', 因
천자벌초. 초복, 인환습채, 왈: '여위천자벌초, 이채불이병청종', 인
遂滅之. 此義於名而利於實, 故必有爲天子誅之名, 而有報讐之實."
수멸지. 차의어명이리어실, 고필유위천자주지명, 이유보수지실."

「外儲說左上」

「외저설좌상」

관중, 형벌로써 지나친 장례의식을 금하다

제(齊)나라는 모두가 장례를 후히 지내기를 좋아하였다. 그
리하여 베와 무명은 의금(衣衾)으로 다 쓰이고 재목은 관곽(棺
槨)을 만들어 탕진하였다. 환공(桓公)이 이를 염려하여 관중
(管仲)에게 일러 말하기를 "베와 무명을 다 써버리면 몸을 가
릴 수 없고 재목이 탕진되면 방비를 할 수 없다. 그럼에도 사
람들은 후장을 그치지 않는다. 그것을 금하려면 어찌해야 좋
겠는가"라고 하였다. 관중이 대답하기를 "무릇 사람이 무엇
인가 하려는 것은 명예 때문이 아니면 이익이 되기 때문입니
다"라고 하였다. 여기서 바로 영을 내려 말하기를 "관곽을 도
에 지나치게 하는 자는 그 시체에 형을 가하고 상주된 자를 처

벌한다"고 하였다. 대저 시체에 형이 가해진다는 것은 명예가 없어지는 일이며 상주된 자가 처벌을 받는다는 것은 이익이 없어지는 일이니 사람들이 무엇 때문에 그것을 하겠습니까?

齊國好厚葬, 布帛盡於衣衾, 材木盡於棺槨槨. 桓公患之, 以告管仲曰:
제국호후장, 포백진어의금, 재목진어관곽곽. 환공환지, 이고관중왈:

"布帛盡則無以爲幣, 材木盡則無以爲守備, 而人厚葬之不休, 禁之奈
"포백진즉무이위폐, 재목진즉무이위수비, 이인후장지불휴, 금지내

何?" 管仲對曰: "凡人之有爲也, 非名之, 則利之也. 於是乃下令曰.
하?" 관중대왈: "범인지유위야, 비명지, 즉리지야." 어시내하령왈:

"棺槨槨過度者戮其尸, 罪夫當喪者." 夫戮死, 無名, 罪當喪者, 無利,
"관관곽과도자륙기시, 죄부당상자." 부륙사, 무명, 죄당상자, 무리,

人何故爲之也?　　　　　　　　　　　　　　　「內儲說上」
인하고위지야?　　　　　　　　　　　　　　「내저설상」

관중, 환공에게 '사당의 쥐'와 같은 패거리 짓는 신하들을 우려하다

환공(桓公)이 관중(管仲)에게 "나라를 다스리는 데 무엇이 가장 걱정거리인가"라고 물었다. 그러자 "가장 걱정거리는 사당의 쥐입니다"라고 답하였다. 환공은 "왜 사당의 쥐가 걱정되는가"라고 물었다. 대답하기를 "군주께서도 사당 짓는 것을 보셨겠지요. 나무를 세우고 진흙을 바르지만 쥐가 그 틈

을 뚫어 구멍을 파고 그 속에 몸을 의탁합니다. 연기를 피우자니 나무를 태우게 될까 두렵고 물을 대자니 바른 흙이 떨어질까 두렵습니다. 이것이 사당의 쥐가 잡히지 않는 까닭입니다"라고 하였다. 그리고 다시 지금 군주의 좌우 측근들이 밖에 나가면 권세를 부려 이득을 백성에게서 거두고, 안에 들어오면 패거리를 지어 군주에게 악을 숨깁니다. 안으로 군주의 정황을 엿보아 그것을 밖에 알리고, 안과 밖으로 여러 신하들과 온 벼슬아치들에게 권세를 떨쳐 부를 이룹니다. 관리가 이를 처벌하지 않으면 법이 문란해지고 처벌하면 군주가 불안할까 하여 그대로 두게 됩니다. 이것이 또한 나라에 있어 '사당의 쥐' 입니다. 그러므로 신하가 권력을 장악하여 마음대로 금령을 내려 자기를 위해 주는 자는 반드시 이득을 보고, 자기를 위해 주지 않는 자는 반드시 해악을 당한다고 표명합니다. 이것이 또한 사나운 개입니다. 도대체 대신들이 사나운 개가 되어 도를 깨달은 이를 물어뜯고, 측근들이 또 사당의 쥐가 되어 군주의 정황을 엿보아도 군주가 깨닫지 못하고 있습니다. 이와 같다면 군주의 눈이 가려지지 않겠으며 나라가 어찌 망하지 않겠습니까?……" 하였다. 그러므로 측근이 사당의 쥐가 되고 정사 맡은 자가 사나운 개가 되면 법술이 행해지지 않을 것이라고 하는 것이다.

故桓公問管仲曰: "治國最奚患?" 對曰: "最患社鼠矣." 公曰:

고환공문관중왈: "치국최해환?" 대왈: "최환사서의." 공왈:
"何患社鼠哉?" 對曰: "君亦見夫爲社者乎? 樹木而塗之, 鼠穿其
"하환사서재?" 대왈: "군역견부위사자호? 수목이도지, 서천기
間, 掘穴託其中. 燻之, 則恐焚木, 灌之, 則恐塗阤, 此社鼠之所以
간, 굴혈탁기중. 훈지, 즉공분목, 관지, 즉공도타, 차사서지소이
不得也. 今人君之左右, 出則爲勢重而收利於民, 入則比周而蔽
부득야. 금인군지좌우, 출즉위세중이수리어민, 입즉비주이폐
惡於君. 內間主之情以告外, 外內爲重, 諸臣百史以爲富. 吏不誅
악어군. 내간주지정이고외, 외내위중, 제신백리이위부. 리부주
則亂法, 誅之則君不安, 據而有之, 此亦國之社鼠也." 故人臣執
즉난법, 주지즉군불안, 거이유지, 차역국지사서야." 고인신집
柄而擅禁, 明爲已者必利, 而不爲已者必害, 此亦猛狗也. 夫大臣
병이천금, 명위이자필리, 이불위이자필해, 차역맹구야. 부대신
爲猛狗而齕有道之士矣, 左右又爲社鼠而間主之情, 人主不覺. 如
위맹구이흘유도지사의, 좌우우위사서이간주지정, 인주불각. 여
此, 主焉得無壅, 國焉得無亡乎? …… 故左右爲社鼠, 用事者爲猛
차, 주언득무옹, 국언득무망호? …… 고좌우위사서, 용사자위맹
狗, 則術不行矣.   「外儲說右上」
구, 즉술불행의.   「외저설우상」

정 자산은 유길에게 엄한 법 집행을 청하였으나 듣지 않다

자산(子産)은 정(鄭)의 재상이었다. 병들어 죽으려고 할 즈음 유길(游吉)에게 일러 말하기를 "내가 죽은 뒤에 자네가 반드시 정나라를 다스리게 될 것이다. 그때 반드시 엄한 자세로 사람을 대하라. 불은 형체가 사납게 보이므로 사람이 적게 타죽고 물은 형체는 만만하게 보이므로 사람이 많이 빠져 죽는다. 자네가 만만하게 보여서 물에 빠져 죽게 하지 말라"고 하였다. 자산이 죽었다. 유길은 그 자세를 엄격히 하려고 하지 않았다. 정나라의 젊은이들이 패거리를 지어 도둑이 되고 갈대 늪을 근거지로 삼아 마침내 정의 화근을 만들려고 하였다. 유길은 전차와 기병을 이끌고 싸워 꼬박 하루 걸려 간신히 이길 수 있었다. 어이없게 한숨을 쉬며 말하기를 "내가 일찍부터 그 어른의 가르침을 행하였더라면 반드시 이 지경에 이르러 후회하지는 않았을 것이다" 라고 하였다.

> 子産相鄭, 病將死, 謂遊吉曰: "我死後, 子必用鄭, 必以嚴莅人. 夫火形
> 자산상정, 병장사, 위유길왈: "아사후, 자필용정, 필이엄리인. 부화형
> 嚴, 故人鮮灼; 水形懦, 故人多溺. 子必嚴子之刑, 無令溺子之懦." 故
> 엄, 고인선작; 수형나, 고인다닉. 자필엄자지형, 무령닉자지나." 고
> 子産死. 遊吉不忍行嚴刑, 鄭少年相率爲盜, 處於萑澤, 將遂以爲鄭禍.
> 자산사. 유길불인행엄형, 정소년상률위도, 처어관택, 장수이위정화.
> 遊吉率車騎與戰, 一日一夜, 僅能剋之. 遊吉喟然歎曰: "吾蚤行夫子之

유길률거기여전, 일일일야, 근능극지. 유길위연탄왈: "오조행부자지

教, 必不悔至於此矣."　　　　　　　　　　　　　　　「內儲說上」

교, 필불회지어차의."　　　　　　　　　　　　　　　「내저설상」

정 간공, 자산과 군신 간의 직분을 나누다

자산(子産)이 정(鄭)의 재상이었을 때, 간공(簡公)이 자산에게 일러 말하기를 "술을 마셔도 즐겁지 않거나 제물 그릇이 크지 않거나 종과 북과 피리와 거문고 소리가 울리지 않는다면 나의 죄다. [그러나] 정사가 일정하지 않고 국가가 안정되지 못하며 백성이 다스려지지 않고 농사나 전쟁에 마음을 합치지 못한다면 또한 자네의 죄다. 자네가 맡은 직분이 있고 역시 내가 맡은 직분이 있다. 각각 그 직분을 지켜 나가자"라고 하였다. 자산이 물러나와 정사를 오 년 동안 맡아보자 나라 안에 도적이 없어지고 길에 떨어진 것을 줍지 않으며, 복숭아나 대추가 거리에 가득해도 따는 자가 없고 송곳을 길에 떨어뜨려도 삼 일 안에 돌아오며, 삼 년 동안 흉년이 들어도 인민이 굶주리지 않았다고 한다.

子産相鄭, 簡公謂子産曰: "飲酒不樂也. 俎豆不大, 鍾鼓竽瑟不鳴, 寡人

자산상정, 간공위자산왈: "음주불락야. 조두부대, 종고우슬불명, 과인

之事不一, 國家不定, 百姓不治, 耕戰不輯睦, 亦子之罪. 子有職, 寡人亦

지사불일, 국가부정, 백성불치, 경전불집목, 역자지죄. 자유직, 과인역

有職, 各守其職."子産退而爲政五年, 國無盜賊, 道不拾遺, 桃棗之蔭於

유직, 각수기직."자산퇴이위정오년, 국무도적, 도불습유, 도조지음어

街者莫援也, 錐刀遺道三日可反. 三年不變, 民無飢也.　　「外儲設左上」

가자막원야, 추도유도삼일가반. 삼년불변, 민무기야.　　「외저설좌상」

신불해, 군주는 무위해야 한다고 주장하다

　신자(申子)가 말하기를 "군주가 총명하면 사람들은 대비
하고 총명치 못하면 사람들은 속이려 한다. 그가 안다고 보여
지면 사람들은 꾸미고, 알지 못한다고 보여지면 사람들은 숨
기려 한다. 그가 욕심 없다고 알려지면 사람들은 살펴보고,
그가 욕심을 갖는다고 알려지면 사람들은 이용하려 한다. 그
러므로 이르기를 '나는 밖에서 알지 못하게 하고 오직 무위
(無爲)함으로써 살펴볼 수 있다'고 한다"라고 하였다.

　　申子曰: "上明見, 人備之; 其不明見, 人惑之. 其知見, 人惑之; 不知見,

　　신자왈: "상명견, 인비지; 기불명견, 인혹지. 기지견, 인혹지; 부지견,

　　人匿之. 其無欲見, 人司之; 其有欲見, 人餌之. 故曰: 吾無從知之, 惟

　　인닉지. 기무욕견, 인사지; 기유욕견, 인이지. 고왈: 오무종지지, 유

　　無爲可以規之."　　　　　　　　　　　　　　　　　　「外儲設右上」

　　무위가이규지."　　　　　　　　　　　　　　　　　「외저설우상」

신불해, 소후에게 종형의 관직을 청하다

한(韓)의 소후(昭侯)가 신불해(申不害)에게 일러 말하기를 "법이란 실행하기가 대단히 어렵다"라고 하였다. 신불해가 말하기를 "법이란 것은 공을 확인하여 상을 주고 능력에 따라서 관직을 받게 하는 것입니다. 지금 군주께서는 법률 규정을 세우고서도 측근들의 청탁을 들어주고 계십니다. 이것이 실행하기 어려운 이유입니다"라고 하였다. 소후가 말하기를 "내가 오늘 이 뒤로 법 실행 방법을 알았다. 내 어찌 청탁을 받아들이겠는가"라고 하였다. 어느 날 신불해가 종형(從兄)을 추천하여 벼슬시켜 달라고 청원하였다. 소후가 말하기를 "자네에게 배운 것과 다르다. 자네 청을 받아들이고 자네의 도(道)를 파기할까, 아니면 자네의 도를 써서 자네 청을 파기할까"라고 하였다. 신불해가 집에 물러나 앉아 죄줄 것을 청하였다.

韓昭侯謂申子曰: "法度甚不易行也." 申子曰: "法者, 見功而與
賞, 因能而受官. 今君設法度而聽左右之請, 此所以難行也." 昭
侯曰: "吾自今以來知行法矣, 寡人奚聽矣." 一日, 申子請仕其從
兄官. 昭侯曰: "非所學於子也. 聽子之謁, 敗子之道乎, 亡其用子

한소후위신자왈: "법도심불이행야." 신자왈: "법자, 견공이여
상, 인능이수관. 금군설법도이청좌우지청, 차소이난행야." 소
후왈: "오자금이내지행법의, 과인해청의." 일일, 신자청사기종
형관. 소후왈:

형관. 소후왈: "비소학어자야. 청자지알, 패자지도호, 망기용자

之謁?" 申子辟辟舍請罪.　　　　　　　　　　　　　　「外儲說左上」

지알?" 신자벽사청죄.　　　　　　　　　　　　　　「외저설좌상」

신불해는 술은 있었으나 법은 부족하였다

"한낱 술(術)만 있고 법(法)은 없으며 다만 법만 있고 술이
없으면 옳지 않다고 하는데 왜 그렇습니까"라고 물었다. 대답
하기를 "신불해(申不害)는 한(韓) 소후(昭侯)의 보좌역이었다.
한은 진(晉)에서 갈라져 나온 나라였다. 진의 옛 법이 아직 폐
지되지 않았는데 한의 새 법이 또 나오고, 앞선 군주의 영이
거두어지지도 않았는데 뒤 군주의 명령이 다시 내려지는 상
태였다. 신불해는 법을 관장하지 못하고 내걸 명령을 하나로
정하지 못하여 간악한 자가 많았다. 그래서 이득이 옛 법과
먼저 명령에 있으면 그것을 따르고, 이득이 새 법과 앞선 명
령에 있으면 그것을 따르게 되었다. 이득은 옛것과 새것이 상
반되고 먼저 것과 나중 것이 서로 엇갈려서 신불해가 비록 소
후로 하여금 열 번이라도 술을 쓰도록 했지만 간악한 신하들
은 오히려 그 말을 속일 수가 있었던 것이다. 그러므로 만승
의 강국인 한에 십칠 년이나 몸을 의탁하면서도 패왕에 이르
도록 하지 못한 것은 비록 군주에게 술을 쓰게 했지만 관리들
사이에 법을 힘써 지키게 하지 못한 재앙이다"라고 하였다.

問者曰: "徒術而無法, 徒法而無術, 其不可何哉?" 對曰: "申不害, 韓
문자왈: "도술이무법, 도법이무술, 기불가하재?" 대왈: "신불해, 한

昭侯之佐也. 韓者, 晉之別國也. 晉之故法未息, 而韓之新法又生; 先君
소후지좌야. 한자, 진지별국야. 진지고법미식, 이한지신법우생; 선군

之令未收, 而後君之令又下. 申不害不擅其法, 不一其憲令, 則姦多. 故
지령미수, 이후군지령우하. 신불해불천기법, 불일기헌령, 즉간다. 고

利在故法前令, 則道之; 利在新法後令, 則道之. 利在故新相反, 前後相
리재고법전령, 즉도지; 이재신법후령, 즉도지. 이재고신상반, 전우상

悖, 則申不害雖十使昭侯用術, 而姦臣猶有所諉其辭矣. 故託萬乘之勁
패, 즉신불해수십사소후용술, 이간신유유소휼기사의. 고탁만승지경

韓, 十七年而不至於霸王者, 雖用術於上, 法不勤飾於官之患也.「定法」
한, 칠십년이부지어패왕자, 수용술어상, 법불근식어관지환야.「정법」

신불해의 술, 상앙의 법 모두 한계가 있다.

"군주가 신불해의 술(術)을 쓰고 관리가 상군의 법(法)을
행하면 되겠습니까"라고 물었다. "신불해도 아직 술에 있어
미진하고 상군도 아직 법에 있어 미진하다. 신불해가 말하기
를 '다스림에 월권하지 않으며 비록 알더라도 말하지 말라'
고 하였다. 다스림에 월권하지 않음은 직분을 지키라고 이르
는 것으로 좋지만, 알더라도 말하지 말라 함은 잘못을 아뢰지
말라는 것이다. 군주는 온 나라의 눈으로 보기 때문에 그보다

밝은 것은 없다. 군주는 온 나라의 귀를 빌려서 들으므로 그보다 더 총명할 수 없다. 만일 알더라도 말하지 않으면 군주가 더 어디서 빌리겠는가. 상군의 법에 이르기를 "적의 머리한 개를 벤 자에게 직위 한 계급을 올리고 관리가 되기를 원하면 오십 석의 벼슬에 앉히며 머리 두 개를 벤 자에게 직위두 계급을 올리고 관리가 되기를 원하면 백 석의 벼슬에 앉힌다"고 한다. 관작의 옮김과 머리 벤 공이 서로 걸맞는다. 만일 법이 있어 이르기를 "머리를 벤 자에게 의원이나 대장장이가 되도록 하겠다"고 한다면 집도 만들어지지 않고 병도낫지 않을 것이다. 대저 대장장이는 손놀림이 정교하고, 의사는 약을 조제하는 데 능한 것인데, 그 일들을 머리 벤 공을 가지고 시킨다면 재능에 걸맞지 않은 것이다. 지금 관의 일을처리하는 것은 지능이며 머리 베는 것은 용력이 가해지는 것이다. 용력이 가해지는 것을 가지고 지능이 [필요한] 관의 일을 처리함은 바로 머리 벤 공을 가지고 의원이나 대장장이를만드는 것이다. 그러므로 두 사람이 법과 술 모두를 완전히다하지 못하였다고 말하는 것이다"라고 하였다.

問者曰: "主用申子之術, 而官行商君之法, 可乎?" 對曰: "申子未盡於

문자왈: "주용신자지술, 이관행상군지법, 가호?" 대왈: "신자미진어

法也." 申子言: 治不踰官, 雖知弗言. 治不踰官, 謂之守職也可; 知而

법야." 신자언: 치불유관, 수지불언. 치불유관, 위지수직야가; 지이

弗言, 是謂過也. 人主以一國目視, 故視莫明焉; 以一國耳聽, 故聽莫

불언, 시위과야. 인주이일국목시, 고시막명언; 이일국이청, 고청막

聽焉. 今知而弗言, 則人主尙安假借矣? 商君之法曰: '斬一首者爵一

총언. 금지이불언, 즉인주상안가차의? 상군지법왈: '참일수자작일

級, 欲爲官者爲五十石之官; 斬二首者爵二級, 欲爲官者爲百石之官.

급, 욕위관자위오십석지관; 참이수자작이급, 욕위관자위백석지관.

'官爵之遷與斬首之功相稱也. 今有法曰: '斬首者令爲醫·匠.' 則屋

'관작지천여참수지공상칭야. 금유법왈: '참수자령위의·장.' 즉옥

不成而病不已. 夫匠者手巧也, 而醫者齊藥也, 而以斬首之功爲之, 則

불성이병불이. 부장자수교야, 이의자제약야, 이이참수지공위지, 즉

不當其能. 今治官者, 智能也; 今斬首者, 勇力之所加也. 以勇力之所

부당기능. 금치관자, 지능야; 금참수자, 용력지소가야. 이용력지소

加而治智能之官. 是以斬首之功爲醫·匠也. 故曰: 二子之於法術, 皆

가이치지능지관. 시이참수지공위의·장야. 고왈: 이자지어법술, 개

未盡善也.   「定法」

미진선야.   「정법」

상앙은 법은 만들었으나 술은 써보지 못하였다

　　"공손앙(公孫鞅)이 진(秦)을 다스릴 때 고좌(告坐) 법을 세
워 실상을 추구하고 십오(什伍)로 연좌시켜 죄를 함께 물었으
며, 상을 후하게 틀림없이 하고 형을 무겁고 확실하게 하였

다. 이런 까닭으로 백성이 일하여 지치더라도 쉬지 않았고, 적과 싸워 위태롭더라도 물러서지 않았다. 때문에 나라가 부유해지고 군대가 강해졌다. 그러나 술(術)로써 간신을 알아내지 못하였기 때문에 그 부강함은 신하에게 도움을 줄 따름이었다. 효공(孝公)과 상군(商君)이 죽고 혜왕(惠王)이 즉위함에 이르러 진의 법이 아직 폐지되지 않았는데도 장의(張儀)가 진을 통하여 한(韓)·위(魏)에서 이득을 취하였다. 혜왕이 죽고 무왕(武王)이 즉위하자 감무(甘茂)가 진을 통해서 주(周)에서 이득을 취하였다. 무왕이 죽고 소양왕(昭襄王)이 즉위하자 양후(穰侯)가 한·위를 넘어서 동쪽으로 제(齊)를 공격하여 오 년이 되도록 진은 한 자의 땅도 불어나지 않았으나 이에 그의 봉지 도읍(陶邑)에 성을 쌓았다. 응후(應侯)도 8년간이나 한을 공격하여 그 봉지인 여남(汝南)에 성을 쌓았다. 이로부터 계속 진에 등용된 여러 사람은 모두 응후나 양후 같은 부류였다.

이처럼 싸워 이기면 대신들이 높여지고, 땅이 불어나면 개인 봉지만 선다는 것은 군주가 술을 가지고 간신을 알아내지 못하였기 때문이다. 상군이 비록 열 번이나 법을 바로잡더라도 신하들은 도리어 자기 밑천으로 활용하였다. 그러므로 강한 진의 발판을 타고서도 수십 년이 되도록 제왕에 이르지 못한 것은 비록 관리에게 법을 힘써 지키게 하더라도 군주가 위에서 술을 쓰지 못한 재앙 때문이다"라고 하였다.

公孫鞅之治秦也, 設告相坐而責其實, 連什伍而同其罪, 賞厚而信, 刑重
공손앙지치진야, 설고상좌이책기실, 연십오이동기죄, 상후이신, 형중
而必. 是以其民用力勞而不休, 逐敵危而不却, 故其國富而兵强; 然而
이필. 시이기민용력로이불휴, 축적위이불각, 고기국부이병강; 연이
無術以知姦, 則以其富强也資人臣而已矣. 及孝公・商君死, 惠王卽
무술이지간, 즉이기부강야자인신이이의. 급효공・상군사, 혜왕즉
位, 秦法未敗也, 而張儀以秦殉韓・魏. 惠王死, 武王卽位, 甘茂以秦
위, 진법미패야, 이장의이진순한・위. 혜왕사, 무왕즉위, 감무이진
殉周. 武王死, 昭襄王卽位穰侯越韓・魏而東攻齊, 五年而秦不益一
순주. 무왕사, 소양왕즉위양후월한・위이동공제, 오년이진불익일
尺之地, 乃成其陶邑之封. 應侯攻韓八年, 成其汝南之封. 自是以來,
척지지, 내성기도읍지봉. 응후공한팔년, 성기여남지봉. 자시이래,
諸用秦者皆應, 穰之類也. 故戰勝, 則大臣尊; 益地, 則私封立. 主無術
제용진자개응, 양지류야. 고전승, 즉대신존; 익지, 즉사봉립. 주무술
以知姦也. 商君雖十飾其法, 人臣反用其資. 故乘强秦之資數十年而不
이지간야. 상군수십식기법, 인신반용기자. 고승강진지자수십년이부
至於帝王者, 法不勤飾於官, 主無術於上之患也.　　　　　「定法」
지어제왕자, 법불근식어관, 주무술어상지환야.　　　　　「정법」

나라 다스림에 있어 상앙의 법과 신불해의 술 두 가지 모두 중요하다

어떤 이가 "신불해(申不害)와 공손앙(公孫鞅) 이 두 학파의 말 중에 어느 쪽이 나라에 긴요합니까"라고 물었다. 응답하기를 "이는 측정을 할 수가 없다. 사람이 열흘 동안 먹지 않으면 죽게 되며, 큰 추위가 한창일 때 입지 않으면 역시 죽게된다. 이를 가리켜 입는 것과 먹는 것, 어느 쪽이 사람에게 긴요한가 말한다면 하나도 없을 수 없는 양생하는 도구들이다.

지금 신불해는 술(術)을 말하고 공손앙은 법(法)을 주장한다. 술이란 것은 임무에 맞추어서 관직을 주고 명분에 따라서 실적을 추궁하며 살생하는 칼자루를 손에 들고 여러 신하들의 능력을 시험하는 것이다. 이것은 군주가 장악하는 것이다. 법이란 것은 내건 명령이 관청에 명시되고 형벌은 반드시 백성의 마음속에 새겨지며, 상은 법을 삼가는 자에게 있고 벌은 명령을 어기는 자에게 가해지는 것이다. 이것은 신하가 모범으로 삼을 바이다. 군주에게 술이 없으면 윗자리에서 눈이 가려지고 신하에게 법이 없으면 아래에서 어지러워진다. 이것은 하나도 없을 수 없는 제왕이 갖추어야 할 조건들이다"라고 하였다.

問者曰: "申不害·公孫鞅, 此二家之言孰急於國?" 應之曰: "是不可程

문자왈: "신불해·공손앙, 차이가지언숙급어국?" 응지왈: "시불가정

也. 人不食, 十日則死; 大寒之隆, 不衣亦死. 謂之衣食孰急於人, 則是

야. 인불식, 십일즉사; 대한지륭, 불의역사. 위지의식숙급어인, 즉시

不可一無也, 皆養生之具也. 今申不害言術而公孫鞅爲法. 術者, 因任而

불가일무야, 개양생지구야. 금신불해언술이공손앙위법. 술자, 인임이

授官, 循名而責實, 操殺生之柄, 課群臣之能者也, 此人主之所執也.

수관, 순명이책실, 조살생지병, 과군신지능자야, 차인주지소집야.

法者, 憲令著於官府, 刑罰必於民心, 賞存乎愼法, 而罰加乎姦令者

법자, 헌령저어관부, 형벌필어민심, 상존호신법, 이벌가오간령사

也, 此臣之所師也. 君無術, 則弊於上; 臣無法, 則亂於下, 此不可一無,

야, 차신지소사야. 군무술, 즉폐어상; 신무법, 즉란어하, 차불가일무,

皆帝王之具也.   「定法」

개제왕지구야.   「정법」

신도, 세의 중요성을 강조하다

   신도(愼到)가 말하였다. "나는 용은 구름을 타고 오르는 뱀
은 안개 속에 논다. 구름이 파하고 안개가 걷히면, 용과 뱀은
지렁이나 개미와 같아진다. 의탁할 데를 잃었기 때문이다. 현
인이면서 어리석은 자에게 굽히는 것은 권세가 가볍고 지위
가 낮기 때문이다. 어리석은 자이면서 현인을 복종시킬 수 있
는 것은 권세가 무겁고 지위가 높기 때문이다. 요(堯)가 필부
라면 능히 세 사람도 다스릴 수 없었으며, 걸(桀)은 천자였기

때문에 천하를 어지럽힐 수 있었다. 나는 이로써 세나 자리가
의지하기에 충분하며, 현과 지가 우러르기에 부족하다는 것
을 안다. 도대체 활이 약한데도 화살이 높이 나는 것은 바람에
부딪치기 때문이다. 자신은 어리석지만 명령이 행해지는 것
은 많은 사람에게 도움을 얻기 때문이다. 요도 노예 같은 처지
에서 명령하면 백성이 듣지 않는다. 남면하여 천하에 왕 노릇
하는 데 이르러 명령하면 행해지고 금하면 멈추게 된다. 이것
으로 말미암아 생각해본다면 현과 지는 백성을 복종시키기에
부족하며 세와 지위는 현자를 굽히도록 하기에 충분하다."

愼子曰: 飛龍乘雲, 騰蛇遊霧, 雲罷霧霽, 而龍蛇與蚓螘同矣, 則失其所乘
신자왈: 비룡승운, 등사유무, 운파무제, 이룡사여인의동의, 즉실기소승
也. 賢人而詘於不肖者, 則權輕位卑也; 不肖而能服於賢者, 則權重位尊
야. 현인이굴어불초자, 즉권경위비야; 불초이능복어현자, 즉권중위존
也. 堯爲匹夫, 不能治三人; 而桀爲天子, 能亂天下; 吾以此知勢位之
야. 요위필부, 불능치삼인; 이걸위천자, 능란천하; 오이차지세위지
足恃而賢智之不足慕也. 夫弩弱而矢高者, 激於風也; 身不肖而令行
족시이현지지부족모야. 부노약이시고자, 격어풍야; 신불초이령행
者, 得助於衆也. 堯敎於隸屬而民不聽, 至於南面而王天下, 令則行,
자, 득조어중야. 요교어례속이민불청, 지어남면이왕천하, 영즉행,
禁則止. 由此觀之, 賢智未足以服衆, 而勢位足以缶賢者也.　　「難勢」
금즉지. 유차관지, 현지미족이복중, 이세위족이부현자야.　　「난세」

2장

한비의 법치사상

법치의 근거

성왕은 자기 시대의 성왕일 뿐, 옛 성왕을 기리는 것은 수주대 토와 같다

상고(上古)시대에는 사람은 적고 새나 짐승이 많았다. 사람들이 새·짐승·벌레·뱀을 이기지 못하였다. 어느 성인이 일어나 나무를 얽어 집을 만들어서 여러 가지 해악을 피하도록 하였다. 그래서 백성이 좋아하여 천하의 왕으로 삼고 유소씨(有巢氏)라고 불렀다. 백성은 나무열매·풀씨·조개를 먹었으나 비린내나고 더러운 냄새로 뱃속이 상하여 병을 많이 앓았다. 어느 성인이 부싯돌로 불을 일으켜서 비린내를 없앴다. 그래서 백성이 좋아하여 천하의 왕으로 삼고 수인씨(燧人氏)라고 불렀다. 중고(中古)시대에는 천하에 큰물이 나서

곤(鯀)과 우(禹)가 물을 텄다. 근고(近古)시대에는 걸(桀)과 주(紂)가 난폭하여 탕(湯)과 무왕(武王)이 징벌하였다.

만약 하후씨(夏后氏)의 시대에 나무를 얽거나 부싯돌을 긋는 자가 있었다면, 반드시 곤과 우에게 비웃음을 당했을 것이다. 은(殷)·주(周)의 시대에 물을 트는 자가 있었다면 반드시 탕과 무왕에게 비웃음을 당했을 것이다. 그렇다면 요즈음 시대에 요·순·우·탕·문·무의 도를 찬미하는 자가 있다면 반드시 새 성인에게 비웃음을 당할 것이다. 이런 까닭으로 성인은 옛것을 따르기를 기필하지 않고 일정한 법을 지키려 하지 않으며 시대 사정을 문제삼아 알맞은 대책을 세운다.

송(宋) 사람으로 밭갈이하는 자가 있었다. 밭 가운데 나무 밑동이 있어 토끼가 달아나다 나무 밑동에 걸려 목이 부러져 죽었다. 그래서 그는 [밭 갈던] 쟁기를 버리고 나무 밑동을 지키며 다시 토끼 얻기만을 바랐다. 그러나 토끼를 다시는 얻을 수 없었으며 자신은 송나라의 웃음거리가 되었다. 지금 선왕의 정치를 가지고 요즈음의 백성을 다스리려 하는 것은 모두 나무 밑동을 지키는 것과 같은 부류다.

上古之世, 人民少而禽獸衆, 人民不勝禽獸蟲蛇. 有聖人作, 搆木爲巢以
상고지세, 인민소이금수중, 인민불승금수충사. 유성인작, 구목위소이
避群害, 而民悅之, 使王天下, 號之曰有巢氏. 民食果蓏蚌蛤, 腥臊惡臭而
피군해, 이민열지, 사왕천하, 호지왈유소씨. 민식과라방합, 성조악취이

傷害腹胃, 民多疾病. 有聖人作, 鑽燧取火以化腥臊, 而民說之, 使王天

상해복위, 민다질병. 유성인작, 찬수취화이화성조, 이민설지, 사왕천

下, 號之日燧人氏. 中古之世, 天下大水, 而鯀, 禹決瀆. 近古之世, 桀,

하, 호지왈수인씨. 중고지세, 천하대수, 이곤, 우결독. 근고지세, 걸.

紂暴亂, 而湯 · 武征伐. 今有搆木鑽燧於夏後氏之世者, 必爲鯀 · 禹笑矣;

주포란, 이탕 · 무정벌. 금유구목찬수어하후씨지세자, 필위곤 · 우소의;

有決瀆於殷 · 周之世者, 必爲湯 · 武笑矣. 然則今有美堯 · 舜 · 湯 ·

유결독어은 · 주지세자, 필위탕 · 무소의. 연즉금유미요 · 순 · 탕 ·

武 · 禹之道於當今之世者, 必爲新聖笑矣. 是以聖人不期修古, 不法

무 · 우지도어당금지세자, 필위신성소의. 시이성인불기수고, 불법

常可, 論世之事, 因爲之備. 宋人有耕田者, 田中有株, 兎走觸株, 折頸

상가, 논세지사, 인위지비. 송인유경전자, 전중유주, 토주촉주, 절경

而死, 因釋其耒而守株, 冀復得兎, 兎不可復得, 而身爲宋國笑. 今欲以先

이사, 인석기뢰이수주, 기부득토, 토불가복득, 이신위송국소. 금욕이선

王之政, 治當世之民, 皆守株之類也.　　　　　　　　　　　　「五蠹」

왕지정, 치당세지민, 개수주지류야.　　　　　　　　　　　「오두」

옛날에는 사람이 적고 재화가 풍부하여 다툴 일이 없었다

　옛날에는 남자가 농사짓지 않아도 초목의 열매를 넉넉히
먹을 만하였고, 여자가 베짜지 않아도 새나 짐승들의 가죽이
옷 지어 입기에 넉넉하였다. 힘들여 일하지 않아도 생활이 넉

넉하며 사람 수가 적고 물자가 남아 백성이 다투지 않았다. 이런 까닭으로 후한 상을 내리지 않고 중벌을 쓰지 않아도 백성이 저절로 다스려졌다. 지금은 한 사람에게 다섯 자식이 있어도 많지 않으나 자식이 또 다섯 자식을 가져 조부가 아직 죽지 않으면 스물다섯 명의 손주가 생긴다. 이런 까닭으로 사람 수는 많아지고 재화는 적어져서 지쳐 빠지도록 힘써 일하더라도 생활이 야박하므로 백성이 다투게 되었다. 비록 상을 배로 하고 벌을 더하더라도 혼란을 면하지 못하게 되어 있다.

古者丈夫不耕, 草木之實足食也; 婦人不織, 禽獸之皮足衣也. 不事力而
고자장부불경, 초목지실족식야; 부인부직, 금수지피족의야. 불사력이
養足, 人民少而財有餘, 故民不爭. 是以厚賞不行, 重罰不用, 而民自治.
양족, 인민소이재유여, 고민부쟁. 시이후상불행, 중벌불용, 이민자치.
今人有五子不爲多, 子又有五子, 大父未死而有二十五孫. 是以人民衆
금인유오자불위다, 자우유오자, 대부미사이유이십오손. 시이인민중
而貨財寡, 事力勞而供養薄, 故民爭, 雖倍賞累罰而不免於亂.　「五蠹」
이화재과, 사력노이공양박, 고민쟁, 수배상누벌이불면어란.　「오두」

때가 변하면 대비하는 것도 달라져야 한다

요(堯)가 천하에 왕 노릇하고 있을 때는 띠로 이은 처마 끝을 자르지 않고 통나무 서까래를 깎지 않고 현미나 기장밥을 먹고 명아주나 콩잎 국을 마시며 겨울에 새끼사슴 갖옷을 입

고 여름에 갈옷을 입었는데 비록 문지기의 생활일지라도 이보다 못하지 않았다. 우(禹)가 천하에 왕 노릇하고 있을 때에도 몸소 쟁기나 괭이를 들고 백성에 앞장서서 다리에 흰살이 없고 정강이에 털이 나지 않아 비록 종이나 노예들의 노동일지라도 이보다 고생스럽지는 않았다. 이로써 말한다면 도대체 옛날에 천자 자리를 물려준다는 것은 바로 문지기 생활을 버리고 종이나 노예 같은 노동에서 벗어나는 것이니 그러므로 천하를 전하는 것이 대단한 일은 아니었다.

오늘의 현령은 어느 날 자신이 죽어도 자손이 여러 대에 걸쳐 수레를 타게 되므로 사람들이 그것을 중히 여긴다. 이런 까닭으로 사람들이 자리를 물려줌에 있어 옛날의 천자를 그만두기는 쉽지만 오늘의 현령을 버리기가 어려운 것은 그 박하고 후한 실익이 다르기 때문이다. 대저 산간에 살면서 골짜기 물을 긷는 자는 섣달 제사 때 물을 서로 보내 주지만 늪지대에 살면서 물로 고통받는 자는 품을 사서 개천을 튼다. 그러므로 흉년이 든 이듬해 봄에는 나이 어린 아우에게도 밥을 먹이지 않으나 풍년이 든 해의 가을에는 먼 길손까지 반드시 먹이는데, 이는 골육을 멀리하고 지나가는 나그네를 사랑함이 아니라 많고 적은 실익이 다르기 때문이다.

이처럼 옛날에 재물을 가볍게 여긴 것을 어질어서가 아니라 재물이 많았기 때문이며, 오늘의 쟁탈은 야비해서가 아니라 재물이 적기 때문이다. 천자 자리를 쉽게 그만두는 것은 고상해서가 아니라 세가 얇기 때문이며, 거듭 벼슬자리를 다투는 것을 비열해서가 아니라 이권이 중하기 때문이다. 그러므로 성인은 많고 적음을 헤아리고 박하고 후함을 따져서 정치를 행한다. 벌이 가볍더라고 자비가 아니고 처형이 엄하더라도 잔혹이 아니며 세속에 맞추어 행할 뿐이다. 일은 시대에 따라서 하며 대비는 일에 알맞게 한다.

堯之王天下也, 茅茨不翦, 采椽不斲; 糲粢之食, 藜藿之羹; 冬日麑裘, 夏日 요지왕천하야, 모자부전, 채연불착; 여자지식, 여곽지갱; 동일예구, 하일 葛衣, 雖監門之服養, 不虧於此矣. 禹之王天下也, 身執耒臿以爲民先, 股 갈의, 수감문지복양, 불휴어차의. 우지왕천하야, 신집뢰삽이위민선, 고 無胈. 脛不生毛, 雖臣虜之勞, 不苦于此矣. 以是言之, 夫古之讓天子者, 무발. 경불생모, 수신노지로, 불고우차의. 이시언지, 부고지양천자자, 是去監門之養, 而離臣虜之勞也, 古傳天下而不足多也. 今之縣令, 一 시거감문지양, 이리신노지로야, 고전천하이부족다야. 금지현령, 일 日身死, 子孫累世絜駕, 故人重之. 是以人之於讓也, 輕辭古之天子, 難 일신사, 자손누세혈가, 고인중지. 시이인지어양야, 경사고지천자, 난 去今之縣令者, 薄厚之實異也. 夫山居而谷汲者, 膢臘而相遺以水; 澤居 거금지현령자, 박후지실이야. 부산거이곡급자, 누랍이상유이수; 택거 苦水者, 買庸而決竇. 故饑歲之春, 幼弟不饟; 穰歲之秋, 疏客必食. 非 고수자, 매용이결두. 고기세지춘, 유제불양; 양세지추, 소객필식. 비

疏骨肉愛過客也, 多少之心異也. 是以古之易財, 非仁也, 財多也; 今

소골육애과객야, 다소지심이야. 시이고지역재, 비인야, 재다야; 금

之爭奪, 非鄙也, 財寡也. 輕辭天子, 非高也, 勢薄也; 重爭士橐, 非下也,

지쟁탈, 비비야, 재과야. 경사천자, 비고야, 세박야; 중쟁사탁, 비하야,

權重也. 故聖人議多少 · 論薄厚爲之政. 故罰薄不爲慈, 誅嚴不爲戾,

권중야. 고성인의다소 · 논박후위지정. 고벌박불위자, 주엄불위려,

稱俗而行也. 故事因於世, 而備適於事.　　　　　　　　　　「五蠹」

칭속이행야. 고사인어세, 이비적어사.　　　　　　　　　　「오두」

저절로 곧은 화살대와 저절로 둥근 수레바퀴는 없다

성인은 나라를 다스림에 있어 사람들이 나를 위해 선량하기를 기대지 않고 비리를 저지를 수 없도록 한다. 사람들이 나를 위해 선량하기를 기댄다면 나라 안에 열을 헤아리지 못하지만, 사람들이 비리를 저지를 수 없도록 한다면 온 나라를 가지런하게 할 수 있다. 다스리는 자는 많은 무리를 쓰고 적은 무리는 버리기 때문에, 덕화에 힘쓰지 않고 법치에 힘을 쓴다.

반드시 저절로 곧은 화살대를 믿는다면 백 년이 지나도 그런 화살은 없으며, 저절로 둥근 나무를 믿는다면 그런 바퀴는 천 년에 하나도 없다. 저절로 곧은 화살대, 저절로 둥근 바퀴는 백 년에 하나도 없다. 그런데도 세상이 모두 수레를 타고 새와 짐승을 쏘는 것은 어째서 그런가? 굽은 나무를 바로잡고

반듯한 나무를 구부리는 도지개 방법을 쓰기 때문이다. 비록 도지개를 쓰지 않고 저절로 곧은 화살대나 저절로 둥근 나무가 있다 해도 좋은 공인은 귀하게 여기지 않는다. 왜 그러한가? 타는 자는 한 사람만이 아니고, 쏘는 것이 한 발만이 아니기 때문이다. 상벌을 믿지 않으면서 저절로 선량한 백성을 현명한 군주는 귀히 여기지 않는다. 왜 그런가? 국법이 쓸모없게 될 수가 있고, 다스리는 바의 [대상이] 한 사람만이 아니기 때문이다. 그러므로 술(術)을 터득한 군주는 우연히 그리한 선을 따르지 않고, 반드시 그러한 도를 행한다.

夫聖人之治國, 不恃人之爲吾善也, 而用其不得爲非也. 恃人之爲吾부성인지치국, 불시인지위오선야, 이용기부득위비야. 시인지위오善也, 境內不什數, 用人不得爲非, 一國可使齊. 爲治者用衆而舍寡,선야, 경내불십수, 용인부득위비, 일국가사제. 위치자용중이사과,故不務德而務法. 夫必恃自直之箭, 百世無矢; 恃自圜之木, 千世無輪고불무덕이무법. 부필시자직지전, 백세무시; 시자환지목, 천세무륜矣. 自直之箭, 自圜之木, 百世無有一, 然而世皆乘車射禽者何也? 隱栝之의. 자직지전, 자환지목, 백세무유일, 연이세개승거사금자하야? 은괄지道用也. 雖有不恃隱栝而有自直之箭・自圜之木, 良工弗貴也. 何則? 乘도용야. 수유불시은괄이유자직지전・자환지목, 양공불귀야. 하즉? 승者非一人, 射者非一發也. 不恃賞罰而恃自善之民, 明主弗貴也. 何則?자비일인, 사자비일발야. 불시상벌이시자선지민, 명주불귀야. 하즉?

國法不可失, 而所治非一人也. 故有術之君, 不隨適然之善, 而行必然

국법불가실, 이소치비일인야. 고유술지군, 불수적연지선, 이행필연

之道.   「顯學」

지도.   「현학」

법을 만드는 원리는 인지상정에 있다

어린아이일 때 부모가 양육을 등한히 하면 자식이 자라서
원망한다. 자식이 장성하고 어른이 되어 부모 봉양을 소홀히
하면 부모가 노여워하고 꾸짖는다. 자식과 부모는 가장 가까
운 사이다. 그러나 혹 원망하고 혹 꾸짖는 것은 모두 서로 위
한다는 마음만을 가지고 자신을 위한다는 생각에 미치지 못
하기 때문이다.

일꾼을 사서 씨를 뿌리고 농사 지을 경우 주인 쪽이 자기
돈을 써서 맛있는 음식을 주고 품삯을 셈하여 잘해 주기를 요
구하는 것은 일꾼을 사랑해서가 아니다. 이르기를 "이와 같
이 하면 밭을 갈 때 깊이 갈고 김맬 때 또한 완전하게 하기 때
문이다"고 한다. 일꾼이 있는 힘을 다하여 애써서 김매고 농
사 지으며 공을 들여 밭두둑과 논길을 정리하는 것은 주인을
사랑해서가 아니다. 이르기를 "이와 같이 하면 국이 맛있고
돈도 또한 잘 벌 수 있기 때문이다"고 한다. 여기서 부양하는
공력은 부자간의 은덕이다. 그러면서 하는 일이 의욕이 철저

하게 되는 것은 모두 자기를 위한다는 생각이 들기 때문이다. 그러므로 사람이 일을 하거나 베풀어줄 경우 이익이 된다는 마음으로 하면 먼 월(越)나라 사람과도 쉽게 부드러워지고 손해 본다는 마음으로 하면 부자 사이도 멀어지고 또한 원망할 것이다.

人爲嬰兒也, 父母養之簡, 子長而怨; 子盛壯成人, 其供養薄, 又且怨而誚之. 子·父, 至親也, 而或誚或怨者, 皆挾相爲而不周於爲己也. 大賣庸지.

인위영아야, 부모양지간, 자장이원; 자성장성인, 기공양박, 부모노이초지. 자·부, 지친야, 이혹초혹원자, 개협상위이부주어위기야. 대매용지.

而播耕者, 主人費家而美食, 調布而求易錢者, 非愛庸客也, 曰: 如是,

이파경자, 주인비가이미식, 조포이구역전자, 비애용객야, 왈: 여시,

耕者且深, 耨者熟耘也. 庸客致力而疾耘耕者, 盡巧而正畦陌畦畤者, 非

경자차심, 누자숙운야. 용객치력이질운경자, 진교이정휴맥휴치자, 비

愛主人也, 曰: 如是, 羹且美, 錢布且易云也. 此其養功力, 有父子之澤

애주인야, 왈: 여시, 갱차미, 전포차이운야. 차기양공력, 유부자지택

矣, 而心調於用者, 皆挾自爲心也. 故人行事施予, 以利之爲心, 則越

의, 이심조어용자, 개협자위심야. 고인행사시여, 이리지위심, 즉월

人易和, 以害之爲心, 則父子離且怨.　　　　　　　　「外儲說左上」

인이화, 이해지위심, 즉부자리차원.　　　　　　　　「외저설좌상」

법(法)

나라는 법으로 다스려야 한다

현명한 군주는 법으로 사람을 고르고 자기 임의로 등용하지 않습니다. 또한 법으로써 그 공적을 헤아릴 수 있도록 하고 자기 임의로 그것을 헤아리지 않습니다. 능력 있는 자가 가려진 채로 있을 수 없고 능력이 떨어지는 자가 겉치레만으로 꾸미고 있을 수도 없으며, 칭찬받은 자라고 하여 천거될 수 없고 비방당한 자라고 하여 물러나게 하는 일이 없게 되면, 군주와 신하 사이에 구별이 분명해져서 쉽게 다스릴 수 있을 것입니다. 따라서 군주는 법에 비추어서 일을 처단하면 됩니다. 현명한 자는 남의 신하가 되어 북면하여 폐백을 바치고 난 다음부터는 두 마음을 품지 않습니다.

故明主使法擇人, 不自擧也; 使法量功, 不自度也. 能者不可弊, 敗者

고명주사법택인, 불자거야; 사법량공, 불자탁야. 능자불가폐, 패자

不可飾, 譽者不能進, 非者弗能退, 則君臣之間明辯而易治, 故主讎法

불가식, 예자불능진, 비자불능퇴, 즉군신지간명변이이치, 고주수법

則可也. 賢者之爲人臣, 北面委質, 無有二心.　　　　　　　　「有度」

즉가야. 현자지위인신, 북면위질, 무유이심.　　　　　　　　「유도」

법은 나라 다스림의 정확한 기준이다

새로 숫돌에 간 화살촉을 큰 활에 걸어 힘껏 당기면 비록 눈을 감고 아무렇게나 쏴도 그 끝이 일찍이 물체를 맞히지 못한 적이 없다. 그러나 두 번 같은 곳을 맞추지 못하면 잘 쏜다고 말할 수 없다. 그것은 일정한 표적이 없기 때문이다. 다섯 치의 과녁을 만들어 열 걸음 거리를 두고 활을 당길 때 예(羿)나 봉몽(逢蒙)이 아니면 반드시 완전할 수 없는 것은 정해진 표적이 있기 때문이다. 기준이 있으면 어렵고 기준이 없으면 쉬운 것이다. 정해진 표적이 있으면 예나 봉몽이라도 다섯 치의 과녁 맞히는 것을 교묘하다고 하지만, 정해진 표적이 없으면 아무렇게나 쏘아서 미세한 물체 맞히는 것을 졸(拙)이라 한다.

헤아리지 않고 응하면 변사는 화려하게 말을 구사한다. 잘 헤아려서 그것을 지키면 비록 지자라 할지라도 잃을까 두려

워하고, 감히 망령된 말을 하지 않는다. 이제 군주가 유세하는 것을 들으면서 헤아리지 않고 그 변설을 듣는다. 실제의 공은 재보지도 않고 행동을 칭찬하므로 형평에 들어맞지 않는다. 이것이야말로 군주가 오래도록 속임당하는 까닭이며 변설하는 자가 언제까지나 녹을 받게 되는 이유이다.

夫新砥礪殺矢, 彀弩而射, 雖冥而妄發, 其端未嘗不中秋毫也, 然而莫能復其處, 不可謂善射, 無常儀之也. 設五寸之的, 引十步之遠, 非羿·逢蒙不能必全者, 有常儀之也. 有度難而無度易也. 有常儀的, 則羿·逢蒙以五寸爲巧; 無常儀的, 則以妄發而中秋毫爲拙. 故無度而應之, 則辯士繁說; 設度而持之, 雖知者猶畏失也, 不敢妄言. 今人主聽說, 不應之以度而說其辯; 不度以功, 譽其行而不入關. 此人主所以長欺, 而說者所以長養也.

부신지려살시, 구노이사, 수명이망발, 기단미상불중추호야, 연이막능복기처, 불가위선사, 무상의적야. 설오촌지적, 인십보지원, 비예·봉몽불능필전자, 유상의적야. 유탁난이무탁이야. 유상의적, 즉예·봉몽이오촌위교; 무상의적, 즉이망발이중추호위졸. 고무탁이응지, 즉변사번설; 설도이지지, 수지자유외실야, 불감망언. 금인주청설, 불응지이탁이설기변; 부탁이공, 예기행이불입관. 차인주소이장기, 이설자소이장양야.

「外儲說左上」

「외저설좌상」

도와 법은 완벽하나, 지혜나 재능은 실패의 원인이다

도와 법에 의존하면 모두 완벽하지만, 지혜나 재능에 의존하면 실패가 많다. 대저 저울대를 매달아 평형 상태를 알고 규구(둥근 자)를 마련하여 원형을 아는 일이 완벽한 방법이다. 현명한 군주는 백성으로 하여금 도의 이유를 알게 하기 때문에 편안하게 성과를 거둘 수 있다. 규구를 버리고 재주에 맡기거나 법을 버리고 지능에 맡기는 것은 혼란을 부르는 방법이다. 혼미한 군주는 백성으로 하여금 재능만을 꾸며 보이도록 시키고, 도의 이유를 알지 못하게 하기 때문에 힘들게 애만 쓰고도 성과가 없는 것이다.

> 道法萬全, 智能多失. 夫懸衡而知平, 設規而知圓, 萬全之道也. 明主
> 도법만전, 지능다실. 부현형이지평, 설규이지원, 만전지도야. 명주
> 使民飾於道之故, 故佚而有功. 釋規而任巧, 釋法而任智, 惑亂之道也,
> 사민식어도지고, 고일이유공. 석규이임교, 석법이임지, 혹란지도야,
> 亂主使民飾於智, 不知道之故, 故勞而無功.　　　　　　　　　「飾邪」
> 난주사민식어지, 부지도지고, 고노이무공.　　　　　　　　　「식사」

공적인 법이 나라를 지키는 도구이다

모든 망한 나라들은 여러 신하와 관리들이 혼란해지는 쪽으로만 힘을 쓰고 다스려지는 쪽으로는 힘을 쓰지 않기 때문입니다. 나라가 어지러워지고 약해지고 있는데 거기에 또 국

법을 버려두고 밖에서 사사로운 이익을 꾀한다면 이는 마치 땔나무를 짊어지고 불 끄러 들어가는 것과 같아서 더욱 심하게 어지러워지고 쇠약해질 것입니다. 그렇기 때문에 오늘날 사적인 왜곡을 버리게 하고 공적인 법을 따르도록 한다면 백성은 안정되고 나라도 다스려질 것입니다. 사적인 행동을 취하지 못하게 하고 공적인 법을 지켜 나가게 한다면 군대가 강해지고 적은 약해질 것입니다. 그러므로 법도가 정한 바를 잘 지킬 사람을 신중하게 가려내 여러 신하들의 윗자리에 앉혀 둔다면 그 군주가 거짓말에 속임당하지 않을 것입니다. 또한 일의 경중을 잘 저울질하는 사람을 신중하게 가려내 먼 바깥쪽 일을 맡긴다면 그 군주가 천하 정세의 경중에 대하여 속임을 당하지 않게 됩니다.

今皆亡國者, 其群臣官吏皆務所以亂而不務所以治也. 其國亂弱矣,
금개망국자, 기군신관리개무소이란이불무소이치야. 기국란약의,
又皆釋國法而私其外, 則是負薪而救火也, 亂弱甚矣! 故當今之時, 能
우개석국법이사기외, 즉시부신이구화야, 난약심의! 고당금지시, 능
去私曲 · 就公法者, 民安而國治; 能去私行 · 行公法者, 則兵强而敵
거사곡 · 취공법자, 민안이국치; 능거사행 · 행공법자, 즉병강이적
弱. 故審得失有法度之制者, 加以群臣之上, 則主不可欺以詐僞; 審得
약. 고심득실유법도지제자, 가이군신지상, 즉주불가기이사위; 심득
失有權衡之稱者, 以聽遠事, 則主不可欺以天下之輕重.　　　「有度」

실유권형지칭자, 이청원사, 즉주불가기이천하지경중.　　　「유도」

엄한 법으로 다스려야 백성이 따른다

만일 불량한 자식이 있어 부모가 노해도 고치려 하지 않고 마을 사람이 꾸짖어도 끄떡도 하지 않으며 스승이나 어른이 가르쳐도 바꾸려 하지 않는다고 하자. 도대체 부모의 사랑과 마을 사람의 지도와 스승이나 어른의 지혜라는 세 가지 미덕이 가해져도 끝내 움직이지 않고 별끝만지도 고치지 않는다. 주(州)나 부(部)의 관리가 관병을 끌고 공법을 내세워 간악한 사람을 잡으려고 하면 그 연후에야 두려워하며 생각을 바꾸고 행동을 고치게 된다. 그러므로 부모의 사랑이 자식을 가르치기에 부족하며 반드시 관청의 엄한 형벌을 기다려야만 된다는 것은 백성이 본래 사랑에는 기어오르고 위협에는 듣기 때문이다.

높이가 얼마 안 되는 성곽을 누계(樓季)도 넘을 수 없는 것은 가파르기 때문이며, 천 인이나 되는 높은 산에서 절름발이 암양을 쉽게 칠 수 있는 것은 평이하기 때문이다. 그러므로 현명한 왕이라면 법을 험준하게 하며 형벌을 엄격하게 한다. 베나 비단 피류이 조금이면 보통사람도 버려 두지 않지만 황금이 백 일이면 도척(盜跖)도 줍지 않는다. 반드시 해가 안 된다면 조금이라도 버려 두지 않으나 반드시 해가 된다면 백 일이라도 줍지 않는다. 그러므로 현명한 군주는 처벌을 분명하게 한다. 이런 까닭으로 상은 후하게 틀림없이 하여 백성이 이득으로 여기도록 하는 것만 못하고, 벌은 중하게 반드시 행하여 백성이 두려워하도록 하는 것만 못하며, 법은 일정하게 확고히 하여 백성이 알도록 하는 것만 못하다. 그러므로 군주가 상을 베풂에 바꾸지 않고 처벌을 행함에 용서가 없으며, 칭찬이 그 상을 도와주고 비방이 그 벌에 따르게 된다면 어진 자나 어리석은 이가 모두 힘을 다하게 될 것이다.

今有不才之子, 父母怒之弗爲改, 鄕人譙之弗爲動, 師長敎之弗爲變. 夫
금유부재지자, 부모노지불위개, 향인초지불위동, 사장교지불위변. 부

以父母之愛, 鄕人之行 · 師長之智, 三美加焉, 而終不動, 其脛毛不改.
이부모지애, 향인지행 · 사장지지, 삼미가언, 이종부동, 기경모불개.

州部之吏, 操官兵, 推公法, 而求索姦人, 然後恐懼, 變其節, 易其行矣.
주부지리, 조관병, 추공법, 이구색간인, 연후공구, 변기절, 역기행의.

故父母之愛不足以敎子, 必待州部之嚴刑者, 民固驕於愛, 聽於威矣.
고부모지애부족이교자, 필대주부지엄형자, 민고교어애, 청어위의.

故十仞之城, 樓季弗能踰者, 峭也; 千仞之山, 跛牂易牧者, 夷也. 故明主峭其
고십인지성, 누계불능유자, 초야; 천인지산, 파장이목자, 이야. 고명주초기

法而嚴其刑也. 布帛尋常, 庸人不釋; 鑠金百溢, 盜跖不掇. 不必害, 則不釋
법이엄기형야. 포백심상, 용인불석; 삭금백일, 도척불철. 불필해, 즉불석

尋常; 必害手, 則不掇百溢. 故明主必其誅也. 是以賞莫如厚而信, 使民
심상; 필해수, 즉불철백일. 고명주필기주야. 시이상막여후이신, 사민

심상; 필해수, 즉불철백일. 고명주필기주야. 시이상막여후이신, 사민

利之; 罰莫如重而必, 使民畏之; 法莫如一而固, 使民知之. 故主施賞

리지; 벌막여중이필, 사민외지; 법막여일이고, 사민지지. 고주시상

不遷, 行誅無赦, 譽輔其賞, 毁隨其罰, 則賢, 不肖俱盡其力矣 「五蠹」

불천, 행주무사, 예보기상, 훼수기벌, 즉현, 불초구진기력의. 「오두」

법은 강해야 효용이 있다

초(楚)의 남쪽 땅 여수(麗水) 물 속에서 금이 나온다. 많은
사람들이 몰래 금을 캤다. 금을 캐지 못하게 금하는 법에 의
해 붙들리면 즉각 찢어 죽여 시장에 매달았다. 그 수가 대단
히 많아 [시체가] 강물을 막아 갈라져 흐르게 하여도 사람들
은 몰래 금 훔치는 일을 그만두지 않았다. 도대체 죄가 시장
에서 찢겨 죽기보다 더 무거운 것이 없는데도 오히려 그만두
지 않는 것은 반드시 붙들린다고 생각하지 않기 때문이다.

여기에 가령 어떤 사람이 있어 말하기를 "자네에게 천하
를 내주는 대신 자네를 죽일 것이다"라고 한다면 보통사람이
라도 받아들이지 않을 것이다. 대저 천하를 갖는 것은 큰 이
익이지만 오히려 그것을 받아들이지 않으려 하는 것은 반드
시 죽는다는 것을 알기 때문이다. 그러므로 반드시 붙들리는
것이 아니라고 하면 비록 찢어 죽인다 하여도 몰래 금을 훔치
는 일이 그치지 않을 것이다. 반드시 죽는다는 것을 안다면

천하를 갖는 일이라 하여도 하지 않을 것이다.

> 荊南之地, 麗水之中生金, 人多竊采金. 采金之禁: 得而輒辜磔於市, 甚衆,
>
> 형남지지, 여수지중생금, 인다절변금. 변금지금: 득이첩고책어불. 심중,
>
> 壅離其水也, 而人竊金不止. 夫罪莫重辜磔於市, 猶不止者, 不必得也. 故
>
> 옹리기수야, 이인절금부지. 부죄막중고책어시, 유부지자, 불필득야. 고
>
> 今有於此, 曰: "予汝天下而殺汝身." 庸人不爲也. 夫有天下, 大利也,
>
> 금유어차, 왈: "여여천하이살여신." 용인불위야. 부유천하, 대리야,
>
> 猶不爲者, 知必死. 故不必得也, 則雖辜磔, 竊金不止; 知必死, 則天下
>
> 유불위자, 지필사. 고불필득야, 즉수고책, 절금부지; 지필사, 즉천하
>
> 不爲也.   「內儲說上」
>
> 불위야.   「내저설상」

법 집행의 엄격함은 가깝거나 먼 사이를 가리지 않는다

이튿날 포륙(圃陸)에서 사냥하기로 명령하여 시각을 정오로 정하고 늦는 자를 군법으로 다스리게 하였다. 여기에 문공이 총애하는 전힐(顚頡)이라는 자가 시각에 늦었다. 관리가 죄줄 것을 청하자 문공은 눈물을 떨어뜨리며 슬퍼하였다. 관리가 말하기를 "일을 집행하게 해주십시오"라고 하였다. 드디어 전힐의 등을 베어 백성들에게 돌려 보임으로써 법 집행이 확실함을 밝혔다. 그런 뒤로는 백성들이 모두 두려워하며 "군주가 전힐을 소중히 여김이 그렇게 대단한데도 군주는 오

히려 법을 집행하였다. 하물며 우리들에게는 어떻게 하겠는가"라고 하였다.

　문공은 백성을 싸우게 할 수 있다고 생각하고, 군사를 일으켜 원(原)을 쳐서 이겼다. 위(衛)를 쳐서 그 밭두렁을 동쪽으로 향하게 만들어 오록(五鹿) 땅을 빼앗았다. 양(陽)을 공략하고 괵(虢)을 이기고 조(曹)를 쳤다. 남으로 나아가 정(鄭) 도성을 포위하여 성벽을 무너뜨렸다. 송(宋)을 포위했던 것을 풀고 되돌려 초(楚)의 군사와 성복(城濮)에서 싸워 초군을 대패시키고 천하를 발밑에 둔 맹주가 되어 돌아와 마침내 형옹(衡雍)의 대의(大義)를 성취하였다. 한번 일을 일으켜서 여덟 가지 공적을 이루었다. 그렇게 할 수 있었던 까닭은 다른 이유 없이 호언의 꾀에 따르고 전힐의 등을 빌렸기 때문이다.

明日令田於圃陸, 期以日中爲期, 後期者行軍法焉. 於是公有所愛者曰
명일령전어포륙, 기이일중위기, 후기자행군법언. 어시공유소애자왈

顚頡. 後期, 吏請其罪, 文公隕涕而憂. 吏曰: "請用事焉." 遂斬顚頡之脊,
전힐. 후기, 이청기죄, 문공운체이우. 이왈: "청용사언." 수참전힐지척,

以徇百姓, 以明法之信也. 而後百姓皆懼曰: "君於顚頡之貴重如彼甚也,
이순백성, 이명법지신야. 이후백성개구왈: "군어전힐지귀중여피심야,

而君猶行法焉, 況於我則何有矣." 文公見民之可戰也, 於是遂興兵伐
이군유행법언, 황어아즉하유의." 문공견민지가전야, 어시수흥병벌

原, 克之. 伐衛, 東其畝, 取五鹿. 攻陽, 勝虢. 伐曹, 南圍鄭, 反之陴. 罷宋
원, 극지. 伐衛, 東其畝, 取五鹿. 攻陽, 勝虢. 伐曹, 南圍鄭, 反之陴. 罷宋

원, 극지. 벌위, 동기무, 취오록. 공양. 승괵. 벌조. 남위정, 반지비. 파송

圍. 還與荊人戰城濮, 大敗荊人, 返爲踐土之盟, 遂成衡雍之義. 一擧而八

위. 환여형인전성복, 대패형인, 반위천토지맹, 수성형옹지의. 일거이팔

有功. 所以然者, 無他故異物, 從狐偃之謀, 假顚頡之脊也.「外儲說右上」

유공. 소이연자, 무타고이물, 종호언지모, 가전힐지척야.「외저설우상」

법이야말로 국가 흥망성쇠의 원인이다

잘 다스려지고 강해지는 것은 법에서 생기고, 약해지고 어
지러워지는 것은 법이 바르지 못한 데서 생긴다. 군주가 이
점에 밝다면 상벌이 엄격하고 아랫사람들에게 인자하지 않
을 것이다. 작위와 봉록은 공적에 따라 생기고 형벌은 지은
죄에 따라 받는다. 신하가 여기에 밝다면 죽을 힘을 들여 군
주를 위하여 충성하지는 않을 것이다. 군주가 인자하지 않은
데에 철저하고 신하가 충성스럽지 않은 데에 철저하면 가히
왕 노릇을 할 수 있을 것이다. 소양왕(昭襄王)은 군주의 처지
를 알기 때문에 다섯 동산을 개방하지 않았다. 전유(田鮪)는
신하의 처지를 알기 때문에 전장(田章)을 가르쳤다. 그리고
공의휴(公儀休)는 바친 생선을 거절하였다.

> 治强生於法, 弱亂生於阿, 君明於此, 則正賞罰而非仁下也. 爵祿生於
>
> 치강생어법, 약란생어아, 군명어차, 즉정상벌이비인하야. 작록생어
>
> 功, 誅罰生於罪, 臣明於此, 則盡死力而非忠君也. 君通於不仁, 臣通

공, 주벌생어죄, 신명어차, 즉진사력이비충군야. 군통어불인, 신통

於不忠, 則可以王矣. 昭襄知主情而不發五苑, 田鮪知臣情故教田章, 而

어불충, 즉가이왕의. 소양지주정이불발오원, 전유지신정고교전장, 이

公儀辭魚.　　　　　　　　　　　　　　　　　「外儲說右下」

공의사어.　　　　　　　　　　　　　　　　　「외저설우하」

강한 법은 처음에는 손해가 오는 것 같으나, 길게 보면 이익이 온다

지금 집안 사람이 살림을 꾸려 나가면서 서로 굶주림과 추위를 참아내고 서로 고생하며 힘쓰면 비록 전쟁의 어려움이나 기근의 재앙을 당하더라도 따뜻하게 옷입고 맛있는 음식을 먹는 것은 반드시 이런 집안일 것이다. [한편] 서로 동정하여 입고 먹으며 서로 베풀어 편하게 즐긴다면 흉년이 들어 처를 시집보내고 자식을 팔아먹는 것은 반드시 이런 집안일 것이다.

그러므로 법을 가지고 도를 삼으면 처음에는 고생이 되지만 장기적인 이득이 있다. 인을 가지고 도를 삼으면 즐겁겠지만 뒤에는 궁해진다. 성인은 그 경중을 저울질하여 큰 이득 쪽을 취한다. 그러므로 법을 써서 서로 참아내며 어진 사람이 서로 동정하는 것을 버린다. 학자들은 모두 "형벌을 경감하라"고 말한다. 이것은 어지럽히고 망하게 하는 술수다. 무릇

상벌을 확실히 행한다는 것은 권하고 금하기 위함이다. 상이 후하면 바라는 것을 빨리 얻고 벌이 중하면 싫어하는 것을 빨리 금할 수 있다.

이득을 바라는 자는 반드시 해악을 싫어한다. 해악이란 것은 이득의 반대다. 바라는 것에 반한다면 어찌 싫어하지 않을 수가 있겠는가? 다스려지기를 바라는 자는 반드시 난을 싫어한다. 난이란 것은 치의 반대다. 이런 까닭으로 다스려지기를 강하게 바라는 자는 상이 반드시 후하며 난을 강하게 싫어하는 자는 벌이 반드시 중하다. 지금 형벌 경감을 취하는 자는 난을 싫어함이 강하지 않으며 다스려지기를 바라는 마음 또한 강하지 않은 것이다. 이것은 다만 술책이 없을 뿐만 아니라 이득도 없다. 이런 까닭으로 현·불초나 우와 지를 가리는 계책은 상벌의 경중에 달려 있다고 하는 것이다.

> 今家人之治産也, 相忍以飢寒, 相强以勞苦, 雖犯軍旅之難, 饑饉之患,
> 금가인지치산야, 상인이기한, 상강이노고, 수범군려지난, 기근지환,
> 溫衣美食者, 必是家也; 相憐以衣食, 相惠以佚樂, 天饑歲荒, 嫁妻賣
> 온의미식자, 필시가야; 상련이의식, 상혜이일락, 천기세황, 가처매
> 子者, 必是家也. 故法之爲道, 前苦而長利; 仁之爲道, 偸樂而後窮. 聖
> 자자, 필시가야. 고법지위도, 전고이장리; 인지위도, 투락이후궁. 성
> 人權其輕重, 出其大利, 故用法之相忍, 而棄仁人之相憐也. 學者之言
> 인권기경중, 출기대리, 고용법지상인, 이기인인지상련야. 학자지언

皆曰: "輕刑." 此亂亡之術也. 凡賞罰之必者, 勸禁也. 賞厚, 則所欲之

개왈: "경형." 차난망지술야. 범상벌지필자, 권금야. 상후, 즉소욕지

得也疾; 罰重, 則所惡之禁也急. 夫欲利者必惡害, 害者, 利之反也. 反

득야질; 벌중, 즉소악지금야급. 부욕리자필오해, 해자, 이지반야. 반

於所欲, 焉得無惡? 欲治者必惡亂, 亂者, 治之反也. 是故欲治甚者, 其

어소욕, 언득무오? 욕치자필오란, 난자, 치지반야. 시고욕치심자, 기

賞必厚矣; 其惡亂甚者, 其罰必重矣. 今取於輕刑者, 其惡亂不甚也,

상필후의; 기오란심자, 기벌필중의. 금취어경형자, 기오란불심야,

其欲治又不甚也. 此非特無術也, 又乃無行. 是故決賢 · 不肖 · 愚 · 知

기욕치우불심야. 차비특무술야, 우내무행. 시고결현 · 불초 · 우 · 지

之美, 在賞罰之輕重 「六反」

지미, 재상벌지경중 「육반」

어렵지 않은 법과 해가 없는 공적은 이 세상에는 없다

　법은 일을 규정하는 수단이며 일은 성과를 드러내는 수단
이다. 법이 세워져서 어려움이 있더라도 그 어려움을 헤아려
일이 이루어진다면 그것을 세운다. 일이 이루어져서 피해가
있더라도 그 피해를 헤아려 성과가 많다면 그 일을 한다. 어
렵지 않은 법이나 피해 없는 성과는 천하에 있지 않다. 이런
까닭으로 천 장 길이의 도성을 빼앗고 십만의 많은 군대를 쳐
부술 때 사상자가 군 전체의 절반이나 되고 갑옷과 창칼이 꺾

이고 사졸들이 죽거나 다치더라도 싸워 이겨 토지 얻은 것을 좋아함은 작은 손해를 넘어서 큰 이득을 계산하기 때문이다.

머리를 감을 경우 버리는 머리털이 있고 [상처를] 치료할 경우 피 흘리고 살을 상하게 된다. 만일 사람이 어려움을 보고 그 일을 그만두려 한다면 이는 술을 익히지 못한 것이다. 옛 성인이 이르는 말에 "원을 그리는 자가 닳아 없어지고 수평을 잡는 계기가 흔들린다. 내가 그것을 바꾸려 하여도 어찌할 수가 없다"고 하였다. 이것은 권(權)에 통하는 말이다. 그런 까닭으로 논설에 논리가 서더라도 사실과 먼 것이 있다. 언론에 말이 서투르더라도 실용은 긴요한 것도 있다. 그러므로 성인은 폐해가 없는 말을 추구하지 않고 바꿀 수 없는 일에 힘쓴다.

> 法所以制事, 事所以名功也. 法立而有難, 權其難而事成, 則立之; 事
> 법소이제사, 사소이명공야. 법립이유난, 권기난이사성, 즉립지; 사
> 成而有害, 權其害而功多, 則爲之. 無難之法, 無害之功, 天下無有也.
> 성이유해, 권기해이공다, 즉위지. 무난지법, 무해지공, 천하무유야.
> 是以拔千丈之都, 敗十萬之衆, 死傷者軍之乘, 甲兵折挫, 士卒死傷,
> 시이발천장지도, 패십만지중, 사상자군지승, 갑병절좌, 사졸사상,
> 而賀戰勝得地者, 出其小害計其大利也. 夫沐者有棄髮, 除者傷血肉.
> 이하전승득지자, 출기소해계기대리야. 부목자유기발, 제자상혈육.
> 爲人見其難, 因釋其業, 是無術之事也. 先聖有言曰: "規有摩而水有

위인건기난, 인석기업, 시무술지사야. 선성유언왈: "규유마이수유

波, 我欲更之, 無奈之何!" 此通權之言也. 是以說有必立而曠於實者,

파, 아욕갱지, 무내지하!" 차통권지언야. 시이설유필립이광어실자,

言有辭拙而急於用者. 故聖人不求無害之言, 而務無易之事.　　「八說」

언유사졸이급어용자. 고성인부구무해지언, 이무무역지사.　　「팔설」

법의 요체는 시대에 동떨어진 법을 바꾸는 변법에 있다

　백성의 본성은 노고를 싫어하고 안일을 좋아한다. 안일하면 거칠어지며 거칠면 다스려지지 않고 다스리지 못하면 어지러워진다. 그러면서 상벌이 아래에 행해지지 못할 경우 반드시 막혀 버린다. 그러므로 큰 공을 올리려 하여도 힘 다하기를 꺼릴 경우 큰 공 올리기를 기대할 수 없다. 법을 다스리려 하여도 그 옛 [법] 바꾸기를 망설일 경우 백성의 어지러움이 다스려지기를 기대할 수 없다. 그러므로 백성을 다스림에 일정한 법이 없으며 오직 다스리기만 하면 법이 된다. 법이 때와 함께 바뀌면 다스려지고 다스림이 세상과 들어맞으면 공이 있다. 그러므로 백성이 순박하였던 때는 형벌로써 다잡아야 따르게 된다. 때는 옮겨가더라도 법이 바뀌지 않을 경우 어지러워지고, 재간이 많아지더라도 금제가 변하지 않을 경우 깎여 버린다. 그러므로 성인이 백성을 다스림에 있어 법은 때와 함께 옮기고 금제는 재간과 함께 변한다.

夫民之性, 惡勞而樂佚. 佚則荒, 荒則不治, 不治則亂, 而賞刑不行於

부민지성, 오노이락일. 일즉황, 황즉불치, 불치즉란, 이상형불행어

天下者必塞. 故欲舉大功而難致而力者, 大功不可幾而舉也; 欲治其法

천하자필새. 고욕거대공이난치이력자, 대공불가기이거야; 욕치기법

而難變其故者, 民亂不可幾而治也. 故治民無常, 唯治爲法. 法與時轉

이난변기고자, 민란불가기이치야. 고치민무상, 유치위법. 법여시전

則治, 治與世宜則有功. 故民樸而禁之以名則治, 世知維之以刑則從.

즉치, 치여세의즉유공. 고민박이금지이명즉치, 세지유지이형즉종.

時移而治不易者亂, 能治衆而禁不變者削. 故聖人之治民治, 法與時

시이이치불이자란, 능치중이금불변자삭. 고성인지치민치, 법여시

移而禁與能變.   「心度」

이이금여능변.   「심도」

술(術)

형벌과 상은 군주가 갖는 두 개의 칼자루이다

현명한 군주가 신하를 제어(制御)하기 위하여 의존할 것은 두 개의 칼자루(二柄) 뿐이다. 두 개의 칼자루란 형(刑)과 덕(德)이다. 무엇을 일컬어 형과 덕이라고 하는가. 처벌하고 죽이는 것을 형이라 하고 칭찬하고 상주는 것을 가리켜 덕이라한다. 신하된 자는 죽임당하고 벌 받는 것을 두려워하고 상받는 것을 이익으로 생각한다. 그러므로 군주 자신이 직접 형을 집행하고 덕을 베푼다면 신하들은 그 위세를 두려워하며이익 쪽으로 향해 갈 것이다. 그러나 세상의 사악한 신하는그렇지가 않다. 자기가 미워하는 자에 대해서는 군주로부터교묘하게 권한을 얻어서 처벌하고 자기가 좋아하는 자에 대해서는 또한 군주로부터 교묘하게 권한을 얻어서 상을 준다. 만일 군주가 상벌의 이득과 위력을 직접 자신이 행사하지 않고, 신하에게 상벌을 행하도록 한다면 온 나라 사람이 모두 그 신하만을 무서워하고 군주를 쉽게 보며 신하에게로 향하고 군주를 버리게 될 것이다. 이것이야말로 군주가 상벌의 권한을 잃어서 생기는 환란이다. 호랑이가 능히 개를 굴복시킬 수 있는 까닭은 발톱과 어금니를 가졌기 때문이다. 가령 호랑이가 발톱과 어금니를 버리고 개에게 그것을 쓰도록 한다면 호랑이가 도리어 개에게 굴복할 것이다. 군주란 형과 덕을 가지고 신하를 제압하는 자이다. 만일 군주가 형과 덕의 권한을 놓아두고 신하로 하여금 그것을 쓰도록 한다면 군주는 도리어 신하에게 제압 당할 것이다.

明主之所導制其臣者, 二柄而已矣. 二柄者, 刑德也. 何謂刑德? 曰: 殺
명주지소도제기신자, 이병이이의. 이병자, 형덕야. 하위형덕? 왈: 살
戮之謂刑, 慶賞之謂德. 爲人臣者畏誅罰而利慶賞, 故人主自用其刑
륙지위형, 경상지위덕. 위인신자외주벌이리경상, 고인주자용기형
德, 則群臣畏其威而歸其利矣. 故世之姦臣則不然: 所惡, 則能得之其
덕, 즉군신외기위이귀기리의. 고세지간신즉불연: 소악, 즉능득지기
主而罪之; 所愛, 則能得之其主而賞之; 今人主非使賞罰之威利出於已
주이죄지; 소애, 즉능득지기주이상지; 금인주비사상벌지위리출어이
也, 聽其臣而行其賞罰, 則一國之人皆畏其臣而易其君, 歸其臣而去
야, 청기신이행기상벌, 즉일국지인개외기신이이기군, 귀기신이거

야, 청기신이행기상벌, 즉일국지인개외기신이이기군, 귀기신이거

其君矣. 此人主失刑德之患也. 夫虎之所以能服狗者, 爪牙也. 使虎釋

기군의. 차인주실형덕지환야. 부호지소이능복구자, 조아야. 사호석

其爪牙而使狗用之, 則虎反服於狗矣. 人主者, 以刑德制臣者也, 今君

기조아이사구용지, 즉호반복어구의. 인주자, 이형덕제신자야, 금군

人者釋其刑德而使臣用之, 則君反制於臣矣.`   「二柄」

인자석기형덕이사신용지, 즉군반제어신의.   「이병」

군주는 상과 벌로써 신하를 장악해야 한다

　환공은 군주가 사람을 찾는 것이 고생스럽다고 여긴다. 어찌 사람 찾는 일이 고생스러운가. 이윤(伊尹)은 스스로 요리사가 됨으로써 탕(湯)에게 벼슬을 구하고, 백리해(百里奚)는 스스로 종이 됨으로써 목공(穆公)에게 벼슬을 구하였다. 종이 되는 것은 욕된 것이며 요리사는 부끄러운 것이다. 부끄러움과 욕됨을 무릅쓰고 군주에게 접근하려는 것은 현자의 세상 걱정이 다급해서이다. 그런즉 군주 된 자는 현자를 저버리지 않으면 그만일 따름이다. 현자를 찾는 일이 군주의 어려움은 되지 않는다. 또한 관직은 현자를 임용하는 수단이며 작록은 공을 상주는 수단이다. 관직을 마련하여 작록을 펼쳐 놓으면 인사들이 저절로 모여든다. 군주 된 자에게 어찌 그것이 고생스럽겠는가. 사람을 부리는 일 또한 편안하지는 않다. 군주가 비

록 사람을 부린다 하더라도 반드시 법도로써 기준을 삼아야 하고 형명(刑名)으로써 확인하여야 된다. 사업이 법에 들어맞으면 실행하도록 하고 맞지 않으면 중지시킨다. 공적이 그 말과 일치하면 상주고 일치하지 못하면 처벌한다. 형명으로 신하를 장악하고 법도로써 아랫사람을 단속하는 일은 풀어 둘 수 없는 것이다. 군주된 자가 어찌 편안할 것인가?

桓公以君人爲勞於索人, 何索人爲勞哉? 伊尹自以爲宰干湯, 百里奚
환공이군인위노어색인, 하색인위노재? 이윤자이위재간탕, 백리해

自以爲虜干穆公. 虜, 所辱也; 宰, 所羞也. 蒙羞辱而接君上, 賢者之憂
자이위노간목공. 노, 소욕야; 재, 소수야. 몽수욕이접군상, 현자지우

世急也. 然則君人者無逆賢而已矣, 索賢不爲人主難. 且官職, 所以任
세급야. 연즉군인자무역현이이의, 색현불위인주난. 차관직, 소이임

賢也; 爵祿, 所以賞功也. 設官職, 陳爵祿, 而士自至, 君人者奚其勞
현야; 작록, 소이상공야. 설관직, 진작록, 이사자지, 군인자해기로

哉? 使人又非所佚也. 人主雖使人, 必以度量準之, 以刑名參之; 以事
재? 사인우비소일야. 인주수사인, 필이도량준지, 이형명참지; 이사

遇於法則行, 不遇於法則止; 功當其言則賞, 不當則誅. 以刑名收臣,
우어법즉행, 불우어법즉지; 공당기언즉상, 부당즉주. 이형명수신,

以度量準下, 此不可釋也, 君人者焉佚哉?   「難二」
이도량준하, 차불가석야, 군인자언일재?   「난이」

212 _ 2부 본문

상과 벌은 명분에 따라야 한다

하나인 도를 사용하는 데 명분이 으뜸이다. 명분이 바로 서면 사물이 안정되고 명분이 비뚤어지면 사물이 흔들린다. 그러므로 성인은 유일한 원칙인 하나(一)를 잡고서 조용하게 기다리며, 신하로 하여금 스스로 명분을 밝히게 하고 스스로 일을 처리하도록 하였다. 군주가 자신의 성향을 꾸며 보이지 않으면 신하는 그 본바탕에 정직할 수 있다. 소질에 따라 임용하면 그들 스스로 힘써 일하게 되며, 능력에 따라서 직책을 수면 그들 스스로 천거한다. 바른 자세로 대처하면 모두들 스스로 자리 잡게 할 수 있다. 군주는 명분을 가지고 신하를 기용하며 내세울 명분이 분명치 않을 경우에는 드러난 성과에 따라 다시 검토한다. 성과와 명분이 서로 일치하는가의 여부를 비추어 그에 알맞은 상과 벌을 실시한다. 상과 벌 두 가지 일이 확실하게 행해지면 신하는 자기 자신을 숨김없이 다 드러낼 것이다. 맡은 일을 신중히 하고 결과는 하늘에 맡긴다. 그 요체를 놓치지 않아야만 성인이라 할 수 있다. 성인이 취할 통치방식은 지혜와 기교를 버리는 것이다. 지혜와 기교를 버리지 않으면 상도(常道)라고 하기 어렵다. 만일 백성이 지혜와 조용함을 사용하면 자기 자신에게 많은 재앙이 닥칠 것이며, 군주가 그것을 사용하면 나라가 망할 것이다. 그러므로 천지자연의 도라는 법칙에 따르고 실제 사물의 원리로 돌아가서 관찰과

점검을 끝에서도 처음같이 해야 한다. 마음을 비우고 조용히 기다려 남의 앞에 서지 않으며 자기 임의대로 한 적은 없다. 무릇 군주의 우환은 반드시 신하가 하는 일에 끝까지 동조하는 데서 일어난다. 신하의 언동을 믿어 주기만 하고 동조를 하지 않으면 모든 사람이 하나같이 따를 것이다.

用一之道, 以名爲首, 名正物定, 名倚物徙. 故聖人執一以靜, 使
용일지도, 이명위수, 명정물정, 명의물사. 고성인집일이정, 사

名自命, 令事自定. 不見其采, 下故素正. 因而任之, 使自事之; 因
명자명, 령사자정. 불견기채, 하고소정. 인이임지, 사자사지; 인

而予之, 彼將自擧之; 正與處之, 使皆自定之. 上以名擧之, 不知
이여지, 피장자거지; 정여처지, 사개자정지. 상이명거지, 부지

其名, 復修其形. 形名參同, 用其所生. 二者誠信, 下乃貢情. 謹修
기명, 부수기형. 형명참동, 용기소생. 이자성신, 하내공정. 근수

所事, 待命於天. 毋失其要, 乃爲聖人. 聖人之道, 去智與巧, 智巧
소사, 대명어천. 무실기요, 내위성인. 성인지도, 거지여교, 지교

不去, 難以爲常. 民人用之, 其身多殃; 主上用之, 其國危亡. 因天
불거, 난이위상. 민인용지, 기신다앙; 주상용지, 기국위망. 인천

之道, 反形之理, 督參鞠之, 終則有始. 虛以靜後, 未嘗用已. 凡上
지도, 반형지리, 독참국지, 종즉유시. 허이정후, 미상용이. 범상

之患, 必同其端; 信而勿同, 萬民一從.   「揚權」
지환, 필동기단; 신이물동, 만민일종.   「양권」

상은 적게 하고, 벌은 엄격하게 하라

조정의 일은 작은 것이라도 깨뜨리지 않고 공을 다하여 관작을 얻으며, 조정 안에 비록 치우치는 의견이 있더라도 그것으로 서로 범할 수 없다면 이를 일러 술(術)로써 다스리는 정치라고 한다. 힘으로 치는 자는 하나를 내어 열을 얻으나 말로 치는 자는 열을 내어도 백을 잃는다. 나라가 힘을 좋아하면 이것을 일러 치기가 어렵다고 한다. 나라가 [빈] 말만을 좋아하면 이것을 일러 치기가 쉽다고 한다. 능력이 그 관직을 능히 수행하고 맡은 일이 가볍더라도 남은 힘을 마음에 두지 않고 겸직의 책임을 군주에게 지우지 않는다면 국내에 원한을 품은 자가 없을 것이다. 현명한 군주는 일을 서로 범하지 못하게 하므로 분쟁이 없으며, 인사들로 하여금 같은 공을 노리지 않게 하므로 다툼이 없다. 형을 무겁게 하고 상을 적게 하면 위가 백성을 사랑하는 것이 되므로 백성은 상을 타기 위해 죽는다. 상을 많게 하고 형을 가볍게 하면 위가 백성을 사랑하지 않는 것이 되므로 백성은 상 때문에 죽지 않는다.

朝廷之事, 小者不毀, 效功官爵, 廷雖有辟言, 不得以相干也, 是謂以數
조정지사, 소자불훼, 효공관작, 정수유벽언, 부득이상간야, 시위이수
治. 以力攻者, 出一取十; 以言攻者, 出十喪百. 國好力, 此謂以難攻;
치. 이력공자, 출일취십; 이언공자, 출십상백. 국호력, 차위이난공;
國好言, 此謂以易攻. 其能, 勝其害, 輕其任, 而道壞餘力於心, 莫負乘

국호언, 차위이이공. 기능, 승기해, 경기임, 이도괴여력어심, 막부승

官之責於君. 內無伏怨, 使明者不相干, 故莫訟; 使士不兼官, 故技長;

궁지책어군. 내무복원, 사명자불상간, 고막송; 사사불겸관, 고기장;

使人不同功, 故莫爭. 言此謂易攻. 重刑少賞, 上愛民, 民死賞; 多賞輕

사인부동공, 고막쟁. 언차위이이공. 중형소상, 상애민, 민사상; 다상경

刑, 上不愛民, 民不死賞.　　　　　　　　　　　　　　　　　　「飭令」

형, 상불애민, 민불사상.　　　　　　　　　　　　　　　　　　「칙령」

술을 잘쓰면 힘 들이지 않고도 잘 다스릴 수 있다

조보(造父)가 막 김을 매고 있을 때 어떤 부자가 수레를 타고 지나가는 것을 보았는데, 말이 놀라 앞으로 나아가지 않았다. 그 아들이 수레에서 내려 말을 끌고 아버지도 내려서 수레를 밀다가 조보에게 수레 미는 것을 도와 달라고 청하였다. 그래서 조보가 농기구를 거두어 일을 멈추고 수레에 올라타 그 부자의 손을 끌어 타게 하였다. 이내 고삐를 졸라매고 채찍을 들었는데 아직 쓰기도 전에 말이 일제히 달리기 시작하였다. 만일 조보로 하여금 말을 부릴 수 있도록 하지 않았다면 비록 힘을 다 들여 몸이 지치도록 그들을 도와 수레를 밀더라도 오히려 말을 나아가게 하지 못하였을 것이다. 지금 몸을 편안히 하고 또 수레를 탄 채로 남에게 덕을 보일 수 있는 것은 술(術)이 있어서 그것을 부릴 수 있었기 때문이다. 그래

서 나라란 군주의 수레이며 세란 군주의 말이다. 술 없이 이를 부리면 몸은 비록 지치지만 어지럽혀지는 데서 면하지 못한다. 술로써 이를 부리면 몸은 안락한 처지에 두고 또한 제왕의 공적을 다할 수 있다.

造父方耨, 得有子父乘車過者, 馬驚而不行, 其子下車牽馬, 父子推車,
조부방누, 득유자부승거과자, 마경이불행, 기자하거견마, 부자추거,
請造父助我推車. 造父因收器, 報而寄載之, 援其子之乘, 乃始檢轡持筴,
청조부조아추거. 조부인수기, 철이기재지, 원기자지승, 내시검비지협,
未之用也, 而馬轡驚矣. 使造父而不能御, 雖盡力勞身助之推車, 馬猶不
미지용야, 이마비경의. 사조부이불능어, 수진력노신조지추거, 마유불
肯行也. 今使身佚, 且寄載, 有德於人者, 有術而御之也. 故國者, 君之
긍행야. 금사신일, 차기재, 유덕어인자, 유술이어지야. 고국자, 군지
車也; 勢者, 君之馬也. 無術以御之, 身雖勞, 猶不免亂; 有術以御之,
거야; 세자, 군지마야. 무술이어지, 신수로, 유불면란; 유술이어지,
身處佚樂之地, 又致帝王之功也.   「外儲說右下」
신처일락지지, 우치제왕지공야.   「외저설우하」

법가의 술과 유가적 덕치관념은 모순되는 것이다

어떤 이가 유자(儒子)에게 묻기를 "마침 그때 요(堯)는 어디에 있었는가"라고 하였다. 그 사람이 "요는 천자였다"고 말하였다. "그렇다면 공자가 요를 성인이라 부른 것은 어찌

된 일인가. 성인이 군주 자리에서 밝혀 살피는 것은 장차 천하에 간악한 일이 없도록 하려는 것이다. 만약에 농사 짓고 고기 잡음에 다툼이 없고 질그릇이 깨지지 않는다면 순이 또 무슨 덕을 베풀어서 감화를 시키겠는가. 순을 현인이라 한다면 요의 명찰(明察)이 있을 수 없고 요를 성인이라 한다면 순의 덕화(德化)가 있을 수 없다. 두 가지를 동시에 얻을 수는 없다. 초(楚) 사람으로 방패와 창을 파는 자가 있었다. 방패를 자랑하여 말하기를 '내 방패는 단단하여 꿰뚫을 수가 없다'고 하였다. 또 그 창을 자랑하여 '내 창이 날카로워 어떤 물건도 꿰뚫지 못하는 것이 없다'고 하였다. 어떤 이가 말하기를 '너의 창으로 네 방패를 뚫으면 어찌되는가' 라고 물었다. 그 사람은 대답할 수가 없었다. 도대체 꿰뚫을 수 없는 방패와 뚫지 못함이 없는 창은 같은 시대에 존재할 수가 없다.

지금 요와 순 양쪽을 동시에 칭찬할 수 없는 것이 바로 창과 방패에 얽힌 이론이다. 또한 순이 폐풍을 바로잡았다고 하는 이야기도 일 년 걸려 한 가지 잘못을 고치고 삼 년 걸려 세 가지 잘못을 고쳤다는 것이니, 순에게는 한계가 있으며 그 수명도 한계가 있어서 천하에 잘못이 그칠 때가 없을 것이다. 한계가 있는 몸을 가지고 그칠 줄 모르는 것을 쫓는다면 그만두게 할 수 있는 것이 적을 것이다.

상벌이란 천하 사람들을 반드시 행하도록 시키는 것이다.

명령하여 이르기를 '법에 맞는 자는 상주고 법에 안 맞는 자는 벌할 것이다'라고 한다면 영이 아침에 이르면 백성이 저녁에 변하고 저녁에 이르면 아침에 변하여 열흘이면 천하에 고루 다 미치게 될 것이다. 어찌 일 년을 기다리겠는가. 순은 오히려 이를 가지고 요를 설득하여 백성이 따라오게 하지 않고 자신이 몸소 행하였으니 술(術)을 터득하지 못하였던 것이 아닌가. 몸으로 직접 고생을 한 뒤에라야 백성을 감화시킬 수 있다는 것은 요순도 하기 어려운 일이다. 한편 권세 있는 자리에서 아랫사람을 다루는 것은 평범한 군주도 하기 쉬운 일이다. 장차 천하를 다스리려고 하면서 평범한 군주도 하기 쉬운 것을 버려두고 요순도 하기 어려운 일을 거치려 한다면 정사를 함께할 수 없다"고 하였다.

或問儒者曰: "方此時也, 堯安在?" 其人曰: "堯爲天子." "然則, 仲尼

혹문유자왈: "방차시야, 요안재?" 기인왈: "요위천자." "연즉, 중니

之聖堯奈何? 聖人明察在上位, 將使天下無姦也. 今耕漁不爭, 陶器

지성요내하? 성인명찰재상위, 장사천하무간야. 금경어부쟁, 도기

不窳, 舜又何德而化? 舜之救敗也, 則是堯有失也. 賢舜, 則去堯之明察;

불유, 순우하덕이화? 순지구패야, 즉시요유실야. 현순, 즉거요지명찰;

聖堯, 則去舜之德化: 不可兩得也. 楚人有鬻楯與矛者, 譽之曰: '吾楯之

성요, 즉거순지덕화: 불가량득야. 초인유죽순여모자, 예지왈: '오순지

堅, 物莫能陷也.' 又譽其矛曰: '吾矛之利, 於物無不陷也.' 或曰:

견, 물막능함야.' 우예기모왈: '오모지리, 어물무불함야.' 혹왈:

견, 물막능함야.' 우예기모왈: '오모지리, 어물무불함야.' 혹왈:

'以子之矛陷子之楯, 何如?' 其人弗能應也. 夫不可陷之楯與無不陷

'이자지모함자지순, 하여?' 기인불능응야. 부불가함지순여무불함

之矛, 不可同世而立. 今堯·舜之不可兩譽, 矛楯之說也. 且舜救敗,

지모, 불가동세이립. 금요·순지불가양예, 모순지설야. 차순구패,

朞年已一過, 三年已三過. 舜有盡, 壽有盡, 天下過無已者; 以有盡逐

기년이일과, 삼년이삼과. 순유진, 수유진, 천하과무이자; 이유진축

無已, 所止者寡矣. 賞罰, 使天下必行之. 令曰: '中程者賞, 弗中程者

무이, 소지자과의. 상벌, 사천하필행지. 영왈: '중정자상, 불중정자

誅.' 令朝至暮變, 暮至朝變, 十日而海內畢矣, 奚待朞年? 舜猶不以此

주.' 영조지모변, 모지조변, 십일이해내필의, 해대기년? 순유불이차

說堯令從己, 乃躬親, 不亦無術乎? 且夫以身爲苦而後化民者, 堯·舜

설요령종기, 내궁친, 불역무술호? 차부이신위고이후화민자, 요·순

之所難也: 處勢而驕下者, 庸主之所易也. 將治天下, 釋庸主之所易,

지소난야: 처세이교하자, 용주지소이야. 장치천하, 석용주지소이,

道堯·舜之所難, 未可與爲政也."   「難一」

도요·순지소난, 미가여위정야."   「난일」

벌은 엄격하게 집행해야 통한다

노(魯) 사람이 적택(積澤)에 불을 질렀다. 북풍이 세차게
불어와 불길이 남쪽으로 쏠리고 도성이 불탈 것 같았다. 애공

(哀公)이 걱정되어 몸소 많은 사람들을 이끌고 불을 끄도록
재촉하였다. 그러나 좌우 곁에 사람이 아무도 없고 모두 짐승
을 뒤쫓느라 불을 끄지 못하였다. 이에 공자를 불러서 물었
다. 공자가 말하기를 "대저 짐승을 쫓는 일은 즐거운데다 벌
을 받지도 않으며 불 끄는 일은 괴로운데다 상을 받지도 못합
니다. 이것이 바로 불을 끄지 못하는 까닭입니다"라고 하였
다. 애공이 말하기를 "그렇겠다"고 하였다. 공자가 다시 말하
기를 "일이 다급합니다. 상줄 여유가 없습니다. 불 끈 자에게
모두 상을 준다면 나라 형편이 그 사람들을 다 상주기에 부족
합니다. 다만 처벌만을 행하십시오"라고 하였다. 애공이 역
시 말하기를 "그렇겠다"고 하였다. 여기서 공자가 곧 명령을
내려 말하기를 "불을 끄지 못하는 자는 항복하거나 도망친
죄로 다스리고 짐승을 쫓는 자는 금역에 들어간 죄로 다스릴
것이다"라고 하였다. 명령이 내려지고 아직 두루 알려지기도
전에 불이 이미 다 꺼졌다.

魯人燒積澤. 天北風, 火南倚, 恐燒國. 哀公懼, 自將衆趣救火. 左右無
노인소적택. 천북풍, 화남의, 공소국. 애공구, 자장중취구화. 좌우무
人, 盡逐獸而火不救, 乃召問仲尼. 仲尼曰: "夫逐獸者樂而無罰, 救火
인, 진축수이화불구, 내소문중니. 중니왈: "부축수자락이무벌, 구화
者苦而無賞, 此火之所以無救也." 哀公曰: "善." 仲尼曰: "事急, 不
자고이무상, 차화지소이무구야." 애공왈: "선." 중니왈: "사급, 불

及以賞; 救火者盡賞之, 則國不足以賞於人. 請徒行罰." 哀公曰: "善."

급이상; 구화자진상지, 즉국부족이상어인. 청도행벌." 애공왈: "선."

於是仲尼乃下令曰: "不救火者, 比降北之罪; 逐獸者, 比入禁之罪."

어시중니내하령왈: "불구화자, 비강배지죄; 축수자, 비입금지죄."

令下未遍而火已救矣.　　　　　　　　　　　　　　　「內儲說上」

영하미편이화이구의.　　　　　　　　　　　　　　「내저설상」

세(勢)

어짊과 세는 모순되는 것이다

금지할 수 없는 현과 금지할 수 없는 것이 없는 세를 가지고 [양립시키려] 하는 것이 바로 창과 방패의 논리다. 대저 현과 세가 서로 받아들일 수 없다는 것은 또한 분명한 일이다.

以不可禁之賢與無不禁之勢, 此矛楯之說也. 夫賢勢之不相容亦明矣.

이불가금지현여무불금지세, 차모순지설야. 부현세지불상용역명의.

「難勢」

「난세」

군주의 세는 믿음에서 나오는 것이 아니다

세(勢)를 의지할 것이며 신(信)을 믿어서는 안 된다. 그러므로 동곽아(東郭牙)가 관중(管仲)을 비판하였다. 술(術)을 의지할 것이며 신을 믿어서는 안 된다. 그러므로 혼헌(渾軒)이 문공(文公)을 비난하였다. 따라서 술을 갖춘 군주는 반드시 상을 주어서 능력을 다하게 하고 반드시 벌을 주어서 사악함을 금하게 한다. 비록 불순한 일이 있더라도 반드시 이득을 보게 될 것이다. 간주(簡主)가 양호(陽虎)를 가신으로 삼고 애공(哀公)이 발 하나의 뜻을 물은 일이 있다.

> 恃勢而不恃信, 故東郭牙議管仲; 恃術而不恃信, 故渾軒非文公. 故有
> 시세이불시신, 고동곽아의관중; 시술이불시신, 고혼헌비문공. 고유
> 術之主, 信賞以盡能, 必罰以禁邪, 雖有敧行, 必得所利. 簡主之相陽虎,
> 술지주, 신상이진능, 필벌이금사, 수유박행, 필득소리. 간주지상양호,
> 哀公問"一足".   「外儲說左下」
> 애공문"일족".   「외저설좌하」

세는 까마귀 길들이는 것과 같다

권세를 가지고 족히 변화시키지 못하면 그를 제거해 버린다. 사광(師曠)의 대답과 안자(晏子)의 주장은 모두 세(勢)라고 하는 용이한 방법을 놓아두고 행하기 어려운 길을 따르려는 것이다. 이는 맨발로 짐승을 쫓는 것과 같아 우환을 제거할 줄 모른다. 우환을 제거할 수 있는 방법은 자하(子夏)가 『춘추(春秋)』를 해설한 말 속에 있다. "권세를 잘 지탱할 줄

아는 자는 그 간악한 싹을 빨리 잘라 버린다"고 한다. 그러므로 계손(季孫)은 공자를 꾸짖어 그 세가 자신과 맞선다고 하였다. 그런데 하물며 그것을 군주에게 두는 경우에 있어서랴. 이런 까닭으로 태공망(太公望)은 광율(狂矞)을 죽였으며 종들도 기(驥)라는 말은 타지 않았다. 설공(薛公)도 그 까닭을 알기 때문에 두 쌍둥이와 장기를 두었다. 이것은 모두 이해가 엇갈린다는 것을 알기 때문이다. 그러므로 현명한 군주가 신하 기르는 방법은 까마귀를 길들이는 예로 말할 수 있다.

不足以化則除之. 師曠之對, 晏子之說, 皆合勢之易也而道行之難, 是
부족이화즉제지. 사광지대, 안자지설, 개합세지이야이도행지난, 시

與獸逐走也, 未知除患. 患之可除, 在子夏之說春秋也: "善持勢者蚤
여수축주야, 미지제환. 환지가제, 재자하지설춘추야: "선지세자조

絶其姦萌," 故季孫讓仲尼以遇勢, 而況錯之於君乎? 是以太公望殺狂矞,
절기간맹." 고계손양중니이우세, 이황착지어군호? 시이태공망살광율,

而臧獲不乘驥. 嗣公知之, 故不駕鹿. 薛公知之, 故與二欒博. 此皆知同
이장획불승기. 사공지지, 고불가록. 설공지지, 고여이란박. 차개지동

異之反也. 故明主之牧臣也, 說在畜烏.　　　　　　　　　　　「外儲說右上」
이지반야. 고명주지목신야, 설재축오.　　　　　　　　　　　「외저설우상」

세는 호랑이의 날개와 같다

　"세란 것은 현자로 하여금 그것을 쓰도록 하고 어리석은

자로 하여금 그것을 쓰지 못하게 할 수 있는 것은 아니다. 현자가 그것을 쓰면 천하가 다스려지고 어리석은 자가 그것을 쓰면 천하가 어지러워진다. 사람의 성정을 보면 현자가 적고 어리석은 자가 많다. 그래서 위세라는 이기를 가지고 세상을 어지럽히는 어리석은 자를 도우면 세를 가지고 천하를 어지럽히는 자가 많아질 것이며, 세를 가지고 천하를 다스리는 자는 적을 것이다.

세란 것은 다스리는 데에도 편리한 것이지만 어지럽히는 데에도 유리하다. 그러므로 『주서(周書)』에 이르기를 '호랑이에게 날개를 달아 주지 말라. 장차 날아서 고을에 들어가 사람을 골라 먹으려 할 것이다' 라고 하였다. 어리석은 자로 하여금 세를 타게 한다는 것은 바로 호랑이에게 날개를 달아 주는 것이 된다. 걸(桀)과 주(紂)는 높은 집과 깊은 연못을 만들어 백성의 힘을 고갈케 하고, 포락(炮烙) 형을 만들어 백성의 생명을 손상시켰다. 걸과 주가 나쁜 짓을 할 수 있었던 것은 남면하는 위세가 날개가 되었기 때문이다. 만약에 걸과 주가 필부였다면 행동 하나도 채 시작하지 못하고 자신이 죽는 형벌에 처해졌을 것이다. 세란 것은 호랑이와 늑대 같은 마음을 길러서 난폭한 일을 이루게 하는 것이다. 이것이 천하의 큰 우환이다"라고 하였다.

夫勢者, 非能必使賢者用己, 而不肖者不用己也. 賢者用之則天下治,

부세자, 비능필사현자용기, 이불초자불용기야. 현자용지즉천하치,

不肖者用之則天下亂. 人之情性, 賢者寡而不肖者衆, 而以威勢之利

불초자용지즉천하란. 인지정성, 현자과이불초자중, 이이위세지리

濟亂世之不肖人, 則是以勢亂天下者多矣, 以勢治天下者寡矣. 夫勢

제난세지불초인, 즉시이세란천하자다의, 이세치천하자과의. 부세

者, 便治而利亂者也. 故周書曰: "毋爲虎傅翼, 將飛入邑, 擇人而食

자, 편치이리난자야. 고주서왈: "무위호부익, 장비입읍, 택인이식

之." 夫乘不肖人於勢, 是爲虎傅翼也. 桀·紂爲高臺深池以盡民力,

지." 부승불초인어세, 시위호부익야. 걸·주위고대심지이진민력,

爲炮烙以傷民性, 桀·紂得乘四行者, 南面之威爲之翼也. 使桀·紂爲

위포락이상민성, 걸·주득승사행자, 남면지위위지익야. 사걸·주위

匹夫, 未始行一而身在刑戮矣. 勢者, 養虎狼之心而成暴亂之事者也,

필부, 미시행일이신재형륙의. 세자, 양호낭지심이성포란지사자야,

比天下之大患也.   「難勢」

비천하지대환야.   「난세」

세는 날카로운 발톱이나 어금니와 같다

군주가 자신을 위태롭게 하고 나라를 멸망하게 하는 원인은 대신들이 너무 귀해지고 측근들이 너무 위세를 부리기 때문이다. 이른바 귀하다는 것은 법을 무시하고 제멋대로 행동하며 나라의 권력을 장악하여 개인의 이득만을 꾀하는 것이

다. 이른바 위세라는 것은 권세를 제멋대고 부리며 일을 마음대로 처리하는 것이다. 이 두 가지 것을 살피지 않을 수 없다.

말이 능히 무거운 짐을 지고 수레를 끌어 먼 곳에 이를 수 있는 까닭은 근육의 힘 때문이다. 만승의 큰 나라 임금이나 천승의 작은 나라 군주가 천하를 제압하고 제후들을 정벌할 수 있는 것은 위세 때문이다. 위세란 것은 군주의 근육 힘이다. 만일 대신들이 위세를 얻고 측근들이 권세를 제멋대로 부린다면 이는 군주로서 힘을 잃는 것이다. 힘을 잃은 군주로서 능히 나라를 지탱한 자는 천하에 한 사람도 없다.

호랑이나 표범이 능히 사람을 이기고 여러 짐승들을 잡을 수 있는 것은 발톱과 어금니 때문이다. 만일 호랑이나 표범이 발톱과 어금니를 잃으면 사람이 반드시 그것을 잡을 것이다. 지금 세가 강하다는 것은 군주에게 발톱과 어금니다. 남의 군주가 되어 발톱과 어금니를 잃는다면 호랑이나 표범과 마찬가지 종류가 될 것이다.

人主之所以身危國亡者, 大臣太貴, 左右太威也. 所謂貴者, 無法而擅
인주지소이신위국망자, 대신태귀, 좌우태위야. 소위귀자, 무법이천
行, 操國柄而便私者也. 所謂威者, 擅權勢而輕重者也. 此二者, 不可
행, 조국병이편사자야. 소위위자, 천권세이경중자야. 차이자, 불가
不察也. 夫馬之所以能任重引車致遠道者, 以筋力也. 萬乘之主·千乘
불찰야. 부마지소이능임중인거치원도자, 이근력야. 만승지주·천승

之君所以制天下而征諸侯者, 以其威勢也. 威勢者, 人主之筋力也. 今
지군소이제천하이정제후자, 이기위세야. 위세자, 인주지근력야. 금

大臣得威, 左右擅勢, 是人主失力; 人主失力而能有國者, 千無一人. 虎
대신득위, 좌우천세, 시인주실력; 인주실력이능유국자, 천무일인. 호

豹之所以能勝人執百獸者, 以其爪牙也, 當使虎豹失其爪牙, 則人必制
표지소이능승인집백수자, 이기조아야, 당사호표실기조아, 즉인필제

之矣. 今勢重者, 人主之爪牙也, 君人而失其爪牙, 虎豹之類也. 「人主」
지의. 금세중자, 인주지조아야, 군인이실기조아, 호표지류야. 「인주」

3장

올바른 군신관계

공(公)과 사(私)

나라를 해치는 공적에 다섯 좀벌레가 있다

나라를 어지럽히는 풍속으로 학자들은 선왕의 도를 칭송하여 인의를 빙자하며 용모와 옷차림을 성대히 차리고 말솜씨를 꾸며서 당대의 법을 의문나게 하며 군주의 마음을 헷갈리게 하고 있다. 옛것을 말하는 자는 거짓을 세워 속여 말하고 밖으로 힘을 빌려서 사욕을 이루며 사직의 이득은 잊어버리고 있다. 칼을 찬 자는 도당들을 모아 의리를 내세워 이름을 드러냄으로써 조정의 금제를 범하고 있다. 군주를 가까이 모시는 자들은 권문세가와 가까이하여 뇌물을 보내며 부리기 좋은 자를 등용케 하고 전공이 있는 자를 물리치고 있다. 상공에 힘쓰는 백성은 거친 물건을 고치고 호사스런 재물을 쌓아두고 때를 노려서 농부의 이득을 빼앗고 있다. 이 다섯 가지는 나라의 좀벌레이다. 군주가 이 다섯 가지 좀벌레 되는 백성을 제거하지 않고 성실한 사람을 길러내지 못한다면 천하에 비록 깨지고 망하는 나라와 깎이고 멸하는 조정이 있더라도 또한 괴이하게 여길 것이 못 된다.

是故亂國之俗: 其學者, 則稱先王之道以籍仁義, 盛容服而飾辯說, 以
시고난국지속: 기학자, 즉칭선왕지도이적인의, 성용복이식변설, 이
疑當世之法, 而貳人主之心. 其言古者, 爲設詐稱, 借於外力, 以成其
의당세지법, 이이인주지심. 기언고자, 위설사칭, 차어외력, 이성기
私, 而遺社稷之利. 其帶劍者, 聚徒屬, 立節操, 以顯其名, 而犯五官之
사, 이유사직지리. 기대검자, 취도속, 입절조, 이현기명, 이범오관지
禁. 其患御者, 積於私門, 盡貨賂, 而用重人之謁, 退汗馬之勞. 其商工
금. 기환어자, 적어사문, 진화뇌, 이용중인지알, 퇴한마지로. 기상공
之民, 修治苦窳之器, 聚弗靡之財, 蓄積待時, 而侔農夫之利. 此五者, 邦
지민, 수치고유지기, 취불미지재, 축적대시, 이모농부지리. 차오자, 방
之蠹也. 人主不除此五蠹之民, 不養耿介之士, 則海內雖有破亡之國, 削
지두야. 인주부제차오두지민, 불양경개지사, 즉해내수유파망지국, 삭
滅之朝, 亦勿怪矣.   「五蠹」
멸지조, 역물괴의.   「오두」

공공의 직책과 사적인 감정은 다르다

해호(解狐)가 원수를 간주(簡主)에게 추천하여 재상으로 삼았다. 그 원수는 이것이 다행스럽게 자기를 용서한 것이라고 여기고 바로 가서 사례하였다. 해호가 곧바로 활을 당겨 그를 향하여 쏘며 말하기를 "무릇 너를 추천한 것은 공적인 직분을 네가 능히 감당해 낼 수 있기 때문이었다. 한편 너를 원수로 대하는 것은 나의 사적인 원한이다. 너에 대한 사적인 원한이 있다는 까닭으로 하여 군주에게 너를 감추지 않았다"라고 하였다. 그래서 사사로운 감정을 공실 문 안에 들이지 않는다고 한다.

解狐薦其讎於簡主以爲相. 其讎以爲且幸釋己也, 乃因往謝. 狐乃引弓

해호천기수어간주이위상. 기수이위차행석기야, 내인왕배사. 호내인궁

迎而射之, 曰: "夫薦汝, 公也, 以汝能當之也. 夫?汝, 吾私怨也, 不以

영이사지, 왈: "부천여, 공야, 이여능당지야. 부수여, 오사원야, 불이

私怨汝之故擁汝於吾君." 故私怨不入公門.　　　　　　　「外儲說左下」

사원여지고옹여어오군." 고사원불입공문.　　　　　　　「외저설좌하」

공사의 구별은 분명해야 한다

삼공에 대한 대답을 한마디로 삼공이 환난을 입지 않게 할 수 있다고 함은 "아래 사정을 잘 알라"고 하는 것을 말한다. 아래 사정을 아는 데 밝다면 일이 미세할 적에 금할 수 있고,

일이 미세할 적에 금할 수 있다면 악함이 쌓일 수 없으며, 악이 쌓일 수 없다면 모반하는 마음이 일어나지 않게 된다. 또 아래 사정을 아는 데 밝다면 공과 사의 구별이 분명해지고, 공과 사의 구별이 분명하게 되면 붕당들이 흩어지며, 붕당들이 흩어지면 밖으로 가로막거나 안으로 패거리 짓는 걱정이 없게 된다. 아래 사정을 아는 데 밝다면 보는 눈이 맑아지고, 보는 눈이 맑아지면 처벌과 포상이 명확해지며, 처벌과 포상이 명확해지면 나라에 가난이 늘지 않을 것이다. 그리므로 "한마디 대답으로 삼공이 환난을 입지 않게 하기란 아래 사정을 잘 알라고 이르는 말이다"라고 하는 것이다.

夫對三公一言而三公可以無患, 知下之謂也. 知下明, 則禁於微; 禁於 부대삼공일언이삼공가이무환, 지하지위야. 지하명, 즉금어미; 금어 微, 則姦無積; 姦無積, 則無比周; 無比周, 則公私分; 公私分, 則朋黨 미, 즉간무적; 간무적, 즉무비주; 무비주, 즉공사분; 공사분, 즉붕당 散; 朋黨散, 則無外障距內比周之患. 知下明, 則見精沐; 見精沐, 則誅 산; 붕당산, 즉무외장거내비주지환. 지하명, 즉견정목; 견정목, 즉주 賞明; 誅賞明, 則國不貧. 故曰: 一對而三公無患, 知下之謂也. 「難三」 상명; 주상명, 즉국부빈. 고왈: 일대이삼공무환, 지하지위야. 「난삼」

사를 추구하면 나라가 위태롭다

옛날에 창힐(蒼頡)이 글자를 만들 적에 스스로 동그라미 그런 것을 일러 사(私)라고 하고 사에 반한 것을 일러 공(公)이라 하였다. 공과 사가 서로 반함은 바로 창힐도 처음부터 알고 있었던 것이다. 지금 그 이해가 똑같다고 생각하는 것은 살피지 못한 잘못이다. 그렇다면 필부의 계산이란 것은 인의를 닦고 학문을 익힘만 같지 못하다. 인의를 닦으면 신임을 받고 신임을 받으면 일을 맡게 되며 학문을 익히면 고명한 스승이 되고 고명한 스승이 되면 영예가 드러난다. 이것은 필부가 좋아하는 이득이다. 그렇다면 공이 없이도 일을 맡게 되고 작위 없이도 영예가 드러난다. 만일 정치가 이와 같다면 나라는 반드시 어지러워지고 군주는 반드시 위태로울 것이다.

그러므로 서로가 용납되지 않는 일은 양립할 수가 없다. 적을 목 벤 자가 상을 받으면서도 지혜로운 행위를 높인다. 성을 함락시킨 자가 작록을 받으면서도 겸애설을 신봉한다. 견고한 갑옷과 사나운 병사들로 난에 대비하면서도 점잖은 옷차림을 찬미한다. 나라의 부를 백성으로부터 얻고 적을 막음에 병졸을 의지하면서도 학문한 사람을 귀하게 여긴다. 위를 공경하고 법을 두려워하는 백성은 버려두고 사나운 유협이나 검객 따위를 기른다. 실제의 행동거지가 이와 같다면 다스리거나 강해질 수가 없다. 나라가 태평하면 유자나 협객을 기르고 어려움이 이르면 병사를 동원한다. 이득되는 것은 쓰이는 바가 못 되고 쓰이는 것은 이득되는 바가 못 된다. 이런 까닭

으로 일에 종사하는 자가 본업을 소홀히 하며 유협이나 학자
는 날로 많아진다. 이것이 세상이 어지러워지는 원인이다.

古者蒼頡之作書也, 自環者謂之私, 背私謂之公, 公私之相背也, 乃蒼頡
고자창힐지작서야, 자환자위지사, 배사위지공, 공사지상배야, 내창힐
固以知之矣. 今以爲同利者, 不察之患也. 然則爲匹夫計者, 莫如修行
고이지지의. 금이위동리자, 불찰지환야. 연즉위필부계자, 막여수행
義而習文學. 行義修則見信, 見信則受事; 文學習則爲明師, 爲明師則
의이습문학. 행의수즉견신, 견신즉수사; 문학습즉위명사, 위명사즉
顯榮: 此匹夫之美也. 然則無功而受事, 無爵而顯榮, 有政如此, 則國必
현영: 차필부지미야. 연즉무공이수사, 무작이현영, 유정여차, 즉국필
亂, 主必危矣. 故不相容之事, 不兩立也. 斬敵者受賞, 而高慈惠之行;
란, 주필위의. 고불상용지사, 불양립야. 참적자수상, 이고자혜지행;
拔城者受爵祿, 而信兼愛之說; 堅甲厲兵以備難, 而美薦紳之飾; 富國以
발성자수작록, 이신겸애지설; 견갑려병이비난, 이미천신지식; 부국이
農, 距敵恃卒, 而貴文學之士; 廢敬上畏法之民, 而養遊俠私劍之屬. 舉
농, 거적시졸, 이귀문학지사; 폐경상외법지민, 이양유협사검지속. 거
行如此, 治强不可得也. 國平養儒俠, 難至用介士, 所利非所用, 所用非
행여차, 치강불가득야. 국평양유협, 난지용개사, 소리비소용, 소용비
所利. 是故服事者簡其業, 而遊學者日衆, 是世之所以亂也.　「五蠹」
소리. 시고복사자간기업, 이유학자일중, 시세지소이란야.　「오두」

군주와 신하는 공사를 밝히고, 사사로운 은혜를 버린다

군주의 도리는 공과 사의 구분을 밝히고 법제를 밝히고, 사사로운 은혜를 버리는 것이다. 무릇 명령이 행해지고 금제가 반드시 그치게 하는 것이 군주의 공적인 의리이다. 반드시 그 사사로움을 행하고, 친구를 믿고, 상으로써 권장하지 못하고, 벌로써도 막지 못하는 것이 신하의 사적인 의리(私義)이다. 사적인 의리가 행해지면 어지러워지고 공적인 의리가 행해지면 다스려진다. 그러므로 공과 사의 구분이 있게 된다.

신하에게는 사심이 있으며 또 공적인 의리가 있다. 자신의 몸을 결백하게 닦고 행동을 공정하게 취하며 관직에 사사로움이 없는 것이 신하의 공적인 의리이다. 부정한 행동을 하고 싶은 대로 하고 제 한 몸의 인정과 한 집안의 이익만을 꾀하는 것이 신하의 사심이다. 현명한 군주가 위에 있으면 신하가 사심을 버리고 공적인 의리를 행하며, 어리석은 암주가 위에 있으면 신하가 공적인 의리를 버리고 사심을 행한다. 여기서 군주와 신하가 마음을 달리한다.

> 今主之道, 必明於公私之分, 明法制, 去私恩. 夫令必行, 禁必止, 人主
> 금주지도, 필명어공사지분, 명법제, 거사은. 부령필행, 금필지, 인주
> 之公義也; 必行其私, 信於朋友, 不可爲賞勸, 不可爲罰沮, 人臣之私
> 지공의야; 필행기사, 신어붕우, 불가위상권, 불가위벌저, 인신지사
> 義也. 私義行則亂, 公義行則治, 故公私有分. 人臣有私心, 有公義. 修

의야. 사의행즉란, 공의행즉치, 고공사유분. 인신유사심, 유공의. 수

身潔白而行公行正, 居官無私, 人臣之公義也; 汙行從欲, 安身利家, 人

신결백이행공행정, 거관무사, 인신지공의야; 오행종욕, 안신리가, 인

臣之私心也. 明主在上, 則人臣去私心, 行公義; 亂主在上, 則人臣去

신지사심야. 명주재상, 즉인신거사심, 행공의; 난주재상, 즉인신거

公義行私心. 故君臣異心,   「飾邪」

공의행사심. 고군신리심,   「식사」

군주와 신하

군주와 신하의 관계는 부모자식 사이와는 질적으로 다르다

어린 자식에 대한 애정은 자모보다 더 앞설 수 없다. 그러나 어린 자식이 잘못을 행하면 스승을 따르게 하고 나쁜 병이 있으면 의원을 섬기도록 한다. 스승을 따르지 않으면 형벌로 떨어지고 의원을 섬기지 않으면 죽을 수가 있다. 자모가 비록 사랑할지라도 형벌을 면하거나 죽음을 구하는 데는 도움이 안 된다. 그렇다면 자식을 살게 하는 것은 애정이 아니다. 자식과 어머니의 본성은 애정이고 신하와 군주의 저울질은 계산이다. 어머니가 애정을 가지고 집안을 보존할 수 없는데 군주가 어찌 애정을 가지고 나라를 지탱하겠는가.

현명한 군주가 부강해지는 술에 통달하면 바라는 것을 얻어낼 수 있다. 그러므로 정치를 신중히 한다는 것이다. 부강케 하는 술은 법령과 금제를 명확히 하고 책모와 계략을 치밀히 하는 것이다. 법령이 명확하면 안에 변란이 일어날 근심이 없으며, 계략이 맞으면 밖에 나가 죽거나 포로가 되는 화가 없을 것이다. 그러므로 나라를 보존하는 것은 인의가 아니다. 인이란 것은 온정을 베풀어 재물을 가볍게 여기는 것이며, 난폭한 것은 마음이 거칠어 처벌을 쉽게 하는 것이다. 온정을 베푼다면 차마 하지 못하고 재물을 가볍게 여긴다면 주기를 좋아할 것이다. 마음이 거칠다면 증오심이 아래에 나타나고 처벌을 쉽게 한다면 망살(妄殺)이 사람들에게 가해질 것이다. 차마 하지 못한다면 처벌에 있어 사면이 많아지고 주기를 좋아한다면 공 없이도 상이 많아질 것이다. 증오심이 나타나면 아래가 그 위를 원망하며 함부로 처벌하면 백성이 장차 배반할 것이다.

그러므로 어진 사람이 자리에 있으면 아래가 방자하여 금제와 법령을 쉽게 범하고 위에 제멋대로 요행을 바란다. 난폭한 사람이 자리에 있으면 법과 영이 어지러워져서 신하와 군주 사이가 벌어지고 백성이 원망하여 반란의 마음이 생긴다. 그러므로 말하기를 "어진 사람이나 난폭한 자는 모두 나라를 망치는 자들이다"라고 하는 것이다.

慈母之於弱子也, 愛不可爲前. 然而弱子有僻行, 使之隨師; 有惡病,

자모지어약자야, 애불가위전. 연이약자유벽행, 사지수사; 유악병,

使之事醫. 不隨師則陷於刑, 不事醫則疑於死. 慈母雖愛, 無益於振刑

사지사의. 불수사즉함어형, 불사의즉의어사. 자모수애, 무익어진형

救死, 則存子者非愛也. 子母之性, 愛也; 臣主之權, 筴也. 母不能以愛

구사, 즉존자자비애야. 자모지성, 애야; 신주지권, 협야. 모불능이애

存家, 君安能以愛持國? 明主者通於富强, 則可以得欲矣. 故謹於聽治,

존가, 군안능이애지국? 명주자통어부강, 즉가이득욕의. 고근어청치,

富强之法也. 明其法禁, 察其謀計. 法明則內無變亂之患, 計得則外無

부강지법야. 명기법금, 찰기모계. 법명즉내무변란지환, 계득즉외무

死虜之禍. 故存國者, 非仁義也. 仁者, 慈惠而輕財者也; 暴者, 心毅而

사로지화. 고존국자, 비인의야. 인자, 자혜이경재자야; 포자, 심의이

易誅者也. 慈惠, 則不忍; 輕財, 則好與. 心毅, 則憎心見於下; 易誅, 則

이주자야. 자혜, 즉불인; 경재, 즉호여. 심의, 즉증심견어하; 이주, 즉

妄殺加於人. 不忍, 則罰多宥赦; 好與, 則賞多無功. 憎心見, 則下怨其

망살가어인. 불인, 즉벌다유사; 호여, 즉상다무공. 증심견, 즉하원기

上; 妄誅, 則民將背叛. 故仁人在位, 下肆而輕犯禁法, 偸幸而望於上;

상; 망주, 즉민장배반. 고인인재위, 하사이경범금법, 투행이망어상;

暴人在位, 則法令妄而臣主乖民, 怨而亂心生. 故曰: 仁暴者, 皆亡國

포인재위, 즉법령망이신주괴민, 원이난심생. 고왈: 인포자, 개망국

者也. 　　　　　　　　　　　　　　　　　　　　　　　　　「八說」

자야. 　　　　　　　　　　　　　　　　　　　　　　　　　「팔설」

군주가 상벌로 다스림은 인정에 따라야

무릇 천하를 다스림은 반드시 사람의 정에 근거하여야 한다. 인정이란 것은 좋아하고 싫어함이 있어서 상벌을 쓸 수 있다. 상벌을 쓸 수 있다면 금제와 명령이 확립되어 다스리는 방법이 구비된다. 군주는 권병을 잡아 세 있는 자리를 차지하므로 명령이 행해지고 금하면 그친다. 권병이란 것은 죽이고 살리는 근본이며 세란 것은 대중들을 이겨내는 밑천이다.

凡治天下, 必因人情. 人情者, 有好惡, 故賞罰可用, 賞罰可用,　則禁令
범치천하, 필인인정. 인정자, 유호오, 고상벌가용, 상벌가용, 즉금령

可立而治道具矣. 君執柄以處勢, 故令行禁止. 柄者, 殺生之制也; 勢
가립이치도구의. 군집병이처세, 고령행금지. 병자, 살생지제야; 세

者, 勝衆之資也.　　　　　　　　　　　　　　　　　　　　　　　「八經」
자, 승중지자야.　　　　　　　　　　　　　　　　　　　　　　　「팔경」

계산하는 마음이 군신지간의 원동력이다

지금 군주와 신하 사이의 접촉에는 부자간의 정은 없다. 그런데 도의를 가지고 신하를 누르려 한다면 그 관계에 반드시 틈이 벌어질 것이다. 또 부모가 자식에 대해서도 아들을 낳으면 서로 축하하지만 딸을 낳으면 죽여 버린다. 이들이 다 같이 부모의 품안에서 나왔지만 아들은 축하 받고 딸은 죽임을 당하는 것은 뒤의 편의를 생각하여 먼 이득을 계산하기 때

문이다. 이처럼 부모가 자식에 대해서도 오히려 계산하는 마음으로 상대한다. 그런데 하물며 부자간의 정도 없는 데 있어서랴. 지금 학자가 군주를 설득하여 일체 이득을 구하는 마음을 버리고 서로 사랑하는 길로 나아가도록 설득한다. 이는 바로 군주가 부모보다 더 친밀할 것을 요구하는 것이다. 이것은 은애를 논하기에 충분하지 않고 거짓 속여 억지를 쓰는 것이다. 그러므로 현명한 군주는 받아들이지 않는다.

今上下之接, 無子父之澤, 而欲以行義禁下, 則交必有郤矣. 且父母之於

금상하지접, 무자부지택, 이욕이행의금하, 즉교필유극의. 차부모지어

子也, 産男則相賀, 産女則殺之. 此俱出父母之懷衽, 然男子受賀, 女子

자야, 산남즉상하, 산녀즉살지. 차구출부모지회임, 연남자수하, 여자

殺之者, 慮其後便, 計之長利也. 故父母之於子也, 猶用計算之心以相

살지자, 려기후변, 계지장리야. 고부모지어자야, 유용계산지심이상

待也, 而況無父子之澤乎? 今學者之說人主也, 皆去求利之心, 出相愛之

대야, 이황무부자지택호? 금학자지설인주야, 개거구리지심, 출상애지

道, 是求人主之過於父母之親也, 此不熟於論恩, 詐而誣也, 故明主不

도, 시구인주지과어부모지친야, 차불숙어론은, 사이무야, 고명주불

受也.   「六反」

수야.   「육반」

군주와 신하의 관계는 계산으로 이루어진다

군주는 계산을 가지고 신하를 기르고 신하 또한 계산을 가지고 군주를 섬긴다. 군주와 신하 서로가 계산하는 사이다. 자신은 손해를 보면서 국가에 이익이 되는 일을 신하는 하지 않으며, 국가에 손실을 끼치면서 신하에게 이득이 되는 일을 군주는 행하지 않는다. 신하의 속생각은 자신의 손해가 이로울 수 없으며, 군주의 속생각은 국가 손실이 즐거울 수 없다. 군·신 관계란 계산으로써 결합되는 것이다. 어려운 국난을 당하여 반드시 죽기로 각오를 하고 지혜를 다 짜서 있는 힘을 다하기에 이르게 되는 것은 법이 있어서 그렇게 하는 것이다.

君以計畜臣, 臣以計事君, 君臣之交, 計也. 害身而利國, 臣弗爲也; 害
군이계휵신, 신이계사군, 군신지교, 계야. 해신이리국, 신불위야; 해
國而利臣, 君不爲也. 臣之情, 害身無利; 君之情, 害國無親. 君臣也者,
국이리신, 군불위야. 신지정, 해신무리; 군지정, 해국무친. 군신야자,
以計合者也. 至夫臨難必死, 盡智竭力, 爲法爲之.   「飾邪」
이계합자야. 지부림난필사, 진지갈력, 위법위지.   「식사」

군주는 신하의 세력을 키워 주지 않아야 한다

총애 받는 신하란 너무 친숙해지면 반드시 군주 자신을 위태롭게 하고, 중신의 지위가 너무 높아지면 반드시 군주의 자리를 갈아 치우게 된다. 정실부인과 첩 사이에 등급 차가 없

으면 반드시 대를 이을 적자(嫡子)에게 위험이 닥쳐올 것이다. 군주의 형제들이 복종하지 않으면 반드시 국가 사직을 위태롭게 할 것이다. 제가 듣기로는 병력이 천 승(일 승은 말 네 마리가 끄는 전투수레 한 대를 가리킨다. 역자 주)인 나라에서 군주가 경계를 게을리 하면 반드시 백 승의 병력을 가진 신하가 측근에 있어 그 백성(民)을 자기편으로 끌어들여 그 나라를 넘어뜨릴 것이며, 병력이 만 승인 나라에서 군주가 경계를 게을리 하면 천 승의 병력을 가진 나라가 측근에 있어 권력을 휘둘러 그 나라를 넘어뜨린다. 그렇게 되면 간신의 세력은 잘 뻗어 나가고 군주의 도는 점점 쇠약해진다. 따라서 제후의 영토가 확대되면 천자에게 해가 되며 신하들의 부(富)가 커지면 군주에게 손해가 된다. 장수와 재상이 군주를 현혹시켜 사가(私家)를 융성케 하는 것이야말로 군주된 자가 바로 물리쳐야 할 일이다. 만물 가운데 군주 자신의 몸보다 더 귀한 것은 없고 자신의 지위보다 더 존엄스러운 것은 없으며, 군주의 권위보다 더 무거운 것은 없고 군주의 세력보다 더한 것은 없다. 이 네 가지 미덕은 밖에서 구하지 않고 남에게 부탁하지 않아도 논의하기만 하면 얻어낼 수 있는 것들이다. 그래서 말하기를, 군주가 자기 부(富)를 누리지 못하면 객지에서 생을 마치게 될 것이라고 한다. 이는 군주된 자가 반드시 기억해 두어야 할 일이다.

愛臣太親, 必危其身; 人臣太貴, 必易主位; 主妾無等, 必危嫡子; 兄弟

애신태친, 필위기신; 인신태귀, 필역주위; 주첩무등, 필위적자; 형제

不服, 必危社稷; 臣聞千乘之君無備, 必有百乘之臣在其側, 以徙其民

불복, 필위사직; 신문천승지군무비, 필유백승지신재기측, 이사기민

而傾其國; 萬乘之君無備, 必有千乘之家在其側, 以徙其威而傾其國.

이경기국; 만승지군무비, 필유천승지가재기측, 이사기위이경기국.

是以姦臣蕃息, 主道衰亡. 是故諸侯之博大, 天子之害也; 群臣之太富,

시이간신번식, 수도쇠망. 시고제우지박대, 전자지해야; 군신지태부,

君主之敗也. 將相之管主而隆國家, 此君人者所外也. 萬物莫如身之至

군주지패야. 장상지관주이륭국가, 차군인자소외야. 만물막여신지지

貴也, 位之至尊也, 主威之重, 主勢之隆也. 此四美者, 不求諸外, 不請

귀야, 위지지존야, 주위지중, 주세지륭야. 차사미자, 불구제외, 불청

於人, 議之而得之矣. 故曰: 人主不能用其富, 則終於外也. 此君人者

어인, 의지이득지의. 고왈: 인주불능용기부, 즉종어외야. 차군인자

之所識也.　　　　　　　　　　　　　　　　　　　「愛臣」

지소지야.　　　　　　　　　　　　　　　　　　　「애신」

군주와 신하는 도를 달리한다

　도(道)는 넓고 커서 형상이 없고, 덕(德)이란 분명한 조리
가 있어 널리 고루 미친다. 무릇 살아 있는 것들에 이르기까
지 그것을 퍼내어 쓰면 만물이 모두 이루어지지만, 만물의 안

녕과는 관계하지 않는다. 도라는 것은 아래로 모든 일에 두루 미치고, 우러러서 명을 기다리며, 때와 더불어 태어나고 죽는다. 명분을 참작하나 일을 달리하면서도 하나로 통하여 같은 실정에 통한다. 그러므로 말하기를 "도는 만물과 같은 것이 아니고, 덕은 음·양과 같은 것이 아니고, 저울대는 경·중과 같은 것이 아니고, 승묵 잣대는 출·입과 같은 차원이 아니고, 조율하는 악기는 일반 악기와는 다른 것이며, 군주는 신하들과 같지 않다"고 한다.

이 여섯 가지 경우는 도에서 나온 것이다. 도는 쌍 되는 것이 없기 때문에 하나(一)라고 말한다. 그런 까닭에 군주는 홀로 선 도의 모습을 존귀하게 여긴다. 군주와 신하는 도, 곧 존재방식을 달리한다. 신하는 명분을 내세워 작록을 구하고 군주는 그 명분을 붙잡아 두며, 신하가 일한 성과를 공적으로 드러내면 군주가 그 공적과 명분을 대조하고, 일치되면 위와 아래가 서로 조화를 이룬다.

夫道者, 弘大而無形; 德者, 覈理而普至. 至於群生, 斟酌用之, 萬物皆
부도자, 홍대이무형; 덕자, 핵리이보지. 지어군생, 감작용지, 만물개
盛, 而不與其寧. 道者, 下周於事, 因稽而命, 與時生死. 參名異事, 通
성, 이불여기녕. 도자, 하주어사, 인계이명, 여시생사. 참명이사, 통
一同情. 故曰: 道不同於萬物, 德不同於陰陽, 衡不同於輕重, 繩不同
일동정. 고왈: 도부동어만물, 덕부동어음양, 형부동어경중, 승부동

於出入, 和不同於燥溼, 君不同於群臣. 凡此六者, 道之出也. 道無雙,

어출입, 화부동어조습, 군부동어군신. 범차육자, 도지출야. 도무쌍,

故曰一. 是故明君貴獨道之容. 君臣不同道, 下以名禱. 君操其名, 臣

고왈일. 시고명군귀독도지용. 군신부동도, 하이명도. 군조기명, 신

效其形, 形名參同, 上下和調也.　　　　　　　　　　　　　　　「揚權」

효기형, 형명참동, 상하화조야.　　　　　　　　　　　　　　　「양권」

훌륭한 신하는 지술지사, 법술지사이다

이른바 지술지사(智術之士)는 반드시 멀리 내다보고 일을 명확하게 꿰뚫어본다. 명확하게 꿰뚫어보지 않으면 사적인 획책을 들추어낼 수 없다. 능법지사(能法之士)는 반드시 의지가 강하여 일을 엄격히 처리한다. 일을 엄격히 처리하지 않으면 간악한 짓을 바로잡을 수 없다. 신하들 가운데 명령에 따라서 일에 종사하고 정해진 법에 의존해서만 직무를 수행하는 사람은 중인(重人)이라고 할 수 없다. 중인이란 명령 없이 제멋대로 행동하며 법 규정을 무너뜨려 사익을 취하고 나라의 재정을 빼돌려 자기의 편의를 도모하며 힘으로 능히 군주를 조종할 수 있는 자이다. 이런 자가 바로 중인이다.

지술지사는 명확히 꿰뚫어보므로 그를 받아들여 쓴다면 중인의 숨겨진 실정이 드러날 것이다. 또한 능법지사는 일을 엄격히 처리하므로 그를 받아들여 쓴다면 장차 중인의 간악

한 행동을 바로잡을 수 있을 것이다. 그러므로 지술 · 능법지사가 등용되면 신분이 높고 권세가 막중한 신하들이 반드시 법을 어겼다고 하여 추방되고 말 것이다. 이래서 지술 · 능법지사와 일상의 실권자는 양존할 수 없는 적대관계라고 하는 것이다.

智術之士, 必遠見而明察, 不明察, 不能燭私; 能法之士, 必强毅而勁

지술지사, 필원견이명찰, 불명찰, 불능촉사; 능법지사, 필강의이경

直, 不勁直, 不能矯姦. 人臣循令而從事, 案法而治官, 非謂重人也. 重

직, 불경직, 불능교간. 인신순령이종사, 안법이치관, 비위중인야. 중

人也者, 無令而擅爲, 法以利私, 耗國以便家, 力能得其君, 此所爲重

인야자, 무령이천위, 법이리사, 모국이편가, 역능득기군, 차소위중

人也. 智術之士明察, 聽用, 且燭重人之陰情; 能法之士, 勁直聽用, 且

人也. 지술지사명찰, 청용, 차촉중인지음정; 능법지사, 경직청용, 차

矯重人之姦行. 故智術能法之士用, 則貴重之臣必在繩之外矣. 是智法

교중인지간행. 고지술능법지사용, 즉귀중지신필재승지외의. 시지법

之士與當塗之人, 不可兩存之讎也.　　　　　　　　　　　　　「孤憤」

지사여당도지인, 불가양존지수야.　　　　　　　　　　　　　「고분」

나쁜 신하는 군주를 기만한다

신하에게 큰 죄가 있다는 것은 군주를 속이는 행위이며 그 죄과는 사형에 해당한다. 지혜로운 선비는 멀리 내다보므로

사형당할 것이 두려워 결코 중인을 따르려 하지 않는다. 현명한 선비는 몸을 닦아서 염결하므로 간신과 함께 그 군주를 속이는 일을 부끄러워하여 결코 중인을 따르려 하지 않는다. 요직에 있는 중신의 패거리들은 어리석어서 장래의 화를 미리 알지 못하는 자가 아니면 반드시 심성이 더러워서 간악한 일을 피하지 않는 자들이다. 중인들은 어리석고 더럽혀진 사람들을 껴안아 위로는 이들과 함께 군주를 속이고 아래로는 이들과 함께 이익을 찾아 침탈을 일삼는다. 파당을 짜서 한 패거리가 되어 서로 말을 맞추어 군주를 현혹시키고 법을 파괴하니, 이것이 커다란 죄이다.

臣有大罪者, 其行欺主也, 其罪當死亡也, 智士者遠見而畏於死亡, 必
신유대죄자, 기행기주야, 기죄당사망야, 지사자원견이외어사망, 필

不從重人矣; 賢士者修廉而羞與姦臣欺其主, 必不從重臣矣, 是當塗者
부종중인의; 현사자수렴이수여간신기기주, 필부종중신의, 시당도자

之徒屬, 非愚而不知患者, 必汚而不避姦者也. 大臣挾愚汚之人, 上與
지도속, 비우이부지환자, 필오이불피간자야. 대신협우오지인, 상여

之欺主, 下與之收利, 侵漁朋黨, 比周相與, 一口惑主敗法, 以亂士民,
지기주, 하여지수리, 침어붕당, 비주상여, 일구혹주패법, 이란사민,

使國家危削, 主上勞辱, 此大罪也.　　　　　　　　　　「孤憤」
사국가위삭, 주상로욕, 차대죄야.　　　　　　　　　　「고분」

군주가 지켜야 할 중대한 일에 세 가지가 있다

군주에게는 지켜야 할 세 가지 일이 있다. 세 가지 지켜야 할 일이 완전하게 지켜지면 나라가 안정되고 그 자신도 빛날 것이며, 세 가지 지켜야 할 일이 완전히 지켜지지 못하면 나라가 불안하고 그 자신도 위태로울 것이다. 무엇을 가리켜 세 가지 지켜야 할 일이라고 하는가.

[첫째] 신하들 가운데 요직에 있는 자의 실수나 정사를 맡은 자의 허물이나 명성 있는 신하의 속사정에 대하여 논의하는 경우가 있다. 군주가 그것을 마음속에 담아 두지 않고 측근이나 총애하는 사람에게 흘린다면 신하들 가운데 의견을 말하고 싶은 이로 하여금 감히 아래로 측근이나 총애하는 사람의 마음에 들게 하지 않고서는 위로 군주에게 들려줄 수 없게 될 것이다. 그렇다면 바른 말을 직접 말하는 사람은 군주를 만나볼 수 없으며, 성실하고 정직한 사람은 날로 멀어지게 될 것이다.

[둘째] 군주가 마음에 드는 사람을 독단으로 이득 주지 못하고 좌우의 칭찬을 기다린 뒤에 이득을 주며, 미워하는 사람을 독단으로 해치지 못하고 좌우의 비난을 기다린 뒤에 해치게 되면 군주에게 위엄은 없어지고 권력이 좌우 측근에게 있게 될 것이다. [셋째] 군주 자신이 직접 다스리는 노고가 싫어서 신하로 하여금 정사 맡는 쪽으로 모여들게 한다면 그 때문

에 상·벌의 권병과 군주의 위엄이 아래로 옮겨가 살생의 기미와 주고받게 되는 요체가 중신들의 수중에 있게 된다. 그렇게 되면 군주는 신하들에게 침해당하고 말 것이다. 이를 가리켜 세 가지 지켜야 할 일이 완전하지 못하다는 말이다. 세 가지 지켜야 할 일이 완전하지 못하면 군주가 협박받거나 살해당하는 징후가 된다.

人主有三守. 三守完, 則國安身榮; 三守不完, 則國危身殆. 何謂三守?
인주유삼수. 삼수완, 즉국안신영; 삼수물완, 즉국위신내. 하위삼수?
人臣有議當途之失, 用事之過, 擧臣之情, 人主不心藏而漏之近習能
인신유의당도지실, 용사지과, 거신지정, 인주불심장이루지근습능
人, 使人臣之欲有言者, 不敢不下適近習能人之心, 而乃上以聞人主.
인, 사인신지욕유언자, 불감불하적근습능인지심, 이내상이문인주.
然則端言直道之人不得見, 而忠直日疏. 愛人, 不獨利也, 待譽而後利
연즉단언직도지인부득견, 이충직일소. 애인, 부독리야, 대예이후리
之; 憎人, 不獨害也, 待非而後害之. 然則人主無威, 而重在左右矣. 惡
지; 증인, 부독해야, 대비이후해지. 연즉인주무위, 이중재좌우의. 악
自治之勞憚, 使群臣輻湊用事. 因傳柄移藉, 使殺生之機, 奪予之要在
자치지로탄, 사군신폭주용사. 인전병이자, 사살생지기, 탈여지요재
大臣, 如是者侵. 此謂三守不完. 三守不完, 則劫殺之徵也.　　　「三守」
대신, 여시자침. 차위삼수불완. 삼수불완, 즉겁살지징야.　　　「삼수」

나라는 군주의 수레이고, 세는 군주의 말이다

국가란 군주의 수레이며, 세는 군주의 말이다. 권세의 자리에 있어 제멋대로 설치는 신하를 처벌하지 못하고 반드시 덕을 후히 쌓아가며 아랫사람과 똑같은 행동을 하여 민심을 얻으려고 다투니 이것은 모두가 군주의 수레를 타지 않고 말의 편리함에 기대지 않고, 수레를 버려둔 채로 땅바닥을 달리는 자와 같다. 그러므로 경공은 세를 부릴 줄 모르는 군주며, 사광과 안자는 재앙을 물리칠 줄 모르는 신하라고 말한다.

> 國者, 君之車也; 勢者, 君之馬也. 夫不處勢以禁誅擅愛之臣, 而必德
> 국자, 군지거야; 세자, 군지마야. 부불처세이금주천애지신, 이필덕
> 厚以與天下齊行以爭民, 是皆不乘君之車, 不因馬之利, 釋車而下走
> 후이여천하제행이쟁민, 시개불승군지거, 불인마지리, 석거이하주
> 者也. 故曰: 景公不知用勢之主也, 而師曠 · 晏子不知除患之臣也.
> 자야. 고왈: 경공부지용세지주야, 이사광 · 안자부지제환지신야.

「外儲說右上」

「외저설우상」

군주는 아무도 믿어서는 안 된다!

진(晉) 문공(文公)이 망명할 때 기정(箕鄭)이 음식 항아리를 손에 들고 따라갔다. 헤매다가 길을 잃어 문공과 서로 떨어졌다. [기정은] 배가 고파 길에서 울었으나 굶주림을 참고

그 음식을 감히 먹으려 하지 않았다. 문공이 귀국하여 군사를 일으켜 원(原)을 쳤는데 이겨서 함락시켰다. 문공이 말하기를 "배고픈 고통도 쉽게 참고 음식 항아리를 온전히 지킬 수 있었으니 그가 원 땅을 가지고 장차 배반하지 않을 것이다"라고 하였다. 이에 그를 들어 원의 장관으로 삼았다.

대부 혼헌(渾軒)이 듣고 잘못이라고 일러 말하기를 "음식 항아리에 마음이 동하지 않았다는 까닭으로 그가 원 땅을 가지고 배반하지 않으리라 믿는 것은 계책 없는 일이 아니셨습니까. 바로 현명한 군주란 남이 나를 배반하지 않는다고 믿지 않고 내가 배반당하지 않게 할 것을 믿으며, 남이 나를 속이기 않는다고 믿지 않고 내가 속임당하지 않게 할 것을 믿습니다"라고 하였다.

晉文公出亡, 箕鄭挈壺餐而從, 迷而失道, 與公相失, 飢而道泣, 寢餓而
진문공출망, 기정설호찬이종, 미이실도, 여공상실, 기이도읍, 침아이
不敢食. 及文公反國, 擧兵攻原, 克而拔之. 文公曰: "夫輕忍飢餒之患而
불감식. 급문공반국, 거병공원, 극이발지. 문공왈: "부경인기뇌지환이
必全壺餐, 是將不以原叛." 乃擧以爲原令. 大夫渾軒聞而非之, 曰: "以
필전호찬, 시장불이원반." 내거이위원령. 대부혼헌문이비지, 왈: "이
不動壺餐之故, 怙其不以原叛也, 不亦無術乎?" 故明主者, 不恃其不我
부동호찬지고, 호기불이원반야, 불역무술호?" 고명주자, 불시기부아
叛也, 恃吾不可叛也; 不恃其不我欺也, 恃吾不可欺也.　　「外儲說左下」

반야, 시오불가반야; 불시기불아기야, 시오불가기야.　「외저설좌하」

관직에는 등급이 있다

　맹헌백(孟獻伯)이 상경(上卿)에 임명되었다고 한다. 숙향(叔向)이 축하하러 갔다. 문에 수레 끄는 말이 있었으나 곡식을 먹이지 않았다. 숙향이 말하기를 "당신에게 두 마리 말과 두 대의 수레가 없으니 어찌된 일이냐"고 물었다. 헌백이 말하기를 "내가 도성 안의 사람들을 보니 아직도 굶주린 기색이 보여서 말에게 여물을 먹이지 않았습니다. 머리가 흰 사람이 많이 걸어서 다니기 때문에 수레 두 대를 두지 않았습니다"라고 하였다. 숙향이 말하기를 "내가 처음에는 당신의 경벼슬을 축하하려고 하였는데 이제는 당신의 검소한 것을 축하한다"고 하였다.

　숙향이 밖에 나와서 묘(苗) 분황(賁皇)에게 이야기하기를 "나와 함께 헌백의 절검을 축하해 주자"고 하였다. 분황이 말하기를 "무슨 축하입니까. 대저 작록과 기장이란 공적인 등급을 달리하고 현우를 구별하는 수단입니다. 그러므로 진(晉)의 국법에 상대부는 두 대의 수레와 끄는 말 이승(二乘), 중대부는 두 대의 수레와 끄는 말 일승, 하대부는 오로지 말 일승으로 되어 있습니다. 이것은 신분의 등급을 명확히 하려는 것입니다. 또한 대저 경이라고 하면 반드시 군사에 참여하

게 되어 있습니다. 이런 까닭으로 수레와 말을 잘 정돈하고
병졸과 기마를 모두 갖추어서 싸우는 일에 대비하여야 합니
다. 어려운 일이 있으면 그것으로 만일의 사태에 대비하고,
평상시에는 그것으로 조정 일을 돕는 것입니다. 지금 진국의
법도를 어지럽히고 만일의 사태에 대한 방비를 줄여 절검을
이루어서 개인의 명성을 꾀하고 있는 헌백의 검약이 옳습니
까. 또 무슨 축하입니까"라고 하였다는 것이다.

晉孟獻伯拜上卿, 叔向往賀, 門有御, 馬不食禾. 向日: "子無二馬
진맹헌백배상경, 숙향왕하, 문유어, 마부식화. 향왈: "자무이마
二輿, 何也?" 獻伯曰: "吾觀國人尙有飢色, 是以不秣馬; 班白者多
이여, 하야?" 헌백왈: "오관국인상유기색, 시이부말마; 반백자다
徒行, 故不二輿." 向日: "吾始賀子之拜卿, 今賀子之儉也." 向
도행, 고불이여." 향왈: "오시하자지배경, 금하자지검야." 향
出, 語苗賁皇曰: "助吾賀獻伯之儉也." 苗子曰: "何賀焉?" 夫爵
출, 어묘분황왈: "조오하헌백지검야." 묘자왈: "하하언?" 부작
祿旂章, 所以異功伐別賢不肖也. 故晉國之法, 上大夫二輿二乘,
녹기장, 소이리공벌별현불초야. 고진국지법, 상대부이여이승,
中大夫二輿一乘, 下大夫專乘, 此明等級也. 且夫卿必有軍事, 是
중대부이여일승, 하대부전승, 차명등급야. 차부경필유군사, 시
故循車馬, 比卒乘, 以備戎事. 有難, 則以備不虞; 平夷, 則以給朝
고순거마, 비졸승, 이비융사. 유난, 즉이비불우; 평이, 즉이급조

事. 今亂晉國之政, 乏不虞之備, 以成節, 以絜私名, 獻伯之儉也可

사. 금란진국지정, 핍불우지비, 이성절, 이혈사명, 헌백지검야가

與? 又何賀?"   「外儲說左下」

여? 우하하?"   「외저설좌하」

신하는 집 지키는 개와 같다

송(宋) 사람으로 술 파는 자가 있었다. 말을 되는 데 대단
히 공평히 하고 손님맞이에 매우 정중하며 술맛이 대단히 좋
고 매단 깃대가 매우 높고 뚜렷하게 보였다. 그러나 팔리지
않아 술이 시었다. 그 까닭을 이상하게 여겨 그가 아는 마을
의 연장자 양천에게 물었다. 양천이 말하기를 "자네 집의 개
가 사나운가"라고 하였다. 대답하기를 "개가 사나운데 술이
왜 팔리지 않습니까"라고 하였다. 말하기를 "사람들이 개를
무서워하기 때문이다. 혹시 어린아이를 시켜 돈을 가지고 술
병을 들고 사러 가게 한다면 개가 뛰어나와서 물 것이다. 이
것이 술이 시고 팔리지 않는 까닭이다"라고 하였다. 대저 나
라에도 개가 있다. 도(道)를 깨달은 이가 법술을 가지고 만승
(萬乘)의 군주에게 밝히고자 해도 대신들이 사나운 개가 되어
그를 맞아 물어뜯는다. 이것이 군주의 눈이 가려지고 협박당
하는 원인이며 도를 깨달은 이가 등용되지 않는 이유다.

宋人有酤酒者, 升概甚平, 遇客甚謹, 爲酒甚美, 縣幟甚高, 然而不售,

송인유고주자, 승개심평, 우객심근, 위주심미, 현치심고, 연이불수,

酒酸. 怪其故, 問其所知, 閭長者楊倩. 倩曰: "汝狗猛耶?" 曰: "狗猛,

주산. 괴기고, 문기소지, 려장자양천. 천왈: "여구맹야?" 왈: "구맹,

則酒何故而不售?" 曰: "人畏焉." 或令孺子懷錢挈壺甕而往酤, 而狗迓而齕

즉주하고이불수?" 왈: "인외언." 혹령유자회전설호옹이왕고, 이구아이흘

之, 此酒所以酸而不售也." 夫國亦有狗, 有道之士懷其術而欲以明萬

지, 차주소이산이불수야." 부국역유구, 유도지사회기술이욕이명만

乘之主, 大臣爲猛狗迎而齕之, 此人主之所以蔽脅, 而有道之士所以

승지주, 대신위맹구영이흘지, 차인주지소이폐협, 이유도지사소이

不用也.

불용야.

「外儲說右上」

「외저설우상」

좋은 신하

대저 후직(后稷)·고요(皐陶)·이윤(伊尹)·주공단(周公旦)·태공망(太公望)·관중(管仲)·습붕(隰朋)·백리해(百里奚)·건숙(蹇叔)·구범(舅犯)·조쇠(趙衰)·범려(范蠡)·대부종(大夫種)·봉동(逢同)·화등(華登) 같은 열다섯 사람은 신하가 되어 모두 아침 일찍 일어나고 밤늦게 자며 자신을 낮추어 몸을 천대하며 마음을 다잡고 생각을 깨끗이 하며 형벌을 분명히 하고 맡은 직분에 힘써서 그 군주를 섬겼다. 좋은 의견을 진언하고 도법을 알게 하면서도 그 훌륭함을 자랑하지 않았

으며 성공하여 일을 이루더라도 공로를 자만하지 않았다. 내 집을 부수어서라도 나라를 편안하게 하고 내 몸을 죽여서라도 군주가 안전하기를 고대하며 군주를 높은 하늘이나 태산처럼 존숭하고 그 자신은 산골짜기나 웅덩이처럼 낮추었다. 군주가 나라 안에 명성이 드러나고 널리 칭찬을 받으면 자신은 산골짜기나 웅덩이 같은 비하를 받아도 서슴지 않았다. 이와 같은 신하는 비록 어둡고 어지러운 군주를 맞는다 하여도 오히려 공을 이룰 수 있다. 하물며 총명이 드러난 군주에게 있어서랴. 이것을 가리켜 패왕의 보좌라고 하는 것이다.

若夫後稷·皐陶·伊尹·周公旦·太公望·管仲·隰朋·百里奚·蹇
야부후직·고요·이윤·주공단·태공망·관중·습붕·백리해·건
叔·舅犯·趙衰·范蠡·大夫種·逢同·華登, 此十五人者爲其臣也,
숙·구범·조쇠·범려·대부종·봉동·화등, 차십오인자위기신야,
皆夙興夜寐, 卑身賤體, 竦心白意; 明刑辟. 治官職以事其君, 進善言.
개숙흥야매, 비신천체, 송심백의; 명형벽. 치관직이사기군, 진선언.
通道法而不敢矜其善, 有成功立事而不敢伐其勞; 不難破家以便國, 殺
통도법이불감긍기선, 유성공립사이불감벌기로; 불난파가이편국, 살
身以安主, 以其主爲高天泰山之尊, 而以其身爲壑谷鬴洧之卑; 主有明
신이안주, 이기주위고천태산지존, 이이기신위학곡부유지비; 주유명
名廣譽於國, 而身不難受壑谷鬴洧之卑. 如此臣者, 雖當昏亂之主尙可
명광예어국, 이신불난수학곡부유지비. 여차신자, 수당혼란지주상가

致功, 況於顯明之主乎? 此謂霸王之佐也.   「說疑」

치공, 황어현명지주호? 차위패왕지좌야.   「설의」

나쁜 신하들

대저 주활지(周滑之)·정왕손신(鄭王孫申)·진공손녕(陳公
孫寧)·의행보(儀行父)·형우윤신해(荊芋尹申亥)·수소사(隨
少師)·월종간(越種干)·오왕손락(吳王孫雒)·진양성설(晉陽
成洫)·제수조(齊竪刁)·역아(易牙) 같은 열두 사람은 신하가
되어 모두 작은 이득만을 생각하여 법도를 잊고 나아가서는
현량한 사람을 가로막아 그 군주의 눈을 어둡게 하였으며, 물
러나서는 백관들을 들쑤셔 화란을 일으켰다. 모두 군주를 도
와서 그 욕구를 채워 주어 정말 군주가 조금이라도 좋아할 수
있다면 비록 나라가 부서지고 백성을 죽이더라도 서슴지 않
았으니, 이와 같은 신하가 있다면 비록 성왕을 맞는다 하여도
오히려 나라를 빼앗길까 두렵다. 그런데 하물며 어둡고 어지
러운 군주가 능히 그것을 잃지 않을 수 있겠는가.

신하로서 이와 같은 자가 있다면 모두 자신은 죽고 나라가
망하여 천하에 웃음거리가 될 것이다. 그러므로 주(周) 위공
(威公)은 자신이 죽고 나라가 둘로 갈라졌으며, 정(鄭) 자양
(子陽)은 자신이 죽고 나라가 셋으로 갈라졌으며, 진(陳) 영공
(靈公)은 자신이 하징서(夏徵舒)의 집에서 죽고, 초(楚) 영왕

(靈王)도 건계(乾谿) 물가에서 죽었으며, 수(隨)는 초에게 망하고 오(吳)는 월(越)에게 병합되었다. 지백(知伯)은 진양(晉陽) 성 아래에서 멸망하고 환공(桓公)은 자신이 죽은 뒤 칠 일 동안이나 시신을 거두지 못하였다. 그러므로 말하기를 "아첨하는 신하는 오직 성왕만이 그를 알아차린다. 그러나 어리석은 군주는 그를 가까이 하기 때문에 자신은 죽고 나라도 망하는 데 이른다"고 한다.

若夫周滑之, 鄭王孫申·陳公孫寧·儀行父·荊芋尹·申亥·隨
야부주골지, 정왕손신·진공손녕·의행보·형우윤·신해·수
少師·越種干·吳王孫雒·晉陽成泄·齊竪刁·易牙, 此十二人者之爲其
소사·월종간·오왕손락·진양성설·제수조·역아, 차십이인자지위기
臣也, 皆思小利而忘法義, 進則揜蔽賢良以陰闇其主, 退則撓亂百官而
신야, 개사소리이망법의, 진즉엄폐현량이음암기주, 퇴즉요란백관이
爲禍難; 皆輔其君, 共其欲, 苟得一說於主, 雖破國殺衆, 不難爲也. 有
위화난; 개보기군, 공기욕, 구득일설어주, 수파국살중, 불난위야. 유
臣如此, 雖當聖王尙恐奪之, 而況昏亂之君, 其能無失乎? 有臣如此者,
신여차, 수당성왕상공탈지, 이황혼란지군, 기능무실호? 유신여차자,
皆身死國亡, 爲天下笑. 故周威公身殺, 國分爲二; 鄭子陽身殺, 國分
개신사국망, 위천하소. 고주위공신살, 국분위이; 정자양신살, 국분
爲三; 陳靈公身死於夏徵舒氏; 荊靈王死於乾谿之上; 隨亡於荊; 吳幷
위삼; 진령공신사어하징서씨; 형령왕사어건계지상; 수망어형; 오병

於越; 智伯滅於晉陽之下; 桓公身死七日不收. 故曰; 諂諛之臣, 唯聖

어월; 지백멸어진양지하; 환공신사칠일불수. 고왈; 첨유지신, 유성

王知之, 而亂主近之, 故至身死國亡.　　　　　　　　　　「說疑」

왕지지, 이란주근지, 고지신사국망.　　　　　　　　　　「설의」

부모가 자식 사랑하는 것과 군주가 신하 사랑하는 것은 거리가 멀다

헌명한 군주는 나라를 다스림에 있어 검시사를 많이 두고 죄를 무겁게 한다. 백성을 법으로 금하지 청렴으로 그만두게 하지 않는다. 어머니의 자식 사랑은 아버지의 갑절이 되지만 아버지의 영이 자식에게 행해지는 것은 어머니의 열 배나 된다. 관리가 백성에 대해 애정은 없지만 명령이 백성에게 행해지는 것은 아버지의 만 배나 된다. 어머니가 사랑을 쌓더라도 명령이 잘 통하지 않지만 관리는 위엄을 부리므로 백성이 따른다. 위엄과 애정의 방법은 역시 갈라질 수 있다.

또 부모가 자식에게 요구하는 바는 행동에 있어 안전과 이득을 바라며 몸가짐에 있어 죄를 멀리하기를 바란다. 군주가 백성에 대해서는 어려움이 있을 경우 목숨을 바치게 하고 평온할 경우에는 있는 힘을 다하도록 만든다. 부모는 짙은 애정을 가지고 자식을 안정되고 유리한 처지에 두고자 하지만 듣지 않으며, 군주는 애정이나 이득 없이 백성의 죽을 힘을 요

구함에도 불구하고 명령이 행해진다. 현명한 군주는 이것을 안다. 그러므로 은애하는 마음을 기르지 않고 위엄을 부릴 권세를 더한다. 어머니 사랑이 두터운 곳에 못된 자식이 많은 것은 사랑을 미루어 나가기 때문이다. 아버지는 애정이 박하고 매질로 가르치지만 착한 자식이 많은 것은 엄격하게 하기 때문이다.

故明主之治國也, 衆其守而重其罪, 使民以法禁而不以廉止. 母之愛子
고명주지치국야, 중기수이중기죄, 사민이법금이불이렴지. 모지애자

也倍父, 父令之行於子者十母; 吏之於民無愛, 令之行於民也萬父母.
야배부, 부령지행어자자십모; 이지어민무애, 영지행어민야만부모.

父母積愛而令窮, 吏用威嚴而民聽從, 嚴愛之筴亦可決矣. 且父母之所以
부모적애이령궁, 이용위엄이민청종, 엄애지협역가결의. 차부모지소이

求於子也; 動作, 則欲其安利也; 行身, 則欲其遠罪也. 君上之於民也;
구어자야; 동작, 즉욕기안리야; 행신, 즉욕기원죄야. 군상지어민야;

有難, 則用其死; 安平, 則盡其力. 親以厚愛關子於安利而不聽, 君以無
유난, 즉용기사; 안평, 즉진기력. 친이후애관자어안리이불청, 군이무

愛利求民之死力而令行. 明主知之, 故不養恩愛之心而增威嚴之勢. 故
애리구민지사력이령행. 명주지지, 고불양은애지심이증위엄지세. 고

母厚愛處, 子多敗, 推愛也; 父薄愛敎笞, 子多善, 用嚴也.　　　「六反」
모후애처, 자다패, 추애야; 부박애교태, 자다선, 용엄야.　　　「육반」

이상적인 통치

현명한 군주는 자연의 도를 따른다

현명한 군주가 공을 세우고 이름을 이루는 길은 네 가지가 있다. 첫째, 천시이고 둘째, 인심이며 셋째, 재능이고 넷째, 세위이다. 천시를 어기면 비록 요(堯)가 열 사람이라도 겨울에 벼이삭 하나 나게 할 수 없고 인심을 거스르면 비록 맹분(孟賁)이나 하육(夏育)이라 할지라도 사람들에게 힘을 다하게 할 수 없다. 그러므로 천시를 얻으면 힘쓰지 않아도 저절로 나고 인심을 얻으면 재촉하지 않아도 저절로 일하게 되며 재능에 맡기면 서두르지 않아도 저절로 빨리하게 되며 세위를 얻으면 추진시켜 나가지 않아도 명성이 이루어진다. 마치 물이 흐르는 것과 같고 배가 뜨는 것과 같다. 스스로 그러한 도를 지키고 끝없는 명령을 행하는 현명한 군주라고 말한다.

明君之所以立功成名者四: 一曰天時, 二曰人心, 三曰技能, 四曰勢位.

명군지소이립공성명자사: 일왈천시, 이왈인심, 삼왈기능, 사왈세위.

非天時, 雖十堯不能冬生一穗; 逆人心, 雖賁·育不能盡人力. 故得天

비천시, 수십요불능동생일수; 역인심, 수분·육불능진인력. 고득천

時, 則不務而自生, 得人心, 則不趣而自勸; 因技能, 則不急而自疾; 得

시, 즉불무이자생, 득인심, 즉불취이자권; 인기능, 즉불급이자질; 득

勢位, 則不進而名成. 若水之流, 若船之浮. 守自然之道, 行毋窮之令,

세위, 즉부진이명성. 약수지류, 약선지부. 수자연지도, 행무궁지령,

故曰明主.   「功名」

고왈명주.   「공명」

훌륭한 나라 다스림은 자연의 움직임과 같이한다

옛날 치국의 대강을 온전하게 터득한 이는 하늘과 땅을 본받아 만백성을 기르고 강과 바다를 관망하며 산과 골짜기 형태에 따랐다. 해와 달이 번갈아 비치듯이 네 계절이 차례로 변해 가듯이 구름이 펼쳐지고 바람이 불어 나부끼듯이 하였다. 지혜를 가지고 마음을 괴롭히지 않으며 사심을 가지고 자기 몸을 괴롭히는 일이 없다. 치란을 법술에 의지하고 시비를 상벌에 의탁하며 경중을 저울대 기준에 맡긴다. 하늘의 이치를 어기지 않고 사람의 성정을 상하게 하지 않는다. 털을 불어서

작은 흠을 찾아내려 하지 않고 때를 씻어서 알기 어려운 것을 살피려고 하지 않는다. 정해진 틀 밖으로 끌어내지 않고 틀 안으로 밀어 넣으려 하지도 않는다. 또한 법 밖으로 밀어내지 않고 법 안으로 끌어들이지도 않는다. 이루어진 이치를 지키고 스스로 그러함에 따른다. 화와 복은 도와 법에서 나오는 것이지 사랑과 미움에서 나오는 것이 아니며, 영예와 치욕의 책임은 자신에게 있는 것이지 다른 사람에게 있는 것이 아니다.

古之至人體者·望天地, 觀江海, 因山谷, 日月所照, 四時所行, 雲布風
고지전대체자: 망천지, 관강해, 인산곡, 일월소조, 사시소행, 운포풍

動; 不以智累心, 不以私累己; 寄治亂於法術, 託是非於賞罰, 屬輕重
동; 불이지누심, 불이사누기; 기치란어법술, 탁시비어상벌, 속경중

於權衡; 不逆天理, 不傷情性; 不吹毛而求小疵, 不洗垢而察難知; 不
어권형; 불역천리, 불상정성; 불취모이구소자, 불세구이찰난지; 불

引繩之外, 不推繩之內; 不急法之外, 不緩法之內; 守成理, 因自然; 禍
인승지외, 불추승지내; 불급법지외, 불완법지내; 수성리, 인자연; 화

福生乎道法, 而不出乎愛惡; 榮辱之責在乎己, 而不在乎人.　　「大體」
복생호도법, 이불출호애오; 영욕지책재호기, 이부재호인.　　「대체」

이상적 통치는 노자가 말하는 도와 같다

『노자(老子)』의 말에 이르기를 "만족할 줄 알면 욕보지 않고 그칠 줄 알면 위태롭지 않다"고 한다. 도대체 위태롭고 욕

보게 된다는 것 때문에 만족 밖의 것을 구하지 않는 자는 노자뿐이다. 만약 백성을 만족시켜서 다스릴 수 있다고 생각한다면 이는 백성을 모두 노자와 같이 생각하는 것이 된다. …… 그러므로 현명한 군주는 나라를 다스릴 때 계절의 일을 알맞게 함으로써 재물을 쌓고, 세금 부역을 조정함으로써 빈부를 고르게 하며, 작록을 후하게 함으로써 어진 재능을 다하게 하고, 형벌을 엄중히 함으로써 사악을 금하며, 백성으로 하여금 노력하여 부를 얻게 하고 일을 하여 귀히 되게 하며, 잘못은 죄를 받게 하고 공적은 상받게 하여 은혜를 내려줄 것을 생각하지 않게 된다. 이것이 제왕의 정치이다.

老聃有言曰: "知足不辱, 知止不殆." 夫以殆辱之故而不求於足之外
者, 老聃也. 今以爲足民而可以治, 是以民爲皆如老聃也. …… 故明主
자, 노담야. 금이위족민이가이치, 시이민위개여노담야. …… 고명주

노담유언왈: "지족불욕, 지지불태." 부이태욕지고이불구어족지외

之治國也, 適其時事以致財物, 論其稅賦以均貧富, 厚其爵祿以盡賢
지치국야, 적기시사이치재물, 논기세부이균빈부, 후기작록이진현

能, 重其刑罰以禁姦邪, 使民以力得富, 以事致貴, 以過受罪, 以功致
능, 중기형벌이금간사, 사민이력득부, 이사치귀, 이과수죄, 이공치

賞, 而不念慈惠之賜, 此帝王之政也.　　　　　　　　　　　「六反」
상, 이불념자혜지사, 차제왕지정야.　　　　　　　　　　　「육반」

훌륭한 군주는 마음을 비우고 무위로 다스린다

도(道)라는 것은 만물이 시작하는 근원이며 옳고 그름을 정하는 기준이다. 그러므로 현명한 군주는 그 처음을 지킴으로써 만물 생성의 근원을 알고, 그 기준을 다스림으로써 일이 이루어지고 망가지는 조짐을 안다. 따라서 마음을 비우고 조용히 기다려 신하로 하여금 명분을 스스로 정하게 하고 일이 저절로 이루어지게 한다. 마음을 비우면 실제 정황을 알 수 있고 소용히 하면 움직임을 알 수 있다. 말할 의견이 있는 자는 이를 스스로 말하게 되고, 일하려는 자는 그 실적이 저절로 드러나게 된다. 실적과 말한 명분의 일치 여부를 대조해 보면 군주가 아무 일을 하지 않아도 그 실정을 분명히 파악할 수 있게 된다. 그러므로 "군주는 자신이 바라는 것을 밖으로 드러내지 말아야 한다. 군주가 바라는 것을 밖으로 드러내면 신하가 잘 보이려고 꾸밀 것이다. 또한 군주는 자기 의사를 표시하지 말아야 한다. 군주가 자기 의사를 표시하면 신하가 남과 다름을 보여 주려고 할 것이다"라고 한다.

또 "좋아함을 버리고 싫어함을 버리면 신하는 바로 본심을 그대로 드러낼 것이며, 지혜를 버리고 재주를 부리지 않으면 신하는 바로 신중하게 처신할 것이다"라고도 한다. 따라서 지혜가 있다 하여도 그것으로 생각을 짜내려고 하지 않으며 사람으로 하여금 처신할 바를 스스로 알게 한다. 뛰어난

슬기가 있다고 하더라도 그것으로 일을 하려고 하지 않으며 신하가 일할 근거를 살펴보도록 한다. 용기가 있다손 치더라도 그것으로 노하지 않고 신하들로 하여금 무용을 힘껏 발휘하도록 한다.

道者, 萬物之始, 是非之紀也. 是以明君守始以知萬物之源, 治紀以知 도자, 만물지시, 시비지기야. 시이명군수시이지만물지원, 치기이지 善敗之端. 故虛靜以待, 令令名自命也, 令事自定也. 虛則知實之情, 선패지단. 고허정이대, 영령명자명야, 영사자정야. 허즉지실지정, 靜則知動者正. 有言者自爲名, 有事者自爲形, 形名參同, 君乃無事焉, 정즉지동자정. 유언자자위명, 유사자자위형, 형명참동, 군내무사언, 歸之其情. 故曰: 君無見其所欲, 君見其所欲, 臣自將雕琢; 君無見其 귀지기정. 고왈: 군무견기소욕, 군견기소욕, 신자장조탁; 군무견기 意, 君見其意, 臣將自表異. 故曰: 去好去惡, 臣乃見素; 去舊去智, 臣 의, 군견기의, 신장자표리. 고왈: 거호거악, 신내견소; 거구거지, 신 乃自備. 故有智而不以慮, 使萬物知其處; 有行而不以賢, 觀臣下之所 내자비. 고유지이불려, 사만물지기처; 유행이불이현, 관신하지소 因; 有勇而不以怒, 使群臣盡其武. 「愛臣」 인; 유용이불이노, 사군신진기무. 「애신」

훌륭한 군주는 지혜나 어짊을 버리고 무위로 다스린다

그러므로 군주는 지혜를 버림으로써 도리어 총명해질 수

있고 어짊을 버림으로써 오히려 공적을 세울 수 있으며 용기를 버림으로써 도리어 강해질 수 있다. 신하들로 하여금 직분을 지키게 하고 백관들로 하여금 항상됨을 따르게 하여 각기 능력에 맞추어 일 시키는 것을 일컬어 습상(習常)이라고 한다. 이로써 "조용하도다! 그가 어느 자리에 있는지 알 수 없도다. 텅 비어 있도다! 그 소재를 파악할 수 없도다."

"현명한 군주는 윗자리에서 아무것도 하지 않아도 신하들은 아래에서 두려움에 떨고 있다"고 한다. 현명한 군주의 길이란 지혜 있는 자로 하여금 생각을 짜내게 하고, 그것을 근거로 일을 결단하는 것이기 때문에, 군주로서의 지혜가 막히지 않는다.……이런 까닭으로 군주는 슬기롭지 않으면서도 슬기로운 자의 스승이 되고, 지혜롭지 못하면서도 지혜로운 자를 바르게 한다. 신하는 수고를 되풀이하고 군주가 그 성과를 누리는 것을 일컬어 현명한 군주의 경영이라 한다.

是故去智而有明, 去賢而有功, 去勇而有强. 群臣守職, 百官有常, 因
시고거지이유명, 거현이유공, 거용이유강. 군신수직, 백관유상, 인
能而使之, 是謂習常. 故曰: 寂乎其無位而處, 漻乎莫得其所. 明君無爲
능이사지, 시위습상. 고왈: 적호기무위이처, 류호막득기소. 명군무위
於上, 群臣竦懼乎下. 明君之道, 使智者盡其慮, 而君因以斷事, 故君不
어상, 군신송구호하. 명군지도, 사지자진기려, 이군인이단사, 고군불
窮於智; 賢者敕其材, 君因而任之, 故君不窮於能; 有功則君有其賢, 有

궁어지; 현자칙기재, 군인이임지, 고군불궁어능; 유공즉군유기현, 유

過則臣任其罪, 故君不窮於名. 是故不賢而爲賢者師, 不智而爲智者

과즉신임기죄, 고군불궁어명. 시고불현이위현자사, 부지이위지자

正. 臣有其勞, 君有其成功, 此之謂賢主之經也.　　　　　　　「愛臣」

정. 신유기로, 군유기성공, 차지위현주지경야.　　　　　　　「애신」

훌륭한 군주는 측근 임용이 훌륭하였다

옛날 유호씨(有扈氏)에게 실도(失度)가 있고 환두(讙兜)에게 고남(孤男)이 있고 삼묘(三苗)에게 성구(成駒)가 있고 걸(桀)에게 후치(侯侈)가 있고 주(紂)에게 숭후호(崇侯虎)가 있고 진(晉)에는 우시(優施)가 있었다. 이 여섯 사람은 나라를 망하게 한 신하들이다. 옳은 일을 그른 것 같이 말하고 그른 일을 옳은 것 같이 말하였다. 내심은 음험하여 남을 해치나 겉은 얌전하여 착해 보이며, 옛것을 칭송하여 좋은 일을 못하도록 막고, 그 군주를 마음대로 움직여 음모를 치밀하게 해내며 그가 좋아하는 것으로써 혼란시켰다. 이들은 낭중이나 측근의 부류였다.

지난날의 군주들 중에는 인재를 얻어서 몸이 평안하고 나라가 보존된 이가 있는가 하면 인재를 얻어서 몸이 위태롭고 나라가 망한 자도 있다. 인재를 얻은 명목은 같으나 그 이해 관계는 서로 크게 다르다. 그러므로 군주의 측근에 대하여 신

중하지 않을 수 없다. 사람의 군주된 자가 진실로 신하가 말한 것을 명찰한다면 현·불초의 구별이 흑백과 같을 것이다.

昔者有扈氏有失度, 讙兜氏有孤男, 三苗有成駒, 桀是侯侈, 紂有崇侯
석자유호씨유실도, 환두씨유고남, 삼묘유성구, 걸시후치, 주유숭후
虎, 晉有優施, 此六人者, 亡國之臣也. 言是如非, 言非如是, 內險以賊,
호, 진유우시, 차육인자, 망국지신야. 언시여비, 언비여시, 내험이적,
其外小謹, 以徵其善; 稱道往古, 使良事沮; 善禪其主, 以集精微, 亂之
기외소근, 이징기선; 칭도왕고, 사량사저, 선선기주, 이집정미, 난지
以其所好; 此夫郎中左右之類者也. 往世之主, 有得人而身安國存者,
이기소호; 차부낭중좌우지류자야. 왕세지주, 유득인이신안국존자,
有得人而身危國亡者. 得人之名一也, 而利害相千萬也, 故人主左右
이기소호; 차부낭중좌우지류자야. 왕세지주, 유득인이신위국망자.
不可不愼也. 爲人主者誠明於臣之所言, 則別賢不肖如黑白矣. 「說疑」
불가불신야. 위인주자성명어신지소언, 즉별현불초여흑백의. 「설의」

이상적 통치는 법의 시행을 통하여

농사 짓는 일은 고달프나 백성이 그것을 하는 것은 부해질 수 있기 때문이라고 말한다. 전쟁하는 일은 위험하나 백성이 그것을 하는 것은 귀해질 수 있기 때문이라고 말한다. 만약 학문을 닦고 말재주를 익혀서 농사 짓는 고달픔 없이도 재부의 실리를 얻고 전쟁의 위험 없이도 귀하게 되고 높아진다면

어느 누가 하지 않겠는가. 이런 까닭에 백 사람이 지혜를 다
듬고 한 사람만이 일하게 된다. 지혜를 익히는 자가 많으면
법이 무너지고 일을 하는 자가 적으면 나라가 가난해진다. 이
것이 세상이 어지러워지는 원인이다.

그러므로 현명한 군주의 나라에서는 책에 쓰인 글이 없고
법만을 가르침으로 삼으며, 선왕의 말은 없고 관리만을 스승
으로 삼으며, 개인의 칼부림은 없고 [적의] 목을 베는 것만을
용맹으로 삼는다. 이런 까닭에 나라 안의 백성 가운데 담론하
는 자는 반드시 법에 따르고 일하는 자는 그것을 공적에 돌리
며 용맹 부리는 자는 그것을 군에서 다하게 된다. 이 때문에
일이 없으면 나라가 부하고 일이 있으면 군대가 강하다. 이것
을 일러 왕의 자질이라고 한다. 미리 왕자를 길러 적국의 틈
을 타야 한다. 오제(五帝)를 넘어 삼왕(三王)과 나란히 되려면
반드시 이 법이라야 한다.

夫耕之用力也勞, 而民爲之者, 曰: 可得以富也. 戰之爲事也危, 而民
부경지용력야로, 이민위지자, 왈: 가득이부야. 전지위사야위, 이민
爲之者, 曰: 可得以貴也. 今修文學, 習言談, 則無耕之勞而有富之實,
위지자, 왈: 가득이귀야. 금수문학, 습언담, 즉무경지로이유부지실,
無戰之危而有貴之尊, 則人孰不爲也? 是以百人事智而一人用力. 事
무전지위이유귀지존, 즉인숙불위야? 시이백인사지이일인용력. 사
智者衆, 則法敗; 用力者寡, 則國貧: 此世之所以亂也. 故明主之國, 無

지자중, 즉법패; 용력자과, 즉국빈: 차세지소이란야. 고명주지국, 무

書簡之文, 以法爲教; 無先王之語, 以吏爲師; 無私劍之捍, 以斬首爲勇.

서간지문, 이법위교; 무선왕지어, 이리위사; 무사검지한, 이참수위용.

是境內之民, 其言談者必斬於法, 動作者歸之於功, 爲勇者盡之於軍.

시경내지민, 기언담자필참어법, 동작자귀지어공, 위용자진지어군.

是故無事則國富, 有事則兵强, 此之謂王資. 既畜王資而承敵國之釁, 超

시고무사즉국부, 유사즉병강, 차지위왕자. 기축왕자이승적국지흔, 초

五帝侔三王者, 必此法也. 「五蠹」

오제모삼왕자, 필차법야. 「오두」

4장

제자백가 비판

유가, 법가 그리고 제가

전국시대 혼란의 실상은 '오월동주'가 보여 준다

월왕(越王)이 오왕(吳王)을 쳐부수었다. 오왕이 빌고 항복을 고해 왔다. 월왕은 그것을 허락하려고 하였다. 범려(范蠡)와 대부종(大夫種)이 말하기를 "안 됩니다. 옛날에 하늘이 월(越)을 오(吳)에게 내주었으나 오가 받지 않았습니다. 지금 하늘이 부차(夫差)를 보복하는 것은 역시 하늘의 앙화입니다. 오늘 월에게 주는 것이니 재배하여 그것을 받으십시오. 허락할 수 없습니다"라고 하였다. [오의] 태재비(太宰嚭)가 대부종에게 편지를 써 보내어 말하기를 "날쌘 토끼가 다 잡히면 좋은 개는 삶아 먹히고 적국이 멸하면 계략 꾸미던 신하도 망합니다. 대부께서 왜 오를 풀어 주어 월을 괴롭히도록 만들지 않습니까"라고 하였다. 대부종이 편지를 받아 그것을 읽고 크게 탄식하며 말하기를 "죽여라. 월도 오와 같은 운명이다" 라고 하였다.

越王攻吳王, 吳王謝而告服, 越王欲許之. 范蠡 · 大夫種曰: "不可. 昔
월왕공오왕, 오왕사이고복, 월왕욕허지. 범려 · 대부종왈: "불가. 석

天以越與吳, 吳不受, 今天反夫差, 亦天禍也. 以吳予越, 再拜受之,
천이월여오, 오불수, 금천반부차, 역천화야. 이오여월, 재배수지,

不可許也." 太宰嚭遺大夫種書曰: "狡兎盡則良犬烹, 敵國滅則謀臣亡.
불가허야." 태재비유대부종서왈: "교토진즉양견팽, 적국멸즉모신망.

大夫何不釋吳而患越乎?" 大夫種受書讀之, 太息而歎曰: "殺之, 越
대부하불석오이환월호?" 대부종수서독지, 태식이탄왈: "살지, 월

與吳同命."　　　　　　　　　　　　　　　　　　　「內儲說下」
여오동명."　　　　　　　　　　　　　　　　　　　「내저설하」

점과 같은 세속적인 믿음은 부질없는 속된 믿음이다

거북 등에 구멍을 뚫고 서죽(筮竹)을 세니 점괘가 '대길' (大吉)이라고 나와 연(燕)을 친 나라는 조(趙)다. 마찬가지로 거북 등에 구멍을 뚫고 서죽을 세어 점괘가 대길이라고 나와 조를 친 나라는 연이다. 극신(劇辛)이 연을 섬겼으나 성과가 없이 사직이 위태롭게 되었다. 추연(鄒衍)도 연을 섬겼으나 역시 성과가 없이 나라의 도가 끊기고 말았다. 한편 조는 먼

저 연에 대하여 뜻을 이루고 뒤에 제(齊)에 대하여 뜻을 이루어 나라는 어지러웠으나 기개는 높아 스스로 진(秦)과 맞서고 있다고 생각하였다. 이는 조의 거북이 영험하다거나, 연의 거북이 속인 것이 아니다.

조는 또 일찍이 거북 등에 구멍을 뚫고 서죽을 세어 북으로 연을 쳐서 장차 그 연을 협박하여 진을 막아 보려고 하였는데 점괘가 '대길'이라고 나왔다. 처음에 대량(大梁)을 공략하였는데, 진은 조의 상당(上黨)으로 진출하고 조의 군대가 연 땅에 이를 즈음 조의 육성(六城)이 진에게 점령되었으며, 다시 양성(陽城)에 이르렀을 때는 진이 업(鄴) 성을 함락시켰다. 방원(龐援)이 군대를 되돌려 남으로 돌아와 보니 조의 성채가 모두 진의 수중에 떨어지고 말았다.

나는 그래서 말하기를 "조의 거북점이 비록 멀리 연에 대하여 내다보지 못했을지라도 가까이 진에 대해서는 알아차려야만 좋았을 것"이라고 한다. 진은 그 '대길'이라고 하는 점괘를 가지고 영토를 넓히는 실익을 거두었으며 연을 구출한다는 명성까지 얻었다. 그러나 조는 똑같이 '대길'이라고 하는 점괘를 가지고 영토를 깎이고 군대는 욕을 당하였으며 군주는 뜻을 이루지 못하고 죽었다. 이 또한 진의 거북이 영험하고 조의 거북이 속인 것이 아니다. …… "거북점이나 서죽의 계시와 귀신의 가호가 있더라도 그것으로 승리를 거둘 수는 없으며, 좌우 전후의 별자리도 그것으로 충분히 싸울 수 있다고 하지 못한다"고 할 것이다. 그런데도 그것을 의지한 다면 그 이상 더 어리석은 것은 없다.

鑿龜數莢, 兆曰"大吉", 而以攻燕者, 趙也. 鑿龜數莢, 兆曰"大吉", 而以
착구수협, 조왈"대길", 이이공연자, 조야. 착구수협, 조왈"대길", 이이
攻趙者, 燕也. 劇辛之事燕, 無功而社稷危; 鄒衍之事燕, 無功而國道
공조자, 연야. 극신지사연, 무공이사직위; 추연지사연, 무공이국도
絶, 趙代先得意於趙, 後得意於齊, 國亂節高, 自以爲與秦提衡, 非趙
절. 조대선득의어조, 후득의어제, 국란절고, 자이위여진제형, 비조
龜神而燕龜欺也. 趙又嘗鑿龜數莢而北伐燕, 將劫燕以逆秦, 兆曰"大
구신이연구기야. 조우상착구수협이배벌연, 장겁연이역진, 조왈"대
吉". 始攻大梁而秦出上黨矣, 兵至釐而六城拔矣; 至陽城, 秦拔鄴矣;
길". 시공대량이진출상당의, 병지리이육성발의; 지양성, 진발업의;
龐援揄兵而南, 則鄲盡矣. 臣故曰: 趙龜雖無遠見於燕, 且宜近見於秦.
방원유병이남, 즉장진의. 신고왈: 조구수무원견어연, 차의근견어진.
秦以其"大吉", 辟地有實, 救燕有有名. 趙以其"大吉", 地削兵辱, 主不
진이기"대길", 벽지유실, 구연유유명. 조이기"대길", 지삭병욕, 주부
得意而死. 又非秦龜神而趙龜欺也. …… 故曰: 龜莢鬼神不足擧勝, 左
득의이사. 우비진구신이조구기야. …… 고왈: 구협귀신부족거승, 좌
右背鄉不足以專戰. 然而恃之, 愚莫大焉.　　　　　　　　　　「飾邪」
우배향부족이전전. 연이시지, 우막대언.　　　　　　　　　　「식사」

말함에 실제 효용을 목표하지 않으면, 쓸모없이 다양한 주장들만 판친다

군주가 신하의 말을 들을 때 실제 효용을 목표로 삼지 않으면 말하는 자 다수가 '가시나무로 조각한다'든가 '백마가 말이 아니다'(白馬非馬)라는 주장을 한다. 정해진 표적을 맞추게 하지 않으면 활 쏘는 자가 모두 예(羿)와 같이 될 것이다. 군주가 언설을 대하는 태도는 모두 연왕(燕王)이 도(道)를 배우는 것과 같으며, 장광설을 펴는 자는 모두 정(鄭)나라 사람이 나이를 다투는 것과 같다.

이런 까닭에 말을 섬세하고 세세하고 미묘하고 알기 어렵게 하는 것은 급한 일이 아니다. 그러므로 계진(季眞)·혜시(惠施)·송연(宋妍)·묵적(墨翟)은 모두 대쪽에 그린 그림과 같다. 논의를 심원하고 광대하게 하는 것은 쓸모가 없다. 그러므로 위모(魏牟)·장로자(長盧子)·첨하(瞻何)·진병(陳騈)·장주(莊周)는 모두 요괴와 같다. 말함에 인정에 어긋나고 고집스러워 실효가 없다. 그러므로 무광(務光)·변수(卞隋)·포초(鮑焦)·개자퇴(介子推)·묵적(墨翟)은 모두가 딱딱한 표주박 같다. 또한 우경(虞慶)은 목수를 설복시켰으나 집이 무너지고 범수(范睢)는 공인을 궁지로 몰았으나 활이 꺾였다. 이런 까닭에 참됨을 구한다는 것은 집에 돌아와 밥을 먹도록 하지 않으면 안 된다고 하는 것이다.

人主之聽言也, 不以功用爲的, 則說者多"棘刺"·"白馬"之說; 不以

인주지청언야, 불이공용위적, 즉설자다"극자"·"백마"지설; 불이

儀的爲關, 則射者皆如羿也. 人主於說也, 皆如燕王學道也, 而長說者,

의적위관, 즉사자개여예야. 인주어설야, 개여연왕학도야, 이장설자,

皆如鄭人爭年也. 是以言有纖察微難而非務也. 故李·惠·宋·墨

개여정인쟁년야. 시이언유섬찰미난이비무야. 고이·혜·송·묵

皆畵策也; 論有迂深閎大, 非用也. 故畏·震·瞻·車·莊皆鬼魅也; 言

개희책야; 논유우심굉대, 비용야. 고외·신·점·차·장개귀매야; 언

而拂難堅确, 非功也, 故務·卞·鮑·介·墨翟皆堅瓠也. 且虞慶詘匠也

이불난견학, 비공야, 고무·변·포·개·묵적개견호야. 차우경굴장야

而屋壞, 范且窮工而弓折. 是故求其誠者, 非歸餉也不可. 「外儲說左上」

이옥괴, 범차궁공이궁절. 시고구기성자, 비귀향야불가. 「외저설좌상」

변설은 명분과 실상의 혼동에서 생긴다

말과 행동은 그 효용과 쓰임이 목표에 도달하기 위한 것이
다. 뾰족하게 화살을 숫돌에 갈아 아무렇게나 쏜다고 하더라
도 가느다란 털 하나를 맞히지 못하는 것은 아니다. 그러나
활 잘 쏘는 자라고 일러 말할 수 없는 것은 정해진 과녁이 없
기 때문이다. 다섯 치 되는 과녁을 마련하여 열 걸음 멀리서
당기더라도 예(羿)나 봉몽(逢蒙)이 아니면 반드시 맞힐 수 없
는 것은 일정한 표적이 있기 때문이다. 그러므로 일정한 표적

이 있으면 예나 봉몽이 다섯 치 되는 과녁으로도 솜씨 좋다고 하지만 일정한 표적이 없으면 아무렇게나 쏘아서 가는 털끝을 맞힌다 하더라도 서투르다고 한다. 말을 듣고 행동을 관찰할 때 효용과 쓰임이 목표에 도달하기 위한 것이 아니라면 말이 비록 지극히 뜻 깊고 행동이 비록 견실하더라도 아무렇게나 쏘는 화살과 같은 설이 된다.

이런 까닭으로 난세의 [군주가] 말을 들을 때 알기 어려운 것을 뜻 깊다 하고 널리 꾸민 것을 말 잘한다고 생각한다. 행동을 관찰함에 군중과 떨어진 것을 현명하다 하고 위에 대드는 것을 고매하다고 생각한다. 군주는 변설과 뜻 깊은 말을 좋아하며 현명하고 고매한 행동을 존중한다. 그러므로 법(法)과 술(術)을 쓰는 사람이 버리고 취할 행동 기준을 세우고 논쟁의 시비를 가릴지라도 그것을 바로잡지 못한다. 이런 까닭으로 유복(儒服)을 걸친 학자와 칼을 든 협객은 많아도 밭을 갈면서 싸우는 병사는 적으며, 견백(堅白)과 무후(無厚)란 설만이 성행하여 고시한 법령이 지켜지지 않는다. 그러므로 말하기를 "군주가 명철하지 못하면 변론이 생긴다"고 한다.

夫言行者, 以功用爲之的彀者也. 夫砥礪殺矢而以妄發, 其端未嘗不中

부언행자, 이공용위지적구자야. 부지려살시이이망발, 기단미상불중

秋毫也, 然而不可謂善射者, 無常儀的也. 設五寸之的, 引十步之遠,

추호야, 연이불가위선사자, 무상의적야. 설오촌지적, 인십보지원,

非羿‧逢蒙不能必中者, 有常也. 故有常, 則羿‧逢蒙以五寸的爲巧; 無

비예‧봉몽불능필중자, 유상야. 고유상, 즉예‧봉몽이오촌적위교; 무

常, 則以妄發之中秋毫爲拙. 今聽言觀行, 不以功用爲之的彀, 言雖至

상, 즉이망발지중추호위졸. 금청언관행, 불이공용위지적구, 언수지

察, 行雖至堅, 則妄發之說也. 是以亂世之聽言也, 以難知爲察, 以博

찰, 행수지견, 즉망발지설야. 시이란세지청언야, 이난지위찰, 이박

文爲辯; 其觀行也, 以離群爲賢, 以犯上爲抗. 人主者說辯察之言, 尊

문위변; 기관행야, 이리군위현, 이범상위항. 인주자설변찰지언, 존

"賢""抗"之行, 故夫作法術之人, 立取舍之行, 別辭爭之論, 而莫爲

"현""항"지행, 고부작법술지인, 입취사지행, 별사쟁지론, 이막위

之正. 是以儒服‧帶劍者衆, 而耕戰之士寡; 堅白無厚之詞章, 而憲令

지정. 시이유복‧대검자중, 이경전지사과; 견백무후지사장, 이헌령

之法息. 故曰: 上不明, 則辯生焉.   「問辯」

지법식. 고왈: 상불명, 즉변생언.   「문변」

송 양공은 시대에 뒤떨어진 예를 지키다 나라를 잃고 망신당하다

송(宋) 양공(襄公)이 초(楚)의 군사와 탁곡(涿谷) 강가에서
싸웠다. 송의 군사는 이미 전열을 갖추었으나 초군은 아직 다
물을 건너오지 못하였다. 우장군 구강(購强)이 종종걸음으로
나와서 간하여 말하기를 "초군은 많고 송군은 적습니다. 청
컨대 초군을 반만 건너오게 하여 전열을 갖추기 전에 공격하

면 반드시 무찌를 것입니다"라고 하였다. 양공이 말하기를 "내가 듣기로는 군자가 말하기를 '부상자를 두 번 다치게 하지 말고 반백자를 포로로 붙잡지 말며 사람을 험한 곳까지 밀어붙이지 말고 또 궁지로 사람을 몰아넣지 말며 전열을 갖추지 못한 적을 공격하지 말라' 고 하였다. 지금 초가 아직 물을 건너오지 않았는데 이를 공격하면 의(義)를 해치게 된다. 초군을 모두 다 건너오게 하여 진지를 만들게 한 다음에 북을 쳐서 군사를 진격시키겠다"고 하였다. 우장군이 [다시] 말하기를 "군주께서는 송의 민초를 아끼지 않고 군사의 안전을 생각지 않으시며 다만 의를 이루려 하실 뿐입니다"라고 하였다. 양공이 [노하여] 말하기를 "전열로 돌아가지 않으면 군법으로 다스릴 것이다" 라고 하였다. 우장군이 전열로 되돌아왔다.

초군은 이미 전열을 갖추고 진지를 구축하였다. 양공이 이윽고 진격 북을 쳤다. 송군은 크게 패하고 양공도 허벅다리에 상처를 입어 삼 일 만에 죽었다. 이는 바로 제 스스로 인의를 그리다가 생긴 화다. 대저 반드시 군주 자신이 직접 행한 다음에야 민중이 따르게 될 것이라고 기대한다면 이는 바로 장차 군주가 농사 지어 먹고 앞장서서 싸워야만 백성도 따라서 농사 짓고 싸운다는 것이 된다. 그렇다면 군주는 너무나 위험하고 신하는 너무나 편안하지 않겠는가.

宋襄公與楚人戰於涿谷上. 宋人旣成列矣, 楚人未及濟. 右司馬購强趨

송양공여초인전어탁곡상. 송인기성렬의, 초인미급제. 우사마구강추

而諫曰: "楚人衆而宋人寡, 請使楚人半涉未成列而擊之, 必敗." 襄公

이간왈: "초인중이송인과, 청사초인반섭미성렬이격지, 필패." 양공

曰: "寡人聞君子曰: '不重傷, 不擒二毛, 不推人於險, 不迫人於阨. 不鼓

왈: "과인문군자왈: '부중상, 불금이모, 불추인어험, 불박인어액. 불고

不成列.' 今楚未濟而擊之, 害義. 請使楚人畢涉成陳而後鼓士進之."

불성렬.' 금초미제이격지, 해의. 청사초인필섭성진이후고사진지."

右司馬曰: "君不愛宋民, 腹心不完, 特爲義耳." 公曰: "不反列, 且行

우사마왈: "군불애송민, 복심불완, 특위의이." 공왈: "불반렬, 차행

法." 右司馬反列, 楚人已成列撰陳矣, 公乃鼓之. 宋人大敗, 公傷股,

법." 우사마반렬, 초인이성렬찬진의, 공내고지. 송인대패, 공상고,

三日而死. 此乃慕自仁義之禍. 夫必恃人主之自躬親而後民聽從, 是

삼일이사. 차내모자인의지화. 부필시인주지자궁친이후민청종, 시

則將令人主耕以爲上, 服戰鴈行也民乃肯耕戰, 則人主不泰危乎? 而人

즉장령인주경이위상, 복전안행야민내긍경전, 즉인주불태위호? 이인

臣不泰安乎?　　　　　　　　　　　　　　　　　　　　　「外儲說左上」

신불태안호?　　　　　　　　　　　　　　　　　　　　　「외저설좌상」

유가의 인의는 시대의 변화를 따르지 못하는 것이다

비중(費仲)이 주(紂)를 설득하기를 "서백(西伯) 창(昌)은 현

인이라 백성들이 그를 좋아하며 제후들도 마음을 붙이고 있으니 죽이지 않을 수 없습니다. 죽이지 않으면 반드시 은(殷)의 재앙이 될 것입니다"라고 하였다. 주가 말하기를 "자네 말로는 의로운 군주라고 하면서 어떻게 죽일 수 있겠는가"라고 하였다. 비중이 다시 말하기를 "관이 비록 떨어지고 낡았어도 반드시 머리에 쓰며, 신은 비록 아름다울지라도 반드시 땅바닥을 밟게 되어 있습니다. 지금 서백 창은 신하이지만 의를 닦아서 인심이 그에게로 기울어져 있습니다. 끝내 천하의 우환이 되는 것은 반드시 창일 것입니다. 누구이든 현명한 지능을 가지고 군주를 위하지 않는다면 쳐 죽이지 않을 수 없습니다. 또한 군주가 되어서 신하를 죽이는 것이 어찌 잘못이겠습니까"라고 하였다. 주가 말하기를 "인의라고 하는 것은 위가 아래에게 권하는 바이다. 지금 창은 인의를 좋아하고 있다. 그를 죽이는 일은 옳지 않다"라고 하였다. 세 번 설득했으나 수용되지 않았다. 그런 까닭으로 망하였다.

費仲說紂曰: "西伯昌賢, 百姓悅之, 諸侯附焉, 不可不誅; 不誅, 必爲殷禍." 紂曰: "子言, 義主, 何可誅?" 費仲曰: "冠雖穿弊, 必戴於頭; 履雖五采, 必踐之於地. 今西伯昌, 人臣也, 修義而人向之, 卒爲天下患,

비중설주왈: "서백창현, 백성열지, 제후부언, 불가불주; 불주, 필위은화." 주왈: "자언, 의주, 하가주?" 비중왈: "관수천폐, 필대어두; 리수오채, 필천지어지. 금서백창, 인신야, 수의이인향지, 졸위천하환,

其必昌乎? 人人不以其賢爲其主, 非可不誅也. 且主而誅臣, 焉有過?"

기필창호? 인인불이기현위기주, 비가불주야. 차주이주신, 언유과?"

紂曰: "夫仁義者, 上所以勸下也. 今昌好仁義, 誅之不可." 三說不用,

주왈: "부인의자, 상소이권하야. 금창호인의, 주지불가." 삼설불용,

故亡.   「外儲說左下」

고망.   「외저설좌하」

인의와 예를 강조하는 유가는 법치와는 근본적으로 다르다

옛날과 지금은 풍속이 다르고 새 시대와 구시대는 대비함
이 다르다. 만약 너그럽고 느릿한 정책으로 급박한 세상의 백
성을 다스리려 한다면 마치 고삐나 채찍도 없이 사나운 말을
부리려는 것과 같다. 이것은 실상을 알지 못하는 환난이다.
지금 유(儒) · 묵(墨)은 모두 "선왕은 천하를 아울러 사랑하였
으므로 백성을 보기를 부모와 같이 하였다"고 한다. 무엇으
로써 그렇다고 밝히겠는가. "법관이 형을 집행하면 군주가
그 때문에 악기를 들지 않고 사형 보고를 들으면 그 때문에
군주가 눈물을 흘린다"고 한다. 이것이 높이 받드는 바의 선
왕이다. 도대체 군신 사이를 부자와 같이 생각하면 반드시 다
스려진다고 한다. 이로 미루어 말하면 바로 부자 사이는 틀어
지지 않는다는 것이다. 사람의 타고난 정이 부모보다 더 앞선
것은 없다. 그러나 모두 사랑받는다고 반드시 의가 좋다고는

하지 못한다. 비록 애정이 두텁다 하더라도 어찌 사이가 틀어
지지 않겠는가.

지금 선왕이 백성을 사랑함은 부모가 자식을 사랑하는 것
에 미치지 못한다. 자식은 반드시 틀어지지 않는다고 하지 못
한다면 백성이 어찌 다스려지겠는가. 또한 도대체 법을 가지
고 형을 집행하면서 군주가 그 때문에 눈물을 흘렸다 하는데,
이것이 인을 드러낸 것이라고는 할지라도 그것으로 다스렸
다고 할 수는 없다. 눈물을 보이며 형벌을 바라지 않는 것은
인이며 그렇더라도 처형하지 않을 수 없는 것은 법이다. 선왕
이 법을 우선하고 눈물에 따르지 않았으니 인을 정치의 요체
로 삼을 수 없는 것은 또한 분명하다.

夫古今異俗, 新故異備. 如欲以寬緩之政, 治急世之民, 猶無轡策而御駻
부고금이속, 신고이비. 여욕이관완지정, 치급세지민, 유무비책이어한
馬, 此不知之患也. 今儒 · 墨皆稱先王兼愛天下, 則視民如父母何以
마, 차부지지환야. 금유 · 묵개칭선왕겸애천하, 즉시민여부모하이
明其然也? 曰: "司寇行刑, 君爲之不擧樂; 聞死刑之報, 君爲流涕". 此
명기연야? 왈: "사구행형, 군위지불거락; 문사형지보, 군위류체". 차
所擧先王也. 夫以君臣爲如父子則必治, 推是言之, 是無亂父子也. 人
소거선왕야. 부이군신위여부자즉필치, 추시언지, 시무란부자야. 인
之情性莫先於父母, 父母皆見愛而未必治也, 君雖厚愛, 奚遽不亂? 今
지정성막선어부모, 부모개견애이미필치야, 군수후애, 해거불란? 금

先王之愛民, 不過父母之愛子, 子未必不亂也. 則民奚遽治哉? 且夫以
선왕지애민, 불과부모지애자, 자미필불란야. 즉민해거치재? 차부이

法行刑, 而君爲之流涕, 此以效仁, 非以爲治也. 夫垂泣不欲刑者, 仁
법행형, 이군위지류체, 차이효인, 비이위치야. 부수읍불욕형자, 인

也; 然而不可不刑者, 法也. 先王勝其法, 不聽其泣, 則仁之不可以爲
야; 연이불가불형자, 법야. 선왕승기법, 불청기읍, 즉인지불가이위

治亦明矣.　　　　　　　　　　　　　　　　　　　　　　　　　「五蠹」

치역명의.　　　　　　　　　　　　　　　　　　　　　　　　　「오두」

유가는 사적인 사랑을! 법가는 공적인 의리를!

오랜 친구라 하여 사적으로 행하면 이를 가리켜 버리지 않
는다고 말한다. 공공의 재물을 마구 뿌리면 이를 가리켜 어진
사람이라고 말한다. 봉록을 경시하고 내 몸을 소중히 하면 이
를 가리켜 군자라고 말한다. 법을 굽혀 친족을 곡진하게 대하
면 이를 가리켜 덕이 있다고 말한다. 관직을 버리고 사귐을
더 중히 여기면 이를 가리켜 협기가 있다고 말한다.

세상을 떠나 위를 피하면 이를 가리켜 기품이 있다고 말
한다. 서로 다투고 명령을 어기면 이를 가리켜 강한 인재라
고 말한다. 은혜를 베풀어 대중을 모으면 이를 가리켜 민심
을 잡는다고 말한다. [오랜 친구를] 버리지 않는 자는 관리로
서 악을 저지르는 자이다. 어진 사람이란 공공의 재물을 손

상시키는 자이다. 군자란 자는 백성을 부리기 어려운 자이
다. 덕이 있는 자란 법 제도를 깨뜨리는 자이다. 협기 있는
자란 관직을 등한시하는 자이다. 기품 있는 자란 일을 힘쓰
지 않는 자이다. 강한 인재란 자는 명령을 행하지 않는 자이
다. 민심을 잡는 자란 군주를 고립시키는 자이다. 이 여덟 가
지는 필부들의 사적인 영예이나 군주의 큰 해악이다. 이 여
덟 가지에 반하는 것은 필부들의 사적인 훼손이나 군주의 공
적인 이득이다. 군주가 사직의 이해를 살피지 않고 필부들의
사적인 영예를 거든다면 나라에 위난이 없기를 바라더라도
해낼 수 없을 것이다.

為故人行私謂之"不棄", 以公財分施謂之"仁人", 輕祿重身謂之"君
위고인행사위지"불기", 이공재분시위지"인인", 경록중신위지"군
子", 枉法曲親謂之"有行", 棄官寵交謂之"有俠", 離世遁上謂之"高
자", 왕법곡친위지"유행", 기관총교위지"유협", 리세둔상위지"고
傲", 交爭逆令謂之"剛材", 行惠取衆謂之"得民". 不棄者, 吏有姦
오", 교쟁역령위지"강재", 행혜취중위지"득민". 불기자, 이유간
也; 仁人者, 公財損也; 君子者, 民難使也; 有行者, 法制毁也; 有俠者,
야; 인인자, 공재손야; 군자자, 민난사야; 유행자, 법제훼야; 유협자,
官職曠也; 高傲者, 民不事也; 剛材者, 令不行也; 得民者, 君上孤也.
관직광야; 고오자, 민불사야; 강재자, 영불행야; 득민자, 군상고야.
此八者, 匹夫之私譽, 人主之大敗也. 反此八者, 匹夫之私毁, 人主之

차팔자, 필부지사예, 인주지대패야. 반차팔자, 필부지사훼, 인주지

公利也. 人主不察社稷之利害, 而用匹夫之私譽, 索國之無危亂, 不可

공리야. 인주불찰사직지리해, 이용필부지사예, 색국지무위란, 불가

得矣. 「八說」

득의. 「팔설」

유자들은 법을 거부하고, 법가는 가족주의를 거부한다

유자는 문을 가지고 법을 어지럽히고 협객을 무를 가지고 금령을 어기지만 군주가 아울러 그들을 예우하니 이것이 난의 원인이다. 법에 걸린 자는 죄가 되지만 여러 학자들은 학문을 가지고 채용되고, 금령을 어긴 자는 처벌 받지만 여러 협객들은 사사로운 검술을 가지고 고용된다. 그러므로 법이 안 된다고 하는 것을 군주가 채용하는 바가 되며, 관리가 처벌하는 것을 위가 고용하는 바가 된다. 법과 취향 그리고 위와 아래 네 가지가 서로 어긋나서 일정한 것이 없으면 비록 황제(黃帝)가 열 명 있더라도 다스릴 수 없을 것이다.

그러므로 인의를 행하는 자는 칭찬할 바가 아닌데 칭찬하면 공적을 해치게 된다. 고전 학문을 익힌 자는 등용할 바가 아닌데 등용하면 법을 어지럽히게 된다. 초(楚) 사람으로 정직한 궁(躬)이 있었다. 그 아버지가 양을 훔치자 관리에게 그것을 알렸다. 재상이 말하기를 "죽이라"고 하였다. 군주에 대

하여는 정직하지만 아버지에 대하여는 옳지 않다고 판단하여 죄를 주었다. 이로 미루어 보면 군주의 정직한 신하는 아버지의 포악한 자식이다.

노(魯) 사람이 군주를 따라 싸움터에 나가 세 번 싸워 세 번 도망쳤다. 공자가 그 까닭을 물었다. 대답하기를 "나에게 늙은 아버지가 있어 내가 죽으면 봉양하지 못한다"고 하였다. 공자가 효라고 여겨 천거하여 위로 올렸다. 이로 미루어 보면 아버지의 효자는 군주의 역신이다. 이처럼 재상이 처벌하여 초에서는 간악을 알리지 않게 되었고 공자가 상주어 노의 백성은 쉽게 항복하고 달아나게 되었다. 아래위의 이해가 이와 같이 다르다. 그런데도 군주가 하찮은 사람들의 행동까지 함께 들어서 사직의 복을 이루려 한다면 결코 기대하지 못할 것이다.

儒以文亂法, 俠以武犯禁, 而人主兼禮之, 此所以亂也. 夫離法者罪, 유이문란법, 협이무범금, 이인주겸례지, 차소이란야. 부리법자죄, 而諸先生以文學取; 犯禁者誅, 而群俠以私劍養. 故法之所非, 君之所 이제선생이문학취; 범금자주, 이군협이사검양. 고법지소비, 군지소 取; 吏之所誅, 上之所養也. 法 · 趣 · 上 · 下, 四相反也, 而無所定, 雖 취; 리지소주, 상지소양야. 법 · 취 · 상 · 하, 사상반야, 이무소정, 수 有十黃帝, 不能治也. 故行仁義者非所譽, 譽之則害功; 工文學者非所 유십황제, 불능치야. 고행인의자비소예, 예지즉해공; 공문학자비소

用, 用之則亂法. 楚之有直躬, 其父竊羊, 而謁之吏. 令君曰: "殺之！"

용, 용지즉란법. 초지유직궁, 기부절양, 이알지리. 영군왈: "살지！"

以爲直於君而曲於父, 報而罪之. 以是觀之, 夫君之直臣, 父之暴子

이위직어군이곡어부, 보이죄지. 이시관지, 부군지직신, 부지포자

也. 魯人從君戰, 三戰三北. 仲尼問其故, 對曰: "吾有老父, 身死莫之

야. 노인종군전, 삼전삼배. 중니문기고, 대왈: "오유노부, 신사막지

養也." 仲尼以爲孝, 擧而上之. 以是觀之, 夫父之孝子, 君之背臣也.

양야." 중니이위효, 거이상지. 이시관지, 부부지효자, 군지배신야.

故令尹誅而楚姦不上聞, 仲尼賞而魯民易降北. 上下之利, 若是其異

고령윤주이초간불상문, 중니상이노민이강배. 상하지리, 야시기이

也, 而人主兼擧匹夫之行, 而求致社稷之福, 必不幾矣　　　　　「五蠹」

야, 이인주겸거필부지행, 이구치사직지복, 필부기의.　　　　　「오두」

유가와 묵가는 사상은 다를지라도 그 뿌리는 같다

세상에 드러난 학파인 유가(儒家)와 묵가(墨家)다. 유가의
제일은 공구(孔丘)이고 묵가의 제일은 묵적(墨翟)이다. 공자
가 죽은 뒤로부터 자장(子張)의 유가가 있고 자사(子思)의 유
가가 있고 안씨(顏氏)의 유가가 있고 맹씨(孟氏)의 유가가 있
고 칠조씨(漆雕氏)의 유가가 있고 악정씨(樂正氏)의 유가가 있
다. 묵자가 죽은 뒤로부터 상리씨(相里氏)의 묵가가 있고 상
부씨(相夫氏)의 묵가가 있고 등릉씨(鄧陵氏)의 묵가가 있다.

그러므로 공자와 묵자, 그 뒤는 유가가 갈라져 여덟 파로 되고 묵가가 헤어져 세 파로 되었다. 그 주장이 서로 엇갈려 같지 않은데 모두 자신을 일러 정통 공자ㆍ정통 묵자라고 한다. 공자ㆍ묵자가 다시 살아날 수 없는데 장차 누구로 하여금 후세 학설을 판정하게 할 것인가. 공자ㆍ묵자가 함께 요ㆍ순을 칭송하여 말하나 그 주장이 서로 엇갈려 같지 않은데 모두 자신을 일러 정통 요ㆍ순이라고 말한다. 요ㆍ순이 다시 살아나지 않는데 장차 누구로 하여금 유ㆍ묵의 진실성을 판정하게 할 것인가. 은(殷)ㆍ주(周)가 칠백여 년 되고 우(虞)ㆍ하(夏)가 이천여 년이나 되어도 유ㆍ묵의 정통을 판정할 수가 없다. 지금 바로 삼천 년 요ㆍ순의 도를 살펴보려고 하나 아마도 그것을 할 수 없을 것이다. 확증도 없이 그것을 반드시 [단정]하는 것은 어리석으며, 반드시 할 수도 없으면서 그것을 근거로 삼는 것은 속임수다. 그러므로 선왕을 근거로 밝히거나 반드시 요ㆍ순을 단정하는 자는 어리석지 않으면 속이는 자다. 어리석고 속이는 학설과 잡박하게 모순되는 행동을 현명한 군주는 받아들이지 않는다.

世之顯學, 儒ㆍ墨也. 儒之所至, 孔丘也. 墨之所至, 墨翟也. 自孔子之
세지현학, 유ㆍ묵야. 유지소지, 공구야. 묵지소지, 묵적야. 자공자지

死也, 有子張之儒, 有子思之儒, 有顔氏之儒, 有孟氏之儒, 有漆雕氏
사야, 유자장지유, 유자사지유, 유안씨지유, 유맹씨지유, 유칠조씨

之儒, 有仲良氏之儒, 有孫氏之儒, 有樂正氏之儒. 自墨子之死也, 有

지유, 유중량씨지유, 유손씨지유, 유락정씨지유. 자묵자지사야, 유

相里氏之墨, 有相夫氏之墨, 有鄧陵氏之墨. 故孔・墨之後, 儒分爲八,

상리씨지묵, 유상부씨지묵, 유등능씨지묵. 고공・묵지후, 유분위팔,

墨離爲三, 取舍相反不同, 而皆自謂眞孔, 墨, 孔・墨不可復生, 將誰

묵리위삼, 취사상반부동, 이개자위진공, 묵, 공・묵불가부생, 장수

使定後世之學乎? 孔子・墨子俱道堯・舜, 而取舍不同, 皆自謂眞

사정후세지학호? 공자・묵자구도요・순, 이취사부동, 개자위진

堯・舜, 堯・舜不復生, 將誰使定儒・墨之誠乎? 殷・周七百餘歲,

요・순, 요・순불부생, 장수사정유・묵지성호? 은・주칠백여세,

虞・夏二千餘歲, 而不能定儒・墨之眞; 今乃欲審堯・舜之道於三千

우・하이천여세, 이불능정유・묵지진; 금내욕심요・순지도어삼천

歲之前, 意者其不可必乎? 無參驗而必不者, 愚也; 弗能必而據之者,

세지전, 의자기불가필호? 무참험이필부자, 우야; 불능필이거지자,

誣也. 故明據先王, 必定堯・舜者, 非愚則誣也. 愚誣之學, 雜反之行,

무야. 고명거선왕, 필정요・순자, 비우즉무야. 우무지학, 잡반지행,

明主弗受也.   「顯學」

명주불수야.   「현학」

유가와 묵가는 장례 예법에서 기준이 다르다

묵가의 장례는 겨울에는 겨울옷을 여름에는 여름옷을 입

혀 오동나무 관 세 치로 석달상을 입더라도 세상 군주가 검소하다고 여겨 예우한다. 유가는 집을 파산하여 장례를 치르고 삼년상을 입어 크게 쇠약해져 지팡이를 의지하더라도 세상 군주가 효행이라고 여겨 예우한다. 도대체 묵자의 검소가 옳다고 한다면 장차 공자의 사치가 그르게 될 것이며, 공자의 효행이 옳다고 한다면 장차 묵자의 박정이 그르게 될 것이다. 지금 효행과 박정 그리고 사치와 검소가 아울러 유와 묵에 있는데도 군주가 이를 함께 예우하고 있다.

칠조(漆雕)의 주장은 기색이 꺾이지 않고 눈을 돌리지 않으며 행동이 굽으면 노예에게도 피하고 행동이 곧으면 제후에게 노하더라도 세상 군주가 염직하다고 여겨 예우한다. 송영자(宋榮子)의 주장은 다투지 않는 논리를 펴고 원수 갚지 않는 자세를 취하며 감옥을 부끄러워하지 않고 모욕당하여도 굴욕으로 생각하지 않는데 그래도 세상 군주가 관대하다고 여겨 예우한다. 도대체 칠조의 염직이 옳다면 장차 송영의 용서가 그르게 될 것이며, 송영의 관대가 옳다면 장차 칠조의 사나움이 그르게 될 것이다. 그러나 지금 관대와 염직 그리고 용서와 사나움이 아울러 두 사람에게 있는데도 군주가 이를 함께 예우하고 있다. 어리석고 속이는 학설과 잡박하고 모순되는 언사가 다투는 뒤부터 군주가 다 같이 그것을 받아들이므로 천하 사람들은 언론의 일정한 원칙이 없고 행동에 통일

된 기준이 없다.

얼음과 숯불은 같은 그릇에 오래 있지 못하고, 추위와 더위는 때를 함께하여 이르지 못하며, 잡박하고 모순된 학설은 양립되어 다루지 못한다. 만약 잡박한 학설과 그릇된 행동 그리고 같거나 다른 언사를 함께 받아들인다면 어찌 어지럽지 않을 수가 있겠는가. 받아들이고 행동함이 이와 같다면 사람을 다스림에 있어서도 또한 반드시 그리할 것이다.

墨者之葬也, 冬日冬服, 夏日夏服, 桐棺三寸, 服喪三月, 世主以爲儉
묵자지장야, 동일동복, 하일하복, 동관삼촌, 복상삼월, 세주이위검
而禮之. 儒者破家而葬, 服喪三年, 大毀扶杖, 世主以爲孝而禮之, 夫
이례지. 유자파가이장, 복상삼년, 대훼부장, 세주이위효이례지, 부
是墨子之儉, 將非孔子之侈也; 是孔子之孝, 將非墨子之戾也. 今孝ㆍ
시묵자지검, 장비공자지치야; 시공자지효, 장비묵자지려야. 금효ㆍ
戾ㆍ侈ㆍ儉俱在儒ㆍ墨, 而上兼禮之. 漆雕之議, 不色撓, 不目逃, 行
려ㆍ치ㆍ검구재유ㆍ묵, 이상겸례지. 칠조지의, 불색요, 불목도, 행
曲則違於臧獲, 行直則怒於諸侯, 世主以爲廉而禮之. 宋榮子之議, 設
곡즉위어장획, 행직즉노어제후, 세주이위렴이례지. 송영자지의, 설
不鬪爭, 取不隨讐, 不羞囹圄, 見侮不辱, 世主以爲寬而禮之. 夫是漆
불투쟁, 취불수수, 불수령어, 견모불욕, 세주이위관이례지. 부시칠
雕之廉, 將非宋榮之恕也; 是宋榮之寬, 將非漆雕之暴也. 今寬ㆍ廉ㆍ
조지렴, 장비송영지서야; 시송영지관, 장비칠조지포야. 금관ㆍ렴ㆍ

恕・暴俱在二子, 人主兼而禮之. 自愚誣之學・雜反之辭爭, 而人主

서・포구재이자, 인주겸이례지. 자우무지학・잡반지사쟁, 이인주

俱聽之, 故海內之士, 言無定術, 行無常議. 夫冰炭不同器而久, 寒暑不

구청지, 고해내지사, 언무정술, 행무상의. 부빙탄부동기이구, 한서불

兼時而至, 雜反之學不兩立而治. 今兼聽雜學繆行同異之辭, 安得無

겸시이지, 잡반지학불양립이치. 금겸청잡학무행동이지사, 안득무

亂乎? 聽行如此, 其於治人又必然矣.　　　　　　　　　　　「顯學」

란호? 청행여차, 기어치인우필연의.　　　　　　　　　　　「현학」

유가의 효제충순은 현실과 동떨어진 것이다

천하 사람들이 모두 효제(孝悌)와 충순(忠順)의 도를 옳다
고 하지만 효제 충신의 도를 잘 살피고 그것을 바르게 행할
줄은 모른다. 이런 까닭으로 천하가 어지러워졌다. 모두가 요
순의 도를 옳다고 하여 그것을 본받는다. 이런 까닭으로 군주
를 시해하는 일이 있고 아버지를 잘못되게 만드는 일이 있다.
요・순과 탕・무왕은 혹 군신의 의를 배반하고 후세의 가르
침을 어지럽힌 자들이다. 요는 남의 군주이면서 신하를 군주
로 받들고 순은 남의 신하이면서 군주를 신하로 삼았으며 탕
과 무왕은 남의 신하이면서 군주를 시해하고 그 시체를 벌하
였다. 그러나 천하 사람들은 그것을 칭찬하였다. 이것이 천하
가 지금에 이르기까지 다스려지지 않는 원인이다.

天下皆以孝悌忠順之道爲是也, 而莫知察孝悌忠順之道而審行之, 是

천하개이효제충순지도위시야, 이막지찰효제충순지도이심행지, 시

以天下亂. 皆以堯舜之道爲是而法之, 是以有弑君, 有曲父. 堯·舜·

이천하란. 개이요순지도위시이법지, 시이유시군, 유곡부. 요·순·

湯·武或反君臣之義, 亂後世之敎者也. 堯爲人君而君其臣, 舜爲人

탕·무혹반군신지의, 난후세지교자야. 요위인군이군기신, 순위인

臣而臣其君, 湯·武爲人臣而弑其主·刑其尸, 而天下譽之, 此天下

신이신기군, 탕·무위인신이시기주·형기시, 이천하예지, 차천하

所以至今不治者也.   「忠孝」

소이지금불치자야.   「충효」

5장

『한비자』 55편의 요약

각 편의 내용

1. 「초견진(初見秦)」: 한비(韓非)가 진왕(秦王)을 만나서 할
   말을 정리해 놓은 글. 진의 천하통일 이전의 상황을 설
   명하고 있으나, 한비가 쓴 것이 아니라고 보고 있다.

2. 「존한(存韓)」: 진(秦)이 한(韓)을 병합하려 할 때, 한비
   가 진왕을 설득하여 자기 조국 한을 존속코자 하여 상주
   한 글로 보인다. 그러나 이것 또한 한비 자신의 글이 아
   니라고 본다.

3. 「난언(難言)」: 12편 세난(說難)과 비슷한 글이다. 어떤
   명안(名案)이나 정론(正論)도 상대를 설득하기가 대단히
   어렵다고 하는 술회를 군주에게 상주(上奏)하는 형식으
   로 쓴 글이다.

4. 「애신(愛臣)」: 군주에게 상주하는 형식으로, 제후나 중신들이 지나치게 비대해지면 천자나 군주 자리가 위험해지므로 방심하지 말라고 경고하는 글이다.

5. 「주도(主道)」: 『노자』의 도와 연관지어 군주가 권위를 지키기 위하여 허정(虛靜)과 무위(無爲)의 태도를 취하여 신하의 본심을 파악하는 심술(心術)을 말한다.

6. 「유도(有度)」: 나라를 부강하게 하려면 군주가 특히 공과 사를 구분하여 신하에게 철저하게 법을 적용할 것을 강조하는 등 법치의 조건을 밝힌다.

7. 「이병(二柄)」: 법술에 있어서 술의 구체적인 내용인 상(賞)과 벌(罰) 두 가지, 곧 두 개의 권한(二柄)을 군주가 어떻게 실제로 행사할 것인지를 밝힌다.

8. 「양권(揚權)」: 군주가 상벌이란 두 개의 칼을 잡고 형명참동(刑名參同)을 추진하여 군주의 권능을 지켜야 한다고 주장한다. 「이병(二柄)」 「주도(主道)」 편과 더불어 통치기술을 이론적으로 전개한 일종의 군주론이다.

9. 「팔간(八姦)」: 간(姦)은 군주의 권한을 침해하는 공적인 것이 아닌 사적인 세력 형성을 뜻한다. 그러한 악을 8가지로 나누어 설명하고 그 제거 방법을 제시한다.

10. 「십과(十過)」: 군주가 자신을 망치고 나라를 잃는 원인을 열 가지로 나누어 설명하고, 이어서 각 조목에 해

당되는 사례를 다양하고 역사적인 옛날 설화를 들어
해설하고 있다.

11. 「고분(孤憤)」: 군주를 에워싼 측근, 권력을 장악한 중
신들의 전횡으로 법술지사(法術之士)가 인정받지 못하
는 당시 체제에 대한 강력한 정치 비판론이다. 팔간,
십과와 상통한다.

12. 「세난(說難)」: 군주에게 의견을 진술하여 깨닫도록 하
는 세(說), 즉 유세가 쉽지 않다는 뜻에서 난(難)이라고
한다. 지식인이 어떻게 발언하는 것이 효과적일지 세
상의 인심과 한비 자신의 체험을 통하여 설명한다. 3
편의 난언과 통한다.

13. 「화씨(和氏)」: 부국강병을 위하여 반드시 법술(法術)에
의한 통치를 해야 함을 여러 가지 설화를 들어 비통한
어조로 호소하는 글이다.

14. 「간겁시신(姦劫弑臣)」: 군주를 해치는 신하들의 여러
양상을 간신(姦臣), 겁신(劫臣), 시신(弑臣)으로 나누어
그들이 횡행하는 이유를 설명하고 법술정책을 시행함
으로써 막을 수 있다고 주장하는 글이다.

15. 「망징(亡徵)」: 나라를 망하게 하는 징조를 47가지를
들어 거론한다. 특히 전국이라는 말기적 현상이 정확
히 반영되어 망국에 대한 경계가 제시되고 있다.

16. 「삼수(三守)」: 군주가 통치상에서 군주의 권력을 유지하기 위하여 지켜야 할 세 가지 요점을 제시한다. 그렇지 못할 때 신하들에게 협박받거나 살해당할 것이라고 경고한다.

17. 「비내(備內)」: 군주를 해칠 수 있는 궁 안(內)의 후비(后妃), 부인(夫人), 적자(嫡子)를 대비하여, 군주는 자신 이외의 어느 누구도 믿어서는 안 되는 것임을 강조한다.

18. 「남면(南面)」: 전통적으로 군주가 자리 잡는 방향은 남쪽을 향하는 남면으로, 곧 군주는 권력의 속성상 어느 누구도 믿어서는 안 되고, 법만을 따를 것을 강조한다.

19. 「식사(飾邪)」: 사악한 복서(卜筮)나 점성(占星) 같은 신앙을 식(飾) 곧 계(戒)하라는 뜻이며, 당시 정치 현상에 노출된 불합리한 문제들을 척결하고, 객관적 법에 근거한 상·벌의 시행을 강조한다.

20. 「해로(解老)」: 『노자』의 가장 오래된 주석으로 알려져 있다. 이것은 『노자』 자체에 충실하다기보다는 『관자(管子)』에 가까운 법가(法家)나 유가(儒家)의 절충이라고 할 수 있으나, 한비가 『노자』의 도의 객관성을 따르기 위하여 취한 것으로 판단된다. 현존하는 『노자』와는 다른 부분이 많아 문헌학적으로 쓸모가 있다.

21. 「유로(喩老)」: 「해로(解老)」가 『노자』 주석이라면, 이 편은 한비 철학의 토대를 다지기 위한 독자적 비유 방식의 부연 설명이다. 많은 역사적 고사나 전설들을 인용하여 실증적으로 예증하고 있다.

22. 「설림상(說林上)」 23. 「설림하(說林下)」: 설(說)은 유세를 말한다. 이야기 수가 수풀처럼 많다고 하여 림(林)이라 한다. 한비가 자신의 주장을 설득력 있게 전달하기 위하여 엮은 설화집으로, 상·하 두 편에 71가지 설화가 실려 있다.

24. 「관행(觀行)」: 군주가 신하의 행동을 관찰함에 있어 개인의 능력은 한계가 있으므로, 객관적인 법술이나 세(勢)라는 기준을 엄격히 따라야 한다는 주장을 설명한다.

25. 「안위(安危)」: 국가를 보존하는 7가지 원칙과 위기를 극복하는 6가지 방식을 구체적으로 설명하고, 객관적인 법에 대한 존중만이 국가를 보존할 수 있다고 본다.

26. 「수도(守道)」: 도에 근거한 객관적인 법의 존엄성이 강조되며, 모든 자의적인 행태를 배제하고 안으로 법에 의한 권력과 질서 확립을 강조한다.

27. 「용인(用人)」: 군주가 자신의 자의를 버리고 법술의 존중과 신상필벌(信賞必罰)로써 신하를 잘 쓰는 방법을

논한다. 특히 천(天)이란 자연의 원리에 따라야 한다고 함으로써 도가와의 관계를 보여 준다.

28. 「공명(功名)」 : 군주가 공을 이루고 명성을 날릴 수 있는 것은 개인의 능력에의 의존이 아니라 객관적이고도 자연스러운 세위(勢位)가 중요하다. 여기서 도법(道法) 절충의 흔적을 보여 준다.

29. 「대체(大體)」 : 나라 다스리는 요점을 총괄하는 대강(大綱)은 객관적인 법술과 상벌에 의한 통치 공작에 있는데, 그것은 내용에 있어 자연의 원리에 순응하는 자세를 중시하는 특색을 보여 주고 있다.

30. 「내저설상(內儲說上)」 31. 「내저설하(內儲說下)」 : 설명을 위한 사례들, 곧 설(說)을 저(儲), 곧 저축한다는 뜻이다. 군주에게 아뢰기 위하여 많은 설화를 모아 주제별로 정리하여 일종의 자료집을 만든 것이다. 내(內)는 다음의 외저설(外儲說)에 대칭하는 것이다. 상편은 군주가 실행하여야 할 일곱 가지 방법과 대책들, 곧 칠술(七術)에 관한 것이다. 하편은 군주가 명확히 꿰뚫어보아야 할 여섯 가지 기미 또는 조짐, 곧 육미(六微)에 관하여 말한다. 육미는 끝에 묘공(廟功)을 더하여 7가지이다.

32. 「외저설좌상(外儲說左上)」 33. 「외저설좌하(外儲說左

下)」 34.「외저설우상(外儲說右上)」 35.「외저설우하(外
儲說右下)」: 내저설과 성격이 거의 비슷하게 모두 법술
사상으로 일관되어 있다.

36.「난일(難一) 37.「난이(難二)」 38.「난삼(難三)」 39.「난
사(難四)」: 일반에게 잘 알려진 역사적 고사나 설화를
제시하고, 법가인 한비 자신의 입장에서 비판(難)을 가
한 글이다.

40.「난세(難勢)」: 신도(愼到)가 정치의 제일 요건으로 제
시한 세의 논리를 전개하고, 이를 현능(賢能) 정치의
입장에서 반박한 뒤, 다시 한비(韓非)가 역비판을 가하
는 형식의 글이다. 세보다 현을 내세우려는 주장을 비
판하므로 난세라 이름붙인 것이다.

41.「문변(問辯)」: 법술의 입장에서 볼 때 당시 성행하던
변론 곧, 변(辯)들은 실제로는 전혀 내용이 없는 공론
임을 밝히는 글이다.

42.「문전(問田)」: 법(法)·술(術)을 논하고, 신변의 위험을
경계하는 내용을 전개하고 있다. 그러나 앞부분과 뒷
부분이 일관되지 않는다는 비판을 받고 있다.

43.「정법(定法)」: 신불해(申不害)의 술(術)과 상앙(商鞅)의
법(法)을 비판·계승하고, 신도(愼到)의 세(勢)를 덧붙
여 법 설정의 기본 이념과 방향을 체계화함으로써, 법

가 이론을 심화시킨 집대성이라 할 수 있다.

44. 「설의(說疑)」: 간신을 현인으로 착각하는 군주의 모습을 문제 삼는 등, 비슷하여 혼동하기 쉬운 당시 사이비 정치·사회적 실상을 날카롭게 비판함으로써, 평판은 좋고 잘하는 것 같아도 사실은 해만 입히는 사례들을 들어 군주를 경계한 글이다.

45. 「궤사(詭使)」: 실제로 정치 추세가 법(法)·술(術)에 의한 통치 본래의 성격과는 매우 다르게 진행되고 있는 현실에 대해 자신의 우려와 울분을 담은 내용이다.

46. 「육반(六反)」: 군주에게는 득이 안 되는 인간형이 도리어 백성의 칭송을 받고 백성의 비난 대상이 군주에게 존중되는 현상을 여섯 가지 유형으로 정리하여, 공익과 사리의 괴리를 지적하고, 중형(重刑)의 논리를 전개한다.

47. 「팔설(八說)」: 유가의 인의정치를 비판하고, 객관적인 법과 술로써 통치할 것을 인간의 심성에 비추어 강조하고 있는 글이다.

48. 「팔경(八經)」: 천하를 다스리는 군주가 반드시 기억해야 할 여덟 가지 통치 원칙을 들고 있는, 군주론에 관한 일종의 단편집이다.

49. 「오두(五蠹)」: 유(儒)·묵(墨)을 특히 비현실적이라 비

판하고 법치의 필연성을 강조하고, 나라 안에 존재하는 기생충과 같은 국정이 어지러운 틈을 타서 혼란을 조장하는 자들을 다섯 가지로 나누어 나무 속을 파먹는 좀벌레(蠹)에 비유한다.

50. 「현학(顯學)」: 당시 세상에 현저하게 드러난 유가와 묵가, 두 학파의 주장과 그 실태에 대한 비판이다. 현재 당시의 학풍을 알 수 있는 귀중한 자료이다.

51. 「충효(忠孝)」: 군신간의 윤리인 충과 부자간의 윤리인 효를 서로 모순되는 덕목으로 간주하여, 상벌을 기본으로 하는 법술의 입장에서 비판한다. 당시의 도가나 합종연횡책도 비판 대상이다.

52. 「인주(人主)」: 군주가 신하를 대하는 마음가짐을 말한다. 「애신(愛臣)」이나 「화씨(和氏)」·「고분(孤憤)」 등과 비슷한 내용이다.

53. 「칙령(飭令)」: 명령을 단단히 하고 법을 확립시켜 나가면 정치가 안정된다는 취지의 내용으로 상앙(商鞅)의 법 사상을 중시하고 있다.

54. 「심도(心度)」: 사람의 본성이 편안함과 이득을 좋아하고 노고를 싫어하므로 상벌, 특히 형 집행을 엄격히 하여 방자스런 마음이 싹트기 전에 미리 막아야 된다고 말하는 글이다.

55. 「제분(制分)」 : 상앙의 영향으로, 상벌을 제정할 때 구분(分)을 분명히 하여 간악을 막는 일은 통치의 중요한 목표로 본다.

3부

관련서 및 연보

韓非子

기원전 280년경 한(韓)의 공자로 태어난 한비(韓非)는 나중 진(秦)나라의 재상이 되는 이사(李斯)와 함께 순자(荀子)에게서 동문수학했다.

한비가 한나라 왕에게 한의 생존방식을 여러 차례 상소하였으나 받아들여지지 않자, 그 울분으로 10여만 언으로 된 『한비자』를 지었다.

진나라 왕이 한비를 귀하게 쓸 것을 염려한 친구 이사가 그를 모함하여 기원전 232년 감옥에서 독약으로 살해당했다.

관련서

송건도본(宋乾道本)『한비자』

명 도장본(道藏本)『한비자』

청 왕선겸의『한비자집해(韓非子集解)』

도홍경(陶鴻慶)의『독한비자찰기(讀韓非子札記)』

고형(高亨)의『한비자보전(韓非子補箋)』

진기유(陳奇猷),『한비자집석(韓非子集釋)』

진계천(陳啓天),『한비자교석(韓非子校釋)』

양계웅(梁啓雄),『한비자천해(韓非子淺解)』『한비자교주(韓非子校注)』

김영수 역해,『한비자』, 신원문화사, 1995

이운구 옮김, 『한비자』 1, 한길사, 2002

이운구 옮김, 『한비자』 2, 한길사, 2002

김원중 옮김, 『한비자』, 현암사, 2003

풍우란(馮友蘭)(정인재 역), 『중국철학사』, 형설출판사, 1977

벤자민 슈월츠(나성 옮김), 『중국 고대 사상의 세계』, 살림,
　1996

앵서스 그레이엄(나성 옮김), 『도의 논쟁자들』, 새물결, 2001

연보

기원전 **1046년** 무왕(武王) 상(商)의 마지막 왕 주(紂)를 멸하고 서주(西周)를 세우다.

중국 서쪽 변경 호경(鎬京, 섬서성 장안 서북쪽)에 도읍을 정하다.

기원전 **781년** 서주 마지막 천자 유왕(幽王) 즉위 – 해마다 흉년, 정국 불안.

기원전 **771년** 신후(申候)가 견융(犬戎)과 연합하여 수도 호경을 공격하여, 여왕 여산(驪山)까지 도망가서 죽임을 당하고, 서주 멸망하다.

기원전 **770년** 평왕(平王), 수도를 동쪽 낙읍(洛邑)으로 옮기다.

동주(東周) 시대.

기원전 685년 관중(管仲)의 개혁으로 제(齊) 환공(桓公)은 부국 강병을 이루다.

기원전 681년 제 나라 패업을 이루다.

기원전 642년 송(宋) 양공(襄公), 전통의 예법을 지키다 초나라에 패하고 조롱받다.

기원전 632년 진(晉) 문공(文公), 패업을 이루다.

기원전 597년 초 나라 패업을 이루다.

기원선 536년 6월 정(鄭) 자산(子産) 성문형법인 형서를 형정(刑鼎)에 주조하여 반포하다.

기원전 513년 진(晉) 군주, 고(鼓)의 철로 만든 정기에 범선자(范宣子)가 쓴 형법을 공개하다.

기원전 510?년 등석(鄧析)이 개인적으로 죽형(竹刑)을 만들다.

기원전 496년 오(吳)왕 합려(闔閭), 월(越)을 공격하였으나 패하다.

기원전 494년 오 부차(夫差), 월을 공격. 월왕 구천(勾踐)이 화의를 청하다.

기원전 486년 오 부차, 양자강과 회하(淮河)를 연결하는 중국 최초의 운하를 건설하다.

기원전 476년 월 구천, 오나라를 공격하여 부차 자결. 월, 춘추 마지막 패자가 되다.

기원전 453년 조(趙)·한(韓)·위(魏), 지(智)씨를 패퇴시키고 진의 영토를 나누어 가지다(三家分晉).

전국 초기 위(魏) 문후(文侯), 이리(李悝)의 변법을 사용하다.

기원전 385년 한(韓), 정(鄭)을 치다

기원전 385년 오기(吳起), 초나라의 변법을 주재하다.

묵적(墨翟, 468?-376 기원전), 『묵자(墨子)』를 쓰다. 이즈음 유가는 8파로 분할하다.

기원전 375년 한 애후(哀侯), 정을 멸망시키다.

기원전 367년 동주가 서주와 동주로 양분되다.

기원전 364년 진(秦), 석문(石門)에서 위(魏)나라에 크게 승리 하다.

신불해(385?-337 기원전), 한 소후(昭侯)의 재상이 되어 개혁 을 하다.

기원전 356년 진(秦) 효공(孝公), 상앙(商鞅, 390?-338 기원전)을 재상으로 신법을 시행하다.

맹가(孟軻, 372?-289 기원전), 『맹자』를 쓰다.

장주(莊周, 369?-286 기원전), 『장자』를 쓰다.

기원전 322년 위 · 조 · 한 · 초 · 연, 다섯 나라 합종하여 진을 쳤으나 실패하다.

기원전 312년 장의(張儀), 제와 초 사이의 맹약을 파기하다.

굴원(屈原, 340?-278 기원전), 『이소』(離騷)를 쓰다.

기원전 301년 제 · 위 · 한, 합종하여 진을 치다.

기원전 298년 제 · 위 · 한 삼국이 진나라를 치다. 기원전 296년 연합군 물러나다.

기원전 287년 소진(蘇秦), 조 · 제 · 초 · 위 · 한 5국 합종하여 진 나라를 치다.

순황(荀況, 313?-230 기원전),『순자』(荀子)를 쓰다.

*기원전 280년? 한비, 한의 공자(公子)로 태어나다.

기원전 278년 진이 초나라 영도(郢都)를 취하자 초나라 시인 굴 원(屈原), 상에 투신자살하다.

기원전 260년 진과 조의 장평(長平) 전투에서 조(趙)나라 참패하다.

기원전 256년 진이 서주와 동주를 멸망시키다. 역사상의 동주시대가 막을 내리다.

*한비, 이사(李斯)와 함께 순자(荀子)에게 동문수학하다.

*한비가 한(韓)나라 왕에게 한의 생존방식을 여러 차례 상소하였으나 받아들여지지 않다. 울분으로 10여만 언으로 된 『한비자』를 짓다.

*기원전 232년(진왕 정 15년) 진(秦)이 한을 공략할 때 한나라 왕이 한비를 진에 보내었으나, 진왕이 신용하지 않고, 이사와 요가(姚賈) 등의 모함으로 한비가 감옥에 갇혀 독약으로 살해당하다.

기원전 248년 위(魏) 신릉군(信陵君)이 합종하여 진을 공격하다.

기원전 247년 진왕 정(政, 진시황), 어려서 즉위하고, 상인 여불위(呂不韋, ?-235 기원전) 상국(相國)이 되어 중부(仲父)라 칭하고 섭정하다.

기원전 237년 진, 한을 막기 위하여 정국거(鄭國渠)를 만들다.

기원전 237년 위료(尉繚), 진왕 정에게 원교근공(遠交近攻) 정책을 건의하여 받아들여지다.

기원전 230년(진왕 정 17년) 진, 한을 멸하다.

기원전 229년(진왕 정 18년) 진, 월을 멸하다.

기원전 228년 진, 조를 멸망시키다.

기원전 227년 위(衛)나라 출신 형가(荊軻)가 진시황을 암살하려 했으나 목전에서 실패하다.

기원전 225년 진, 위를 멸하다.

기원전 224년 진, 초를 멸하다.

기원전 223년 진, 연(燕)과 대(代)를 멸하다.

기원전 221년(진왕 정 26년) 진, 제를 멸하고 통일을 이루다.

기원전 206년 진나라 멸망하고, 한(漢) 시대가 되다.

＊는 한비와 관련된 내용입니다.